कुँवर नटवर सिंह

कुँवर नटवर सिंह का जन्म 16 मई, 1931 को भरतपुर, राजस्थान में हुआ।

शिक्षा : बी.ए. (ऑनर्स) सेंट स्टीफ़ेन्स कॉलेज, नई दिल्ली; कॉरपस क्रिस्टी कॉलेज, कैम्ब्रिज; बीज़िंग यूनिवर्सिटी, बीज़िंग; फ़ेलो–कॉरपस क्रिस्टी कॉलेज, कैम्ब्रिज।

भारतीय विदेश सेवा : 1953 में भारतीय विदेश सेवा में शामिल। बीज़िंग चीन में 1956-58; संयुक्त राष्ट्र संघ, न्यूयॉर्क में स्थायी भारतीय मिशन के तहत 1961-66; प्रधानमंत्री कार्यालय में 1966-71; पोलैंड में राजदूत 1971-73; लन्दन में उप-उच्चायुक्त 1973-77; जाम्बिया में उच्चायुक्त 1977-80; पाकिस्तान में राजदूत 1980-82।

राजनीति : विदेश सेवा से मुक्त होकर सक्रिय राजनीति में शामिल हुए। 1984 में पहली बार सांसद बने। 1984-89 तथा 1998-99 के दौरान लोकसभा के सदस्य रहे। 2002 में राज्यसभा के लिए चुने गए।

इस्पात राज्यमंत्री 1985, उर्वरक राज्यमंत्री 1985-86, विदेश राज्यमंत्री 1986-89। मई 2004 से दिसम्बर 2005 तक केन्द्रीय विदेश मंत्री।

प्रमुख कृतियाँ : 'ई.एम. फ़ॉर्स्टर : ए ट्रिब्यूट' (1964); 'द लेगेसी ऑफ़ नेहरू' (1965); 'टेल्स फ्रॉम मॉडर्न इंडिया' (1966); 'स्टोरीज़ फ्रॉम इंडिया' (1971); 'महाराजा सूरजमल' 1707-1763 (1981); 'कर्टेन राइज़र' (1984); 'प्रोफ़ाइल एंड लेटर्स' (1997); 'द मैग्नीफिकेंट महाराजा भूपिन्दर सिंह ऑफ़ पटियाला : 1891-1938' (1997); 'हर्ट टू हर्ट' (2003)। इसके अतिरिक्त ढेर सारी पुस्तक समीक्षाएँ एवं आलेख राष्ट्रीय व अन्तरराष्ट्रीय पत्र-पत्रिकाओं में प्रकाशित।

सम्मान : 'पद्मभूषण' (1984); 'ई.एम. फ़ॉर्स्टर लिट्रेसी अवार्ड' (1989); क्यूंग ही यूनिवर्सिटी, सियोल से राजनीतिशास्त्र में डॉक्टर की मानद उपाधि। सिनेगल गणराज्य द्वारा सम्मान।

महाराजा सूरजमल

[1707–1763]

जीवन और इतिहास

कुँवर नटवर सिंह

अनुवादक

वीरजी

राधाकृष्ण पेपरबैक्स

पहला पुस्तकालय संस्करण
राधाकृष्ण प्रकाशन प्राइवेट लिमिटेड द्वारा
1985 में प्रकाशित

राधाकृष्ण पेपरबैक्स में
पहला संस्करण : 2018
तीसरा संस्करण : 2025

राधाकृष्ण पेपरबैक्स : उत्कृष्ट साहित्य के जनसुलभ संस्करण

राधाकृष्ण प्रकाशन प्राइवेट लिमिटेड
जी-17, जगतपुरी, दिल्ली-110 051
द्वारा प्रकाशित

शाखाएँ : अशोक राजपथ, साइंस कॉलेज के सामने, पटना-800 006
पहली मंजिल, दरबारी बिल्डिंग, महात्मा गांधी मार्ग, प्रयागराज-211 001
36 ए, शेक्सपियर सरणी, कोलकाता-700 017

वेबसाइट : www.radhakrishnaprakashan.com
ई-मेल : info@radhakrishnaprakashan.com

बी.के. ऑफसेट
नवीन शाहदरा, दिल्ली-110 032
द्वारा मुद्रित

मूल्य : ₹299

MAHARAJA SURAJMAL [1707-1763] : JEEVAN AUR ITIHAS
by Kunvar Natwar Singh

ISBN : 978-81-8361-878-6

मेरी पत्नी हेम, हमारे पुत्र जगत, पुत्री
ऋतु और उनकी नानी महारानी
महेन्द्र कौर पटियाला को सप्रेम अर्पित।

महाराजा सूरजमल

परिस्थितियाँ ! परिस्थितियों को तो मैं बनाता हूँ।

—नैपोलियन

“ज्ञान का बोया मैंने बीज साथ उनके थे जो कि महान,
स्वयं अपने हाथों से और बढ़ाया उसे खपाकर जान,
और फल है केवल यह जो कि मुझे इससे हो पाया प्राप्त—
यहाँ मैं आया जल की भाँति, और जाता हूँ वायु समान”

—उमर खैयाम की रुबाइयाँ

मैं चौधरी भगवानसिंह को धन्यवाद देना चाहता हूँ जिन्होंने पुस्तक के अनुवाद में महत्त्वपूर्ण सुझाव दिए।

—कुँ. नटवर सिंह

आमुख

मैं भरतपुर का हूँ, अतः यह अनिवार्य ही था कि बचपन से ही महाराजा सूरजमल का नाम मेरे कानों में पड़ता रहे। मेरे जीवन के पहले छह वर्ष ऐतिहासिक नगर डीग में उन उद्यान-प्रासादों में व्यतीत हुए जिनकी कल्पना ठाकुर बदनसिंह ने की थी और जिनका निर्माण उनके पुत्र महाराजा सूरजमल के हाथों पूरा हुआ। उसके बाद हम भरतपुर चले आए, जहाँ का विख्यात और अपने समय का अजेय दुर्ग सारे शहर की शान था। इसे देखकर अतीत के गौरव और निर्मल कीर्ति का स्मरण हो आता था। इसी भरतपुर में तो सन् 1805 में लॉर्ड लेक का "सारा मान मिट्टी में मिल गया था।"

मेरी माँ मुझे सुनाया करती थीं कि भारत के सर्वप्रमुख जाट-राज्य भरतपुर के राजघराने ने किस तरह सत्रहवीं शताब्दी के अन्त और अठारहवीं शताब्दी के आरम्भ में राजमार्गों की लूट के जरिए अपनी दौलत इकट्ठी की थी। दिल्ली से आगरा का राजमार्ग जाट-प्रदेश से होकर गुज़रता था। मालदार मुग़ल काफ़िलों पर निःशंक होकर, ग़ज़ब की हिम्मत से छापे मारे जाते थे और उन्हें लूट लिया जाता था। इसमें जोखिम बहुत था, लेकिन वैसी ही प्राप्ति भी थी। मेरा स्वाभिमान बढ़ता गया और साथ ही कुतूहल भी।

परन्तु जब मैंने जाट-जाति के इस महानतम सेनापति और राजमर्मज्ञ के विषय में अपनी जिज्ञासा पूरी करनी चाही, तो मुझे पता चला कि इस सम्बन्ध में परिपुष्ट तथ्य मिलने मुश्किल हैं। राजपूतों को कर्नल टॉड मिल गया, मराठों को ग्रांट डफ़, और सिखों को कनिंघम, परन्तु जाटों का कोई नामलेवा ही नहीं। सन् 1925 में जाकर कहीं प्रो. के.आर. कानूनगो की पुस्तक 'हिस्ट्री ऑफ़ द जाट्स' (जाटों का इतिहास) प्रकाशित हुई। इस विषय पर अब तक की यह सबसे प्रामाणिक पुस्तक है; यह विद्वत्तापूर्ण तो है, परन्तु प्रेरणामय रचना नहीं। न जाने क्यों, महाराजा सूरजमल जीवनी-लेखकों की पकड़ में नहीं आए। यद्यपि उनकी मृत्यु 1763 में हो गई थी, फिर भी अंग्रेज़ी में प्रकाशित होनेवाली उनकी पहली 'जीवनी' यही है। ऐसा लगता है, मानो कीर्ति ने कुछ अनिच्छापूर्वक ही उनका

वरण किया हो। यों न जाने कितनी महत्त्वहीन वर्षगाँठें मनाई जाती रहती हैं, परन्तु उनकी 200वीं पुण्यतिथि निकल गई और उस पर किसी का ध्यान तक न गया। दिल्ली का भाग्य एक से अधिक बार उनकी मुट्ठी में रहा, लेकिन भारत की राजधानी में उनके नाम की कोई सड़क नहीं है; किसी सार्वजनिक उद्यान में उनकी कोई प्रतिमा नहीं है। 'महाराजा सूरजमल एजुकेशनल सोसाइटी' (महाराजा सूरजमल स्मारक शिक्षा-संस्था) को बने अभी दस बरस भी नहीं हुए। सूरजमल का डाक-टिकट जारी होना भी अभी शेष है।

कवि सूदन के 'सुजान-चरित्र' का अंग्रेज़ी अनुवाद अभी होना है। उसकी पुरातन लय और अठारहवीं शताब्दी की हिन्दी को समझना भी हर किसी के लिए आसान नहीं। इसमें उन सात संग्रामों का सजीव वर्णन है, जिनमें उस जाट-राजा ने विजय प्राप्त की थी। केवल उसके प्रताप के कारण ही इन युद्धों की योजना तथा सम्मिलित कार्यवाही सम्भव हो सकी। परन्तु सूदन का काव्य एकाएक बीच में ही सन् 1753 पर पहुँचकर रुक जाता है।

फ़ादर फ्रांस्वा ग्ज़ाविए वैंदेल भारत में सन् 1751 से 1803 तक और भरतपुर में सन् 1764 से 1768 तक रहा था। वह कुछ अप्रामाणिक-सा व्यक्ति था, जो राजा का ईश्वर से भी अधिक आदर करता था। उसकी पुस्तक 'मेम्वार द ल' इंदोस्तान' (हिन्दुस्तान के संस्मरण) अत्यन्त मनोरंजक और रोचक कृति है; यह कहीं बहुत बढ़िया और कहीं बहुत घटिया है। इसमें तथ्यों को मनमाने ढंग से तोड़ा-मरोड़ा भी गया है। यद्यपि वह सूरजमल के पुत्र जवाहरसिंह का आश्रित रहा था, परन्तु उसमें तदनुरूप कृतज्ञता दृष्टिगोचर नहीं होती। फिर भी वैंदेल में अन्तर्दृष्टि की झलकियाँ हैं, जो ज्ञानवर्द्धक एवं उपयोगी हैं। उसका इतिहास-विषयक निर्णय सदा निर्दोष नहीं होता। समकालीन घटनाओं का उसका आकलन अतिरंजित और साथ ही पूर्वाग्रहग्रस्त भी होता है। जाट उसे बहुत पसन्द नहीं थे। फिर भी उसकी पुस्तक पठनीय अवश्य है।

अनेक फ़ारसी पांडुलिपियों, पत्रों और प्रलेखों का आज तक अंग्रेज़ी में अनुवाद नहीं हुआ है। मुझे फारसी नहीं आती और मैं उनका उपयोग नहीं कर पाया। इनमें से कुछ का उल्लेख एक अत्यन्त मूल्यवान पुस्तक 'पर्शियन लिटरेचर' (फ़ारसी साहित्य) में है; सी.ए. स्टोरी द्वारा लिखित यह पुस्तक जीवनीपरक ग्रन्थ सूचियों का पर्यवलोकन है, जिसे सन् 1939 में ल्यूसैक ऐंड कम्पनी, लन्दन द्वारा प्रकाशित किया गया है।

सर जदुनाथ सरकार की महान एवं चिरस्थायी कृति 'डाउनफ़ॉल ऑफ़ द मुग़ल ऐम्पायर' (मुग़ल साम्राज्य का पतन) से सूरजमल के नाम और उसकी

उपलब्धियों का लोगों को कुछ अधिक परिचय मिला। सर जदुनाथ सरकार ने कठोर एवं सुदीर्घ परिश्रम द्वारा यह प्रतिपादित किया कि सूरजमल एक असाधारण व्यक्ति था, जिसने हमारे इतिहास के एक लज्जास्पद युग का पुनरुद्धार किया। सर जदुनाथ सरकार का यह प्रयत्न विफल नहीं रहा। उन्होंने ही उन 'अख़बारात' का अध्ययन किया, जिनमें वे पत्र दिए गए हैं जिन्हें जयपुर के राजाओं को दिल्ली के मुग़ल दरबार में स्थित उनके प्रतिनिधियों ने भेजा था। इन जाटों को 'जाट-ए-बदज़ात' कहा गया है। जयपुर का राजवंश अपने पूर्वी सीमान्त पर ऐसे दिलेर लोगों को उभरते देखकर खुश नहीं हो सकता था। यदि जाटों का अभ्युदय न हुआ होता, तो जयपुर का राज्य यमुना नदी तक फैल गया होता।

सर जदुनाथ और प्रो. कानूनगो ने फ़ारसी तथा मराठी अभिलेखों को पढ़ा और उनका सदुपयोग किया। परन्तु खेदजनक तथ्य यह है कि सूरजमल के इतिवृत्त अब तक भी अत्यल्प हैं। उनके वंशजों द्वारा दी हुई मौखिक जानकारी कभी-कभी विचित्र-सी लगती है जिसका ऐतिहासिक मूल्य सन्दिग्ध है। सूरजमल के घर-बार की दिनचर्या-विषयक कोई अभिलेख अभी तक प्रकाश में नहीं आया। महत्त्वपूर्ण तथा अत्यावश्यक तफ़सीलें ग़ायब हैं। उनका जन्म किस वर्ष में हुआ और उनकी मृत्यु किस प्रकार हुई, यह विषय भी विवादास्पद-सा है। अधिकतर लोग सन् 1707 में उनका जन्म मानते हैं, परन्तु कहीं-कहीं 1706 का भी उल्लेख मिलता है। उनका जन्म कहाँ हुआ था ? सिनसिनी में, थूण या डीग में ? किसी को इसकी ठीक-ठीक जानकारी नहीं; यहाँ तक कि अध्यवसायी ठाकुर गंगासिंह को भी नहीं, जिनकी पुस्तक 'यदुवंश' जानकारी की खान है। हो सकता है कि उपेन्द्रनाथ शर्मा भविष्य में कभी इन तथ्यों पर अधिक प्रकाश डाल सकें। अभी उनके ग्रन्थ 'ए न्यू हिस्ट्री ऑफ़ जाट्स' (जाटों का नया इतिहास) का केवल प्रथम खंड ही प्रकाशित हुआ है। यह कृति श्रम-साधना और कठोर परिश्रम का उत्कृष्ट उदाहरण है; यह बात अलग है कि इतिहास के शोध-प्रबन्ध की दृष्टि से उतनी निरपेक्ष नहीं। उनकी विशद सहायक ग्रन्थ-सूची से यह स्पष्ट हो जाता है कि उन्होंने किसी भी स्रोत को बिना निचोड़े नहीं छोड़ा है। उनके ग्रन्थ का प्रथम खंड सन् 1721 में ठाकुर चूड़ामनसिंह की मृत्यु तक के घटनाचक्रों तक ही सीमित है।

भारत एक मौखिक समाज रहा है और हमारा इतिहास निरपेक्ष अन्तःकरण न दिन-वार का ध्यान रखता है, न समय-काल का। महाराजा सूरजमल के आरम्भिक जीवन के विषय में भी हमें अनुमान का ही सहारा लेना पड़ता है। ऐसा नहीं लगता कि उनके पिता ठाकुर बदनसिंह ने अपनी ढेर सारी सन्तानों की शिक्षा

के लिए कोई ख़ास प्रयत्न किया होगा। अकबर महान की भाँति सूरजमल भी लगभग निरक्षर ही थे। इस मामले में अनेक यशस्वी पुरुष उसके साथी हैं। अल्फ्रैड महान ने चालीस वर्ष की आयु में स्वयं पढ़ना सीखा था। शार्लमेन "पढ़ तो लेता था, परन्तु लिखना उसे कभी नहीं आया।" अठारहवीं शताब्दी के भारतीय राजाओं के लिए अच्छी शिक्षा प्राप्त करने का कोई कारण था ही नहीं। आख़िर ब्राह्मण थे किसलिए ? संसार के प्राचीनतम बौद्धिक दिग्गज, भारतीय राजाओं, सामन्तों और अभिजात वर्ग के लिए लिखने-पढ़ने के तथा तत्सम्बन्धी बौद्धिक कार्य करते थे।

मेरा यह इरादा नहीं है कि सूरजमल जितने महान थे उससे बड़ी उनकी प्रतिमा खड़ी करूँ; या समसामयिक इतिहास में उनकी भूमिका का अतिशयोक्तिपूर्ण आकलन करूँ। मेरा इरादा तो सिर्फ़ इतना है कि अध्ययन के एक विषय के रूप में मैं उन्हें प्रस्तुत कर दूँ। उनके जन्म के समय तक जाट अपनी उपस्थिति का भान तो कराने लगे थे, परन्तु उनका शासन, यदि उसे शासन कहा जा सकता हो तो, "अभिजात लोगों का गणतन्त्र था किन्तु वह अभिजात-वर्ग इतना अधिसंख्य था कि इसे मात्र कुलीनतन्त्र (औलिगार्की) नहीं कहा जा सकता।" और उनकी मृत्यु के समय तक वे एक ऐसी शक्ति बन चुके थे जो दूसरों का मुक़ाबला कर सकते थे, जिनसे लोग डरते थे, सम्मान करते थे और मुग़ल, मराठे, राजपूत और रुहेले हमेशा जिनकी तलाश में रहते थे। जवानी में ही उनकी मृत्यु हो गई; एक तरह से, उसके जीवन का इस प्रकार बीच में ही समाप्त हो जाना सचमुच दुखद है, क्योंकि उनकी उपलब्धियाँ अधूरी रह गईं। यदि उन्हें जीने के लिए दस वर्ष और मिल गए होते तो सम्भव है कि वह हिन्दुस्तान के इतिहास की धारा को एक निर्णायक मोड़ दे पाते।

—कुँ. नटवर सिंह

प्रस्तावना

26 दिसम्बर, 1530 को भारत में मुग़ल साम्राज्य के संस्थापक, चुग़ताई तुर्क जलालुद्दीन बाबर की मृत्यु हो गई। इस समय उसकी आयु कुल अड़तालीस वर्ष थी। उसके पुत्र हुमायूँ ने सन् 1556 तक रह-रहकर शासन किया। बीच के वर्षों में शेरशाह सूरी ने उसे भारत से बाहर खदेड़ दिया था। उन्हीं दिनों, जब वह सिन्ध के दुर्गम रेगिस्तान में भटक रहा था, उसकी पत्नी हमीदा बानू ने अपने पुत्र, अकबर को जन्म दिया। उसकी (हमीदा बानू की) कीर्ति का यही एकमात्र आधार है और यही अकबर विश्व में अब तक हुए सबसे महान राजाओं में से एक हुआ। अपने राज्य के कुछ भाग पर पुनः अधिकार कर लेने के बाद, उसका पिता हुमायूँ 24 जनवरी, 1556 को दिल्ली में यमुना के तट पर बने अपने पुस्तकालय की ढलवाँ और सँकरी सीढ़ियों से गिरकर मर गया।

अकबर की कहानी बड़ी दिलचस्प है। सम्राट अशोक के बाद कोई ऐसा शासक नहीं हुआ जिसके शासन को इस तरह निर्विरोध स्वीकार किया गया हो; राजाओं के दैवी अधिकार के सिद्धान्त को भी कभी किसी अन्य सन्दर्भ में इतनी व्यापक स्वीकृति नहीं मिली जितनी कि अकबर के सन्दर्भ में। न भारत में कोई अन्य नरेश उसकी जैसी शानदार और भव्य राजसभा बना पाया और न इतने मेधावी तथा प्रतिभा-सम्पन्न और गुणी पुरुषों को अपने यहाँ एकत्र कर सका। वह एक बुद्धिमान राजा ही नहीं था, अपितु "अपने प्रजाजनों में विद्यमान धार्मिक विविधता के कारण उत्पन्न समस्याओं को हल करनेवाला" एक महान राजमर्मज्ञ भी था। उसने अपने पराजित शत्रुओं से मित्रता की; एक राजपूत राजकुमारी से विवाह किया; उत्तरी भारत को मिलाकर एक किया और वहाँ स्थायी और सुदृढ़ शासन तथा स्वच्छ प्रशासन स्थापित किया। उसके पुत्र तथा उत्तराधिकारी जहाँगीर ने, जो कला और मदिरा का प्रेमी था, साम्राज्य को बहुत-कुछ यथावत बनाए रखा और अपने पिता की बुद्धिमत्तापूर्ण नीतियों में उलटफेर नहीं किया। जहाँगीर की मृत्यु अक्तूबर, 1627 में हुई और उसका पुत्र शाहजहाँ, ताजमहल का निर्माता, फ़रवरी 1628 में सम्राट बना, जिसे 'अब्दुल मुज़फ़्फ़र शिहाबुद्दीन मुहम्मद

साहिब-ए-क़िरान—द्वितीय, शाहजहाँ बादशाह गाज़ी' का रौबदार ख़िताब दिया गया। अपने पिता की मृत्यु के समय वह दक्षिण में था, परन्तु शीघ्र ही उसने राजसिंहासन के अन्य दावेदारों को अपने रास्ते से हटा दिया।

शाहजहाँ के राज्यकाल में हमें पहले-पहल धार्मिक सहिष्णुता का सिद्धान्त शिथित होता दीख पड़ता है; तीर्थ-यात्रा-कर पुनः लगाया गया और मुसलमानों के धर्म-परिवर्तन पर रोक लगा दी गई। बाह्य समृद्धि एवं प्रशासनिक शान्ति के नीचे उसके साम्राज्य के बड़े शहरों की छाया में असन्तोष की आग सुलगने लगी थी।

शासन-विरोधी जो प्रवृत्तियाँ औरंगज़ेब के दीर्घ राज्य-काल के उत्तरार्द्ध में उभरकर इतनी ऊपर आई थीं, उनके अंकुर वस्तुतः पहले ही फूट चुके थे। राजदरबार के षड्यन्त्र, भोग-विलास, मनसबदारों की उत्तरोत्तर बढ़ती उपेक्षावृत्ति ने, और इस मान्यता के कारण उत्पन्न अतिशय आत्मविश्वास ने कि मुग़ल जन्मजात बादशाह होता है और उसका अमला मुसाहिब-दरबारी—वास्तविकता को उसकी आँखों से ओझल रखा। तब तक सत्ता में कोई वास्तविक व्यवधान नहीं आया था, लेकिन एक अस्पष्ट अशान्ति फैल रही थी। विघटन की प्रक्रिया अभी शुरू नहीं हुई थी।

औरंगज़ेब को राजसिंहासन उत्तराधिकार में प्राप्त नहीं हुआ, अपितु उसने उसे अपने पिता शाहजहाँ से और अपने बड़े भाई दाराशिकोह से, जिसे शाहजहाँ ने अपना उत्तराधिकारी मनोनीत किया था, बलपूर्वक छीना था। अपनी शक्ति को सुदृढ़ करने में औरंगज़ेब ने रक्त-सम्बन्धों को अपने मार्ग में बाधक नहीं बनने दिया। उसने अपने पिता को क़ैद कर दिया। अन्य दावेदारों को लड़कर ख़त्म कर दिया। भाइयों के बीच घातक युद्धों की इस क्रूर विरासत के फलस्वरूप आगामी वर्षों में भी मुग़लों का बहुत ख़ून बहा।

औरंगज़ेब का लम्बा राज्य-काल सन् 1658 में रक्तपात और हिंसा के साथ शुरू हुआ। इसका अन्त उसकी निजी तथा राष्ट्रीय शोकान्त कथा में हुआ। अन्तिम महान मुग़ल-सम्राट में नेतृत्व के असाधारण गुण थे, साथ ही उसमें निरन्तर कठोर परिश्रम में जुटे रहने की अद्‌भुत क्षमता भी थी। तपस्वी और हठी, बुद्धि का धनी और दिल का पत्थर, वह अपने-आपको इस्लामी ढाँचे से मुक्त करने में असमर्थ था। उसमें कल्पना-शक्ति का अभाव था। सभी कठमुल्लों में ऐसा होता है, क्योंकि वे अपना मार्ग बदल पाने में, जोकि साम्राज्य-निर्माताओं तथा जन-नेताओं के लिए एक अपरिहार्य गुण है, असमर्थ होते हैं। थोड़े ही समय में उसने अपने महान पूर्वजों के किए-कराए पर पानी फेर दिया। उसका विचार था कि वह एक इस्लामी राज्य का कट्टर शासक बनेगा, न कि भारतीय साम्राज्य का

मुस्लिम शासक; इसके परिणाम विपत्तिजनक हुए।[1]

वह इस बात को समझने में नितान्त असमर्थ रहा कि "चाहे शासन के लिए या युद्ध के लिए, उच्चतम कोटि की प्रतिभा भी, भले ही वह असीमित साधन-सम्पन्न क्यों न हो, तब तक शक्ति को बनाए रखने के लिए पर्याप्त नहीं होती, जब तक कि उसे लोगों का प्रेमपूर्ण समर्थन प्राप्त न हो।"[2]

औरंगज़ेब की इस्लामी नीति ने हिन्दू भावना को पराया बना दिया और रुष्ट कर दिया। दार-उल-हरब को दार-उल-इस्लाम में बदलने का प्रयत्न तो विफल होना ही था। विविध लोगों तथा धर्मोवाले देश पर धर्मान्ध लोगों का शासन देर तक नहीं चल सकता। प्रतिक्रिया उत्पन्न होने में बहुत देर नहीं लगी; और जब वह हुई, तब प्रचंड और व्यापक हुई। ज्यों-ज्यों उसके सुदीर्घ राज्य-काल की दशाब्दियाँ बीतती गईं; त्यों-त्यों विनीत आज्ञा-पालन का स्थान अपने अधिकारों की दृढ़ माँग और दृढ़ माँग का स्थान अशान्ति लेती गई, जो समय आने पर विद्रोह का कारण बनी।

औरंगज़ेब की नीति की व्याख्या कर पाना सम्भव है—वह उच्चतम इस्लामी आदर्शों से प्रेरित होकर कार्य कर रहा था—परन्तु उसे निर्दोष सिद्ध कर पाना असम्भव है। उसके पिछले वर्षों में भय और रिक्तता उसके सतत सहचर रहे होंगे। अपने पुत्रों, आज़म और कामबख़्श, के नाम लिखे गए उसके पत्र विषाद एवं निराशा से पूर्ण हैं—"मैं अकेला आया था और अकेला जा रहा हूँ। मैंने देश का और लोगों का भला नहीं किया और भविष्य की कोई आशा नहीं है।" इससे भी मार्मिक—"मैं अपनी ग़लतियों का बोझ लिए जा रहा हूँ।"[3] आत्म-आलोचना एवं आत्म उद्भासन के ये क्षण विरले ही थे और बहुत देर से आए।

प्रो. वी.एच. ग्रीन ने लिखा है, "युद्ध इतनी कम बार लाभदायक रहा है कि सरकारों को यह शिक्षा ले लेनी चाहिए थी कि यह सबसे बुरा विलास है।"[4]

औरंगज़ेब आलमगीर ने यह शिक्षा ग्रहण नहीं की। मराठों के विरुद्ध उसका दक्षिण-संग्राम, नेपोलियन के स्पेन-अभियान की भाँति, उसके अपने लोगों के जान-माल का अपव्यय ही था। वह सफल नहीं हुआ। वह सफल हो ही नहीं सकता था। सन् 1681 से 1707, लगभग तीस साल तक अपनी राजधानी से एक हज़ार मील दूर वह एक निरर्थक और विनाशकारी युद्ध लड़ता रहा और उधर

1. जे.एम. राबर्ट्स, 'द हचिसन हिस्ट्री ऑफ़ द वर्ल्ड', पृ. 476
2. टी.जी.पी स्पीयर का 'ऐन्साइक्लोपीडिया ब्रिटैनिका' में औरंगज़ेब पर लिखे, खंड दो, पृ. 372
3. जेम्स टॉड, 'ऐनल्स ऐंड ऐंटिक्विटीज़ ऑफ़ राजस्थान'
4. वी.एच. ग्रीन, 'रिनैसैंस ऐंड रिफ़ोर्मेशन', पृ. 348

राजधानी में एक ऐसी नई पीढ़ी बढ़कर बड़ी हो गई, जिसने कभी अपने सम्राट को देखा ही नहीं था। यह नीति वित्तीय दृष्टि से विनाशकारी, सैनिक दृष्टि से विपत्तिजनक और प्रशासनिक दृष्टि से मूढ़तापूर्ण थी, इसने एक महान एवं ऐतिहासिक साम्राज्य के पतन के बीज बो दिए। (मुग़ल साम्राज्य बहुत समय तक पंगु हुआ पड़ा रहा)। उत्तर में राजपूत विरोधी बन गए, पंजाब के सिख और ब्रज-मत्स्य प्रदेश के जाट जाग उठे। औरंगज़ेब की अनुपस्थिति उनके लिए सुअवसर थी। जाटों ने, जो राष्ट्रीय रंगमंच पर विलम्ब से आए थे, इस सुअवसर को बड़े जोश और दृढ़ संकल्प के साथ पकड़ लिया और यह नहीं सोचा कि इसकी क़ीमत क्या देनी पड़ेगी। यह एक अद्भुत संयोग ही है कि सूरजमल का जन्म फ़रवरी, 1707 में औरंगज़ेब की मृत्यु के कुछ ही महीने बाद हुआ।

तृतीय संस्करण की भूमिका

यह मेरे लिए प्रसन्नता का विषय है कि महाराजा सूरजमल के जीवन एवं कृतित्व पर लिखी मेरी कृति 'महाराजा सूरजमल' को लोगों ने पसन्द किया है और फलस्वरूप पुस्तक का तीसरा संस्करण प्रकाशित हो रहा है। यह इस बात का प्रमाण है कि सुधी पाठकों ने महाराजा सूरजमल की धर्मनिरपेक्षता, जनहितकारी राष्ट्रीय नीति, दूरदर्शिता, प्रशासकीय दक्षता आदि गुणों को सकारात्मक रूप से ग्रहण किया है और इनके सम्बन्ध में अधिक से अधिक जानने में रुचि दिखाई है।

शिवाजी, महाराणा प्रताप और महाराजा रणजीत सिंह को इतिहासकारों एवं रंगकर्मियों ने जिस प्रकार महिमामंडित करके जनता में लोकप्रिय बनाया वैसा भारतीय अस्मिता के प्रतीक महाराजा सूरजमल के बारे में नहीं किया गया। भरतपुर का होने के नाते यह वंचना मेरे मन को उद्वेलित करती रही है। महाराजा सूरजमल को इतिहास में समुचित स्थान दिलाने और उनकी उपलब्धियों के बारे में सर्वसाधारण को अवगत कराने की प्रेरणा से मैंने 1981 में प्रकाशित इस कृति के प्रथम अंग्रेजी संस्करण के माध्यम से अनेक कमियों की ओर संकेत किया था। मुझे यह जानकर अत्यन्त प्रसन्नता हुई कि महाराजा सूरजमल स्मारक शिक्षा संस्थान ने इस ओर सक्रिय कदम उठाए हैं। श्री राम निवास मिर्धा के दिशा निर्देशन में इस सन्दर्भ में कई सराहनीय कार्य हुए हैं। जैसे कि संस्था की प्रेरणा से डी.डी.ए. ने शाहदरा के निकट महाराजा के शहीद स्थल पर अठारह एकड़ के क्षेत्र में एक स्मरणीय सार्वजनिक उद्यान बनाकर उसका नाम 'महाराजा सूरजमल पार्क' रखा है। इस पार्क के बीच में संस्था ने महाराजा की भव्य समाधि का निर्माण कराया है, जहाँ प्रत्येक वर्ष 25 दिसम्बर को महाराजा का बलिदान दिवस मनाया जाता है। न्याय परिसर से आरम्भ होकर महाराजा सूरजमल पार्क के सामने से गुजरनेवाली सड़क का नाम भी 'महाराजा सूरजमल मार्ग' रखा गया है।

संतोष की बात है कि जाटों की 'नेत्र ज्योति' और उनके 'प्रकाशमान दीपक' और 'फोटो' ठाकुर सूरजमल के नाम से लोकप्रिय महाराजा ब्रजेन्द्र बहादुर सुजान

सिंह के यशस्वी व्यक्तित्व को उजागर करने के लिए सूरजमल संस्था इतिहास के क्षेत्र में भी सुनियोजित ढंग से काम कर रही है। महाराजा सूरजमल के अजेय दुर्गों सहित सभी स्मारकों पर संस्था ने कार्य कराया है। वह शोधग्रन्थ भारतीय इतिहास अनुसंधान परिषद के अनुदान की सहयोग राशि से शीघ्र प्रकाशित हो रहा है। समकालीन वैंदल के वृत्तान्तों का ऐतिहासिक विश्लेषण करके 'वैंदल के वृत्तलेख हिन्दुस्तान में जाट-सत्ता' नामक महत्त्वपूर्ण प्रकाशन कराया गया है। प्रो. कालिका रंजन कानूनगो द्वारा लिखित जाटों के इतिहास को अद्यतन करके प्रकाशित किया गया है। इसी प्रकार महाराजा सूरजमल की मृत्यु-पर्यन्त जाटों के इतिहास पर प्रो. गिरीशचन्द्र द्विवेदी के शोध-ग्रन्थ को भी प्रकाशित किया गया है। श्री उपेन्द्रनाथ शर्मा द्वारा लिखित 'महाराजा सूरजमल' और 'महाराजा जवाहर सिंह और उनके उत्तराधिकारी' नामक ग्रन्थ भी छप चुके हैं। उपेन्द्रनाथ शर्मा की तीनों कृतियों का कापीराइट संस्था के पास है। इस प्रकार मेरे द्वारा संकेतित लगभग सभी विषयों का संस्था ने संतोषप्रद समाधान किया है। आशा है सूरजमल स्मारक संस्था जाट इतिहास के अनछुए पहलुओं पर आगे भी कार्य करती रहेगी। सुखद समाचार है कि 'महाराजा सूरजमल हेरीटेज फाउंडेशन' (मुम्बई) ऐसे चरित्रों पर काम करने के लिए बनाई गई है जिनको इतिहास में उचित स्थान नहीं दिया गया है। इनमें उन्होंने सर्वप्रथम महाराजा सूरजमल की ओर ध्यान दिया है। महाराजा के जीवन पर नाटक, वृत्तचित्र, सीरियल और अन्त में फिल्म बनाने की उनकी योजना है। उक्त फाउंडेशन द्वारा स्रोत-सामग्री के निर्माण में मेरी इस कृति की भी किंचित प्रेरणा शामिल है, यह आनन्द और संतोष का विषय है। आशा है यह कृति पाठकों के हृदय में पूर्ववत स्थान बनाए रखेगी।

–कुँ. नटवर सिंह

क्रम

1

औरंगज़ेब और सूरजमल के पूर्वज

जाट लोग मूलतः कौन हैं और वे कहाँ से आए, इसका अनुमान करने में विद्वानों ने बहुत दिमाग़ लगाया है। ऐतिहासिक आधार-सामग्री बहुत थोड़ी है और मत-मतान्तर बहुत। वस्तुतः जाटों का उद्भव रहस्य में डूबा हुआ है। कुछ लोग विदेशी वंश-परम्परा को मानते हैं, तो कुछ दैवी वंश-परम्परा को। जहाँ आख्यान समाप्त होते हैं, वहाँ से आगे पुराणकथा शुरू हो जाती है। एक अप्रिय सत्य यह है कि उत्तर भारत के अधिकांश लोग ऐसे हैं, जिनके लिए विशुद्ध वंश-परम्परा एक मरीचिका मात्र है। अपनी सीथियाई अथवा आर्य वंश-परम्परा को असन्दिग्ध रूप से प्रमाणित करनेवाला कोई दुःसाहसी पुरुष ही होगा। जो कोई अपना जन्म किसी पौराणिक वंशज से हुआ बताता है, वह इसलिए कि लोगों का ध्यान मध्यवर्ती पीढ़ियों से हटाया जा सके। सर जदुनाथ सरकार ने जाटों का वर्णन करते हुए उन्हें "उस विस्तृत भू-भाग का, जो सिन्ध नदी के तट से लेकर पंजाब, राजपूताना के उत्तरी राज्यों और ऊपरी यमुना घाटी में होता हुआ चम्बल के पार ग्वालियर तक फैला है, सबसे महत्त्वपूर्ण जातीय तत्व" बताया है।[1] मैं उनकी सीथियाई या आर्य वंश-परम्परा के निरर्थक विवाद में न पड़कर सर जदुनाथ सरकार के बुद्धिमत्तापूर्ण पथ का ही अनुसरण करूँगा।

अब इस विषय में विद्वान लोग बहुत हद तक एकमत हैं कि जाट आर्य-वंशी हैं। वे अपने साथ कुछ-एक संस्थाएँ लेकर आए, जिनमें सबसे महत्त्वपूर्ण है पंचायत–पाँच श्रेष्ठ व्यक्तियों की ग्राम-सभा, जो न्यायाधीशों और ज्ञानी पुरुषों के रूप में कार्य करते थे।

प्रत्येक जाट ग्राम समोत्रीय वंश के लोगों का छोटा-सा गणराज्य होता था,

---

1. सर जदुनाथ सरकार, 'फ़ाल ऑफ़ द मुग़ल ऐम्पायर,' खंड दो, पृ. 300

जो आपस में एक-दूसरे को बिलकुल समान लेकिन उन अन्य जातियों के लोगों से ऊँचा मानते थे, जो जुलाहों, कुम्हारों, चमारों या भंगियों का काम करके रोज़ी कमाते थे। किसी भी जाट ग्राम का राज्य के साथ सम्बन्ध राजस्व के रूप में एक नियत राशि देनेवाली एक अर्ध-स्वायत्त इकाई का-सा होता था। कम ही सरकारें ऐसी थीं, जो उन पर अपना अधिकार जताने की कोशिश करती हों, और जो करती थीं, उन्हें शीघ्र ही पता चल जाता था कि क़िलेबन्द ग्रामों के विरुद्ध सशस्त्र सेना भेजना बहुत लाभदायक नहीं है। स्वतन्त्रता तथा समानता की जाट-भावना ने ब्राह्मण-प्रधान हिन्दू धर्म के सम्मुख झुकने से इंकार कर दिया और इसके बदले उन्हें गंगा के मैदानों के विशेषाधिकार-सम्पन्न ब्राह्मणों की भर्त्सना का शिकार होना पड़ा।...ऊँची जातियों के हिन्दुओं द्वारा की गई जाट की अवमानना जाट को उसकी अपनी दृष्टि में ज़रा भी नहीं गिरा पाई। इसके विपरीत, उसने ब्राह्मण के प्रति जिसे वह ज्योतिषी या भिक्षुक से अधिक कुछ नहीं मानता था, या क्षत्रिय के प्रति जो ईमानदारी से जीविका कमाना अपनी शान के ख़िलाफ़ समझता था और भाड़े का सैनिक बनने में घमंड अनुभव करता था, एक कृपालु संरक्षक का-सा रुख़ अपना लिया। जाट जन्मजात श्रमिक एवं योद्धा था। वह कमर में तलवार बाँधकर खेत में हल चलाता था। अपने घर-बार की रक्षा के लिए वह क्षत्रिय की अपेक्षा कहीं अधिक लड़ाइयाँ लड़ता था, क्योंकि क्षत्रिय के विपरीत, आक्रमणकारियों के आने पर जाट अपने गाँव को छोड़कर शायद ही कभी भागता हो। और यदि हिन्दुस्तान की ओर जाते किसी विजेता की ओर से जाट के साथ दुर्व्यवहार किया जाता, या उसकी स्त्रियों से छेड़ख़ानी की जाती, तो उसका बदला वह आक्रमणकारी के काफ़िलों को लूटकर लेता था।...उसकी अपनी ख़ास ढंग की देश-भक्ति विदेशियों के प्रति शत्रुतापूर्ण और साथ ही अपने उन देशवासियों के प्रति दयापूर्ण, यहाँ तक कि तिरस्कारपूर्ण थी, जिनका भाग्य बहुत-कुछ उसके साहस और धैर्य पर अवलम्बित था।[1]

प्रोफ़ेसर कानूनगो ने जाट की सहज लोकतन्त्रीय प्रवृत्ति का प्रमुख रूप से उल्लेख किया है। "ऐतिहासिक काल में जाट-समाज उन लोगों के लिए महान शरणस्थल बना रहा है जो हिन्दुओं के सामाजिक अत्याचार के शिकार होते थे; यह दलित तथा अछूत लोगों को अपेक्षाकृत अधिक सम्मानपूर्ण स्थिति तक उठाता और शरण में आनेवाले लोगों को एक सजातीय आर्य ढाँचे में ढालता रहा है।... शारीरिक लक्षणों, भाषा, चरित्र, भावनाओं, शासन तथा सामाजिक संस्था-विषयक

1. खुशवन्त सिंह, 'हिस्ट्री ऑफ़ द सिख्स,' खंड प्रथम, पृ. 15-16

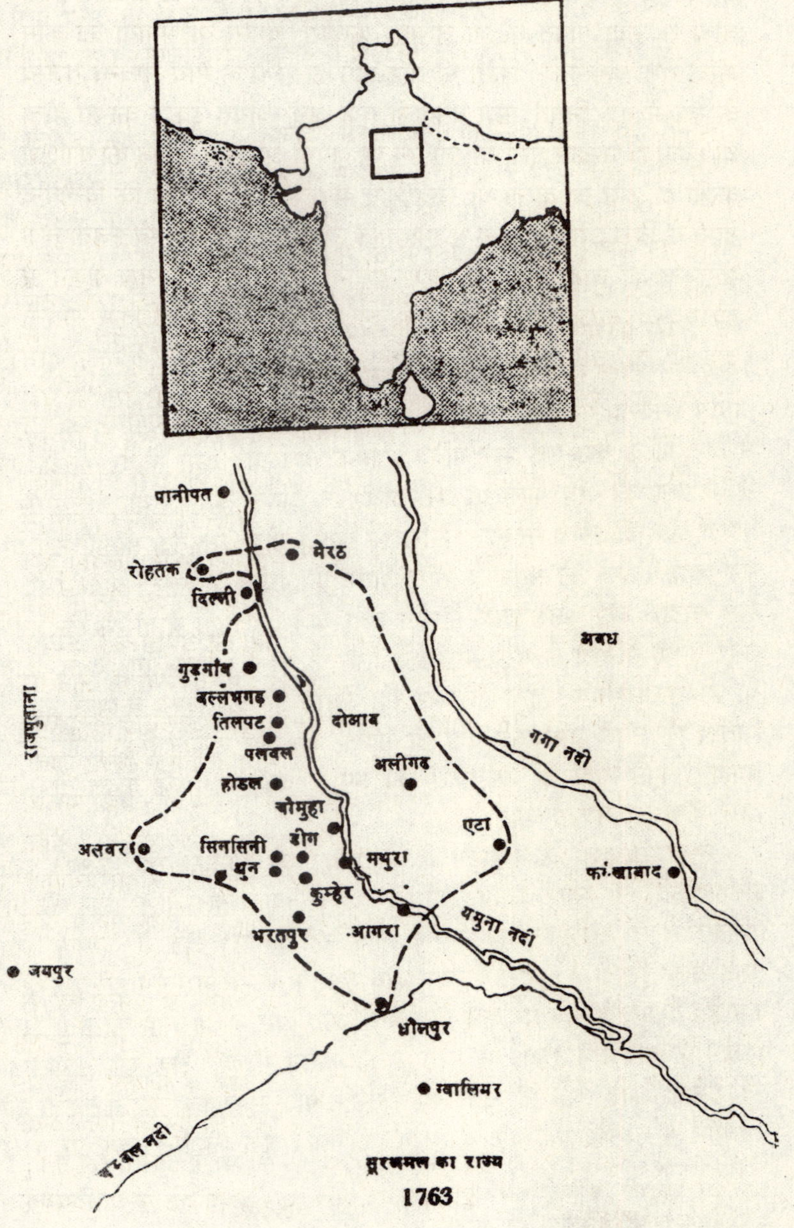

सूरजमल का राज्य

1763

विचारों की दृष्टि से आज का जाट निर्विवाद रूप से हिन्दुओं के अन्य वर्णों के किसी भी सदस्य की अपेक्षा प्राचीन वैदिक आर्यों का अधिक अच्छा प्रतिनिधि है।"[1]

चाहे इसे भाग्य कहें या नियति या प्रव्रजन के संयोग इसने जाटों को हिन्दुस्तान के भौगोलिक-राजनीतिक केन्द्र में ला रखा। औरंगज़ेब के राजसिंहासन पर बैठने के बाद कुछ ही वर्ष के अन्दर जाट पहले तो क्षोभ और उसके बाद उपद्रवों का कारण बने; और अन्त में तो सम्राट और साम्राज्य की जराग्रस्त होती देह का काँटा ही बन गए। उनका इलाक़ा शाही परगना था, जो "मोटे तौर पर एक चौकोर प्रदेश था, जो उत्तर से दक्षिण की ओर लगभग 250 मील लम्बा और 100 मील चौड़ा था।"[2] यमुना नदी इसकी समविभाजक रेखा थी; दिल्ली और आगरा इसके दो मुख्य नगर थे। इसके अन्दर वृन्दावन, गोकुल, गोवर्धन और मथुरा में हिन्दुओं के कुछ-एक परम-पवित्र धार्मिक तीर्थस्थान तथा मन्दिर भी थे। पूर्व में यह गंगा की ओर फैला था और दक्षिण में चम्बल तक; अम्बाला के उत्तर में पहाड़ों और पश्चिम में मरुस्थल के सिवाय इसकी कोई वास्तविक सीमाएँ नहीं थीं। यह इलाक़ा कहने को सम्राट के सीधे शासन के अधीन था, परन्तु व्यवहार में यह कुछ सरदारों और मनसबदारों में बँटा हुआ था। यह माना जाता था कि ज़मीनें उन्हें, उनके सैनिकों के भरण-पोषण के लिए दी गई हैं। जाट-लोग "दबंग देहाती थे, जो साधारणतया शान्त होने पर भी, उससे अधिक राजस्व देनेवाले नहीं थे जितना कि उनसे ज़बरदस्ती ऐंठा जा सकता था; और उन्होंने मिट्टी की दीवारें बनाकर अपने गाँवों को ऐसे क़िलों का रूप दे दिया था, जिन्हें केवल तोपख़ाने द्वारा जीता जा सकता था।"[3]

मुग़ल साम्राज्य के विघटन में जाटों की जो भूमिका रही, उसकी ओर इतिहासकारों ने यथेष्ट ध्यान नहीं दिया है। जवाहरलाल नेहरू और के.एम. पणिक्कर ने तो सूरजमल का उल्लेख तक नहीं किया। टॉड ने अस्पष्ट और ग़लत-सलत लिखा है। जाटों के पास दीर्घ स्मृतियाँ हैं, परन्तु उनमें इतिहास-बुद्धि कम है। वे राष्ट्रीय मंच पर कुछ विलम्ब से आए और जवाहरसिंह की मृत्यु (सन् 1763) के बाद सन् 1805 में भरतपुर को जीतने में लॉर्ड लेक की असफलता तक उनका वैभव तेज़ी से घटता गया। उसके बाद ह्वाइटहॉल और कलकत्ता की मनोभूमि में भरतपुर एक गाँठ की तरह बैठ गया। लेक की असफलता पर परदा

1. के.आर. कानूनगो, 'ए हिस्ट्री ऑफ़ द जाट्स,' पृ. 23
2. टी.जी.पी. स्पीयर, 'ट्विलाइट ऑफ मुग़ल्स,' पृ. 5
3. वही।

डाला गया और सन् 1815 के बाद, जबकि अन्ततः भरतपुर जीत लिया गया था, लेक के अभियान की चर्चा करना वर्जित था। मुस्लिम इतिहासकार भला जाटों की प्रशंसा के गीत क्यों गाते ! ब्राह्मण और कायस्थ लेखक भी कुछ बचकर ही चले; उन्हें चिन्ता थी कि कहीं नए शासक, अंग्रेज़, अप्रसन्न न हो जाएँ। परन्तु प्रमुख दोष स्वयं जाटों का है। उनका इतिहास तो अभिमान-योग्य है, परन्तु उनका कोई इतिहासकार नहीं है। राष्ट्रीय शौर्य में उनका स्थान किसी से कम नहीं है।

फ़ादर वैंदेल लिखते हैं–"जाटों ने भारत में कुछ वर्षों से इतना तहलका मचाया हुआ है और उनके राज्य-क्षेत्र का विस्तार इतना अधिक है तथा उनका वैभव इतने थोड़े समय में बढ़ गया है कि मुग़ल साम्राज्य की वर्तमान स्थिति को समझने के लिए इन लोगों के विषय में जान लेना आवश्यक है, जिन्होंने इतनी ख्याति प्राप्त कर ली है।...यदि कोई उन विप्लवों पर विचार करे जिन्होंने इस शताब्दी में साम्राज्य को इतने प्रचंड रूप से झकझोर दिया है, तो वह अवश्य ही इस निष्कर्ष पर पहुँचेगा कि जाट, यदि वे इनके एकमात्र कारण न भी हों, तो भी कम-से-कम सबसे महत्त्वपूर्ण कारण अवश्य हैं।"[1]

जब तक आगरा और दिल्ली में सशक्त और प्रभावी शासन रहा, जाट-इलाक़ा भी शान्ति बनाए रहा। वे अपनी ज़मीन जोतते, मालगुज़ारी देते और सेना के लिए आदमी जुटाते। अतएव इतिहास भी उनकी उपेक्षा करता रहा।

दक्षिण चले जाने के कारण औरंगज़ेब लम्बे समय (सन् 1681-1707) तक दिल्ली से अनुपस्थित रहा। इसके फलस्वरूप अनिवार्यतः सभी क्षेत्रों में शिथिलता आ गई। उसके पुत्र और सबसे वरिष्ठ सेनाध्यक्ष और सलाहकार उसके साथ ही गए थे। द्वितीय श्रेणी के लोगों को दिल्ली का काम-काज सँभालने के लिए छोड़ दिया गया था। उस समय दूरस्थ नियन्त्रण से शासन किया जा रहा था। सत्रहवीं शताब्दी इसके लिए उपयुक्त काल नहीं था। दक्षिण के सैनिक अभियानों का ख़र्च पूरा करने में राजकोष ख़ाली हो गया था। सम्राट के मालगुजारी उगाहनेवाले कर्मचारी किसानों को हैरान और परेशान करते थे। परन्तु जो लोग मालगुज़ारी रोक लेते थे, उनसे भली भाँति निपटने का दम अब साम्राज्य में नहीं रह गया था। औरंगज़ेब की दुर्दशा से शाही परगने के जाटों को मनचाहा मौक़ा मिल गया। जिस प्रान्त में जाटों की आबादी हो, वहाँ सुदृढ़ शासन की और शासन के निरन्तर सतर्क बने रहने की आवश्यकता थी। जैसी कि यह कहावत चली आती रही है कि

1. वैंदेल, 'औमं की पांडुलिपि'।

"जाट और घाव, बँधा हुआ ही भला।"[1]

केन्द्रीय नियन्त्रण जब कमज़ोर पड़ गया, तो मुग़ल कर्मचारी उच्छृंखल हो गए और उनका नैतिक आचरण बहुत गिर गया। मथुरा और आगरा के जाट बहुत समय तक उनके अत्याचार और कुशासन के शिकार होते रहे। एक स्थानीय फ़ौजदार, मुर्शिद कुली ख़ाँ तुर्कमान अपनी लम्पटता और दुराचार के लिए बदनाम था। कोई सुन्दर महिला सुरक्षित नहीं थी। उसका रनिवास बड़ा था। ज़ाहिर है कि वह छँटा हुआ बदमाश था। कृष्ण के जन्म-दिवस पर गोवर्धन में हिन्दू नर-नारियों का बहुत बड़ा मेला होता था। यह मुर्शिद कुली ख़ाँ हिन्दुओं की भाँति माथे पर तिलक लगाकर और धोती पहनकर उस भीड़ में जा मिलता। ज्यों ही वह किसी सुन्दर स्त्री को देखता, त्योंही वह उसे "भेड़ों के रेवड़ पर भेड़िये की तरह झपटकर ले भागता और उसे नाव में, जिसे उसके आदमी नदी के किनारे तैयार रखते थे, डालकर तेज़ी से आगरे की ओर चल पड़ता। हिन्दू बेचारा (शर्म के मारे) किसी को न बताता कि उसकी बेटी का क्या हुआ।"[2] इस प्रकार का आचरण साम्राज्य के पदाधिकारियों को लोगों का स्नेहभाजन बनानेवाला नहीं था।

औरंगज़ेब ने एक धर्मनिष्ठ मुसलमान अब्दुन्नबी ख़ाँ को अशान्त मथुरा ज़िले का फ़ौजदार नियुक्त किया। उसे आदेश दिया गया कि वह मूर्ति-पूजा का उन्मूलन कर दे। वह सन् 1660 से 1669 तक, लगभग दस वर्ष तक इस पद पर रहा। वह हिन्दू भावनाओं के प्रति कितना निष्ठुर था, यह इससे प्रकट है कि उसने मथुरा के ठीक बीचोबीच केशवदेव मन्दिर के खंडहरों पर एक मस्जिद बनवाने का निश्चय किया। इसी प्रकार के और भी अत्याचार तब तक होते रहे, जब तक कि जाटों को एक असाधारण संगठन-क्षमता-सम्पन्न नेता न मिल गया।

गोकलराम (आम तौर से लोग उसे गोकला नाम से जानते थे) के पूर्ववृत्त के बारे में इसके सिवाय और कुछ मालूम नहीं है कि सन् 1660-70 के दशक के बीच वह तिलपत के इलाक़े में सबसे प्रभावशाली ज़मींदार बन चुका था। तिलपत के ज़मींदार के रूप में उसने मुग़ल सत्ता को ऐसे समय चुनौती दी, जबकि यह सचमुच बड़े जोखिम का काम था। उसमें संगठन की ज़बरदस्त क्षमता थी और साहस या दृढ़ता की भी कमी नहीं थी। उपेन्द्रनाथ शर्मा का कथन है कि उसका जन्म सिनसिनी में हुआ था और वह सूरजमल का पूर्वज था। वह जाट, गूजर और अहीर किसानों का नेता बन गया और उसने कहा कि वे मुग़लों को मालगुज़ारी

---

1. जदुनाथ सरकार, 'हिस्ट्री ऑफ़ औरंगज़ेब,' खंड पाँच, पृ. 225
2. वही, खंड तीन, पृ. 195

देना वन्द कर दें। शाही परगने में एक नामालूम-से ज़मींदार के विद्रोह को सहन नहीं किया जा सकता था। औरंगज़ेब ने एक शक्तिशाली सेना भेजी, पहली तो रदंदाज़ ख़ाँ के अधीन और दूसरी हसनअली ख़ाँ के अधीन। वे एक-दूसरे के बाद मथुरा के फ़ौजदार नियुक्त किए गए। गोकलराम से समझौते की बातचीत चलाई गई। यदि वह उस लूट को लौटा दे जो उसने जमा कर ली है, तो उसे क्षमा कर दिया जाएगा। भविष्य में सदाचरण का आश्वासन भी माँगा गया। परन्तु गोकला राज़ी न हुआ। स्थिति बिगड़ती गई। स्वयं सम्राट औरंगज़ेब ने 28 नवम्बर, 1669 को दिल्ली से उपद्रवग्रस्त क्षेत्र के लिए प्रस्थान किया। यह मक्खी को मारने के लिए भारी घन का प्रयोग करने की तरह था। 4 दिसम्बर को हसनअली ख़ाँ ने ब्रह्मदेव सिसौदिया की सहायता से गोकला और उसके समर्थकों के गाँवों पर आक्रमण किया, जो अद्‌भुत साहस और उत्साह के साथ लड़े। अन्त में वे हार गए; इस लड़ाई में उनके 300 साथी मारे गए। औरंगज़ेब ने उदारता और मानवता के अपने एक दुर्लभ उदाहरण के रूप में "200 घुड़सवारों को अलग इस काम पर लगा दिया कि वे गाँववालों की फ़सलों की रक्षा करें और सैनिकों को गाँववालों पर अत्याचार करने या किसी भी बच्चे को बन्दी बनाने से रोकें।"[1] सम्राट ने हसनअली ख़ाँ की सराहना की, उसे मनसबदार बनाया और मथुरा का फ़ौजदार नियुक्त कर दिया।

गोकला की कठिनाइयाँ प्रतिदिन बढ़ती ही गईं। दिसम्बर में सम्राट की जिस सेना ने कई जाट क़िलों पर अधिकार कर लिया था, उनमें 200 घुड़सवार, 1,000 बन्दूकची, 1,000 तीरन्दाज़, 1,000 रॉकेट, 25 तोपें और 1,000 खाई खोदनेवाले सम्मिलित थे। गोकला और उसके विद्रोही जाति-भाइयों का दमन करने के लिए इस सेना में और भी वृद्धि की गई। जाट, अहीर और गूजर किसानों की 20,000 सेना से गोकला ने हसन अली ख़ाँ और रज़ीउद्दीन भागलपुरी (जो सैनिक, धर्मशास्त्री, यात्री और व्यवसायी का एक दुर्लभ मिश्रित रूप था) के नेतृत्व में आई मुग़ल साम्राज्य की सेना का मुकाबला किया। गोकला और उसका चाचा उदयसिंह अद्‌भुत वीरता के साथ लड़े, परन्तु मुग़ल तोपख़ाने का उनके पास कोई जवाब नहीं था। तीन दिन की घमासान लड़ाई के बाद तिलपत का पतन हो गया। दोनों पक्षों को भारी क्षति उठानी पड़ी; 4,000 मुग़ल सैनिक और 5,000 जाट मारे गए। गोकला, उसका चाचा और उसके परिवार के अन्य लोग बन्दी बना लिए गए।

यहाँ इतिहास की स्थिति नाजुक उलझन से भरी है। सर जदुनाथ और उपेन्द्रनाथ शर्मा का कहना है कि गोकला और उदयसिंह को आगरा लाया गया;

1. उपेन्द्रनाथ शर्मा, 'ए न्यू हिस्ट्री ऑफ़ द जाट्स,' खंड एक, पृ. 397

जब उन्होंने मुसलमान बनने से इंकार कर दिया, तो आगरा की कोतवाली के सामने उनकी बोटी-बोटी काटकर फेंक दी गई। गोकला के पुत्र और पुत्री को मुसलमान बना दिया गया। "वे जवाहर ख़ाँ नाज़िर को सौंप दिए गए; लड़की की शादी गुलाम शाह कुली से कर दी गई और लड़के को क़ुरान पढ़ाया गया। उसका क़ुरान-पाठ सम्राट को बहुत अच्छा लगता था।"[1]

यह कहानी सच नहीं लगती। गोकला ने अपने समूचे परिवार को कैसे बन्दी होने दिया ? साधारणतया जाट स्त्रियाँ अपने पुरुषों के साथ युद्ध में जाकर लड़ती थीं और उनके साथ ही वीरगति को प्राप्त होती थीं। सम्भवतः कानूनगो का स्पष्टीकरण अधिक सन्तोषजनक है–"किसान लम्बे अरसे तक धीरतापूर्वक, बिना घबराए डटकर शौर्य प्रदर्शित करते हुए, जो सदा से उनकी चारित्रिक विशेषता रही है, लड़ते रहे। जब प्रतिरोध के लायक़ नहीं रहे, तब उनमें से बहुतों ने अपनी स्त्रियों को मार डाला और अपने प्राणों का खूब महँगा सौदा करने के लिए वे मुग़लों पर टूट पड़े।...गोकला का रक्त व्यर्थ नहीं बहा; उसने जाटों के हृदय में स्वतन्त्रता के नए अंकुर में पानी दिया।"

राजाराम

गोकला की कीर्ति बनी रही; उसका आदर्श प्रेरणा देता रहा। मुग़लों को देर तक चैन से नहीं बैठने दिया गया। विपत्ति के समय जाट-लोगों ने असाधारण संघ-भाव प्रदर्शित किया (साधारण समय में उसकी मुख्य गतिविधि आपस में ही एक-दूसरे को उजाड़ने की रहती है)। उसका आधार सामन्तीय तथा धार्मिक था, राष्ट्रीय या सैद्धान्तिक नहीं। परम्परा से लोकतन्त्रीय, स्वभाव से स्वतन्त्र प्रारम्भिक जाट-नेता अपनी शक्ति राजदरबारों से नहीं, अपितु ग्रामीण क्षेत्र से प्राप्त करते रहे। वे किसी संगठित आन्दोलन की नहीं, अपितु एक ख़ास मनोदशा की उपज थे।

उस समय तो जाटों को परास्त करके औरंगज़ेब दिल्ली लौट गया। गोकला का स्थान पहले तो खानचन्द नामक एक व्यक्ति ने लिया, जिसे सिनसिनवारों ने सिनसिनी का सरदार चुना था। उसके चार पुत्र थे। दो पुत्र तो दूसरे जाट-इलाक़ों में अपना भाग्य आज़माने के लिए सिनसिनी से चले ही गए, ब्रजराजसिंह और भज्जासिंह सिनसिनी में ही रहे। वे मामूली किसान थे, उन्हें कोई महत्त्वाकांक्षा नहीं थी। एक मज़ेदार और बहुत सम्भवतः अप्रामाणिक कहानी सिनसिनवारों के आख्यान का अंग बन गई है। ब्रजराज और भज्जा–दोनों के पास मिलकर एक

1. के.आर. कानूनगो, 'हिस्ट्री ऑफ़ द जाट्स,' पृ. 39

हल और एक जोड़ी बैल थे। उनके घर पर फूस का एक छप्पर था। एक दिन एक भिक्षुक ब्राह्मण सिनसिनी आया। किसी ने भोजन या ठहरने का स्थान नहीं दिया। अन्त में वह इन दो भाइयों के घर पहुँचा। उन्होंने उसे खाना खिलाया और उससे अनुरोध किया कि वह रात उनके झोंपड़े में ही बिताए। अगले दिन जब वह ब्राह्मण जाने लगा तब भज्जासिंह उसके पास पहुँचा और प्रणाम करके हाथ जोड़कर बोला—"हम दक्षिणा दिए बिना आपको अपने घर से नहीं जाने देंगे। ऐसा करना हमारे धर्म के विरुद्ध है। हमारे पास केवल एक जोड़ी बैल हैं। हम दोनों भाई खुशी से आपको ये बैल अर्पित करते हैं।" यह बात ब्राह्मण के हृदय को गहराई तक छू गई और उसने तुरन्त एक पद्य बोलकर उन्हें आशीर्वाद दिया, जिसका मौटे तौर पर अर्थ यह है कि सिनसिनी के सिनसिनवार जाट ईश्वर की कृपा से आगरा और दिल्ली के बीच के प्रदेशों पर राज्य करेंगे।

उस दिन से भज्जा और ब्रजराज का भाग्य-नक्षत्र चमकने लगा और भज्जासिंह का पुत्र राजाराम सिनसिनवार जाटों का सरदार चुना गया। उसकी प्रतिभा बहुमुखी थी और वह इतिहास में इस रूप में प्रसिद्ध है कि उसने आगरा के निकट सिकन्दरा में स्थित अकबर के मक़बरे को लूटा था। वह न केवल दुःसाहसी सैनिक था, अपितु उसमें विलक्षण राजनीतिक सूझबूझ भी थी। उसने जाटों के दो प्रमुख क़बीलों—सिनसिनवारों और सोघरियों (सोघरवालों) को परस्पर मिलाया। सोघर गाँव सिनसिनी से कुछ मील दक्षिण-पश्चिम की ओर था। वहाँ रामचहर सोघरिया एक समृद्ध तथा ज़बरदस्त क़बीले का मुखिया था। शीघ्र ही राजाराम और रामचहर सोघरिया शाही परगने में अपनी उपस्थिति का भान कराने लगे। परन्तु अपनी स्थिति को सुदृढ़ करने के लिए राजाराम को इस बात की आवश्यकता थी कि साम्राज्य की सेनाओं पर कोई ऐसी बड़ी चढ़ाई या उनसे कोई ऐसी बड़ी मुठभेड़ की जाए, जो देखने लायक़ हो। शीघ्र ही एक ऐसा अवसर आ गया।

सिनसिनी से लगभग चार मील उत्तर की ओर, आऊ नामक एक समृद्ध गाँव में एक मामूली-सा पुलिस एवं सैन्यदल तैनात था, जिसका काम लगभग 2,00,000 रुपए वार्षिक मालगुज़ारीवाले इस विद्रोही क्षेत्र में व्यवस्था बनाए रखना था। इस चौकी का प्रभारी अफ़सर एक विषयलोलुप काम-शूर था, जिसका नाम था लालबेग। उसकी आँख सब ओर घूमती रहती थी। एक दिन एक अहीर अपनी नई ब्याहता पत्नी के साथ आया और गाँव के कुएँ के पास कुछ देर विश्राम करने के लिए बैठ गया। लालबेग का भिश्ती उधर से गुज़र रहा था। उसका ध्यान उस अहीर युवती की असाधारण सुन्दरता पर गया। उसने तुरन्त अपने मालिक को

ख़बर की और लालबेग ने कुछ सिपाही उस अहीर दम्पति को ले आने के लिए भेज दिए। पुरुष को तो छोड़ दिया गया, परन्तु उसकी पत्नी को लालबेग के निरन्तर बढ़ते हुए रनिवास में चले जाना पड़ा, जैसा कि उस समय आम तौर पर हुआ करता था। छोटे शहर में ख़बर तेज़ी से फैलती है और जल्दी ही इस अपहरण की चर्चा राजाराम के कानों में भी पहुँच गई। कुछ ही मील दूर गोवर्धन में एक वार्षिक मेला होनेवाला था। आसपास के इलाक़ों के बहुत-से लोग इस मेले में आए थे। अधिकतर लोग बैलगाड़ियों पर, कुछ ऊँटों पर और अच्छे खाते-पीते लोग घोड़ों पर आए थे। इन पशुओं के चारे के लिए बहुत घास की आवश्यकता थी। लालबेग ने घास और चारा ले जानेवाली गाड़ियों को मेले के मैदान में जाने की अनुमति दे दी। इनके अन्दर राजाराम और उसके तूफ़ानी सैनिक छिपे बैठे थे। पड़ताल-चौकी के पार होते ही उन्होंने उन गाड़ियों में आग लगा दी और उसके बाद जो लड़ाई हुई, उसमें लालबेग को मार डाला। इस प्रकार राजाराम ने अपनी योग्यता प्रमाणित कर दी।

इसके पश्चात उसने अपने क़बीले के लोगों के अव्यवस्थित समूह को एक ऐसी सुव्यवस्थित सेना का रूप देना शुरू किया, जो रेजिमेंटों में संगठित थी, आग्नेयास्त्रों से लैस थी और अपने नेताओं का आज्ञा-पालन करने के लिए प्रशिक्षित की गई थी। सुविधाजनक स्थानों पर और जाट-प्रदेश के दुर्गम जंगलों में छोटी-छोटी गाढ़ियाँ बनाई गईं। इन पर गारे की ढलवाँ परतें चढ़ाकर इस तरह मज़बूत बनाया गया कि इन पर तोप-गोलों का असर भी बहुत कम या बिलकुल नहीं होता था।

शीघ्र ही राजाराम ने मुग़ल प्रभुत्व की अवज्ञा शुरू कर दी, उसका विरोध किया और अन्त में उसे खुल्लमखुल्ला ललकारा। उसके सभी धावों में सोघरिया सरदार रामचहर तथा 'खुन्तल', 'सेखरवार' तथा 'भगोड़े' जाट-क़बीलों के अन्य मुखियाओं ने राजाराम का साथ दिया। मुख्य लक्ष्य आगरा ज़िला था और राजाराम को, जो गोकला के वध का बदला लेने पर तुला था, शुल्क दिए बिना कोई भी वहाँ से गुज़र नहीं सकता था (धौलपुर से आगरा तक तीस मील की यात्रा के लिए यात्री लोग प्रति व्यक्ति 200 रुपए देते थे)। उसका उद्देश्य सिकन्दरा में बने अकबर के मक़बरे को ढहाना था। राजाराम की गतिविधियों के कारण आगरा के सूबेदार सफ़ी ख़ाँ का शहर से बाहर निकल पाना ही मुश्किल था। पहला प्रयास विफल रहा, क्योंकि सिकन्दरा के फ़ौजदार मीर अबुलफ़ज़ल ने बहुत-से सैनिक गँवाकर बड़ी मुश्किल से जैसे-तैसे मक़बरे को बचा लिया। वह स्वयं भी घायल हुआ। सम्राट उसके कार्य से प्रसन्न हुआ और उसकी पदोन्नति करके उसे 2,000

घुड़सवारों की मनसबदारी दे दी। सिकन्दरा से सिनसिनी की ओर लौटते हुए राजाराम ने कई मुग़ल गाँवों को लूट लिया। उसे धन की आवश्यकता थी और वह उसे काफ़ी कुछ स्वच्छन्द उपायों से प्राप्त कर लेता था।

महीना-दर-महीना राजाराम अधिकाधिक दबंग होता गया। सन् 1686 में एक तूरानी सेनाध्यक्ष आग़ा ख़ाँ क़ाबुल से आकर बीजापुर में सम्राट के पास जा रहा था। जब उसका काफ़िला धौलपुर पहुँचा, तब राजाराम के छापामार दल आग़ा ख़ाँ के असावधान सैनिकों पर टूट पड़े। इससे पहले कभी भी किसी ने शाही काफ़िलों पर इस प्रकार खुल्लमखुल्ला हमला करने की हिम्मत नहीं की था। आग़ा ख़ाँ कई वर्षों से क़ाबुल में था और उसे यह मालूम नहीं था कि शाही परगने में जाटों का ख़तरा है और उसने प्राथमिक सावधानियाँ भी नहीं बरती थीं। इससे भी बुरा यह हुआ कि जब उसे अपने सामान, घोड़ों और स्त्रियों के छिन जाने का पता चला, तब उसने आक्रमणकारियों का बहुत अधीरता से पीछा किया। जब वह जाटों के पास पहुँच गया तो राजाराम ने उसे और उसके अस्सी सैनिकों को मौत के घाट उतार दिया। जाटों के लगभग 200 आदमी खेत रहे।

सुदूर दक्षिण में औरंगज़ेब ने जब अपने तूरानी सेनाध्यक्ष का यह हाल सुना तो उसने तुरन्त कार्रवाई की। उसने जाट-विद्रोह को कम करके नहीं आँका, जो एक ऐसे क्षेत्र में मुग़ल प्रभुत्व की अवज्ञा कर रहा था जहाँ सम्राट का विशेष सुरक्षित शिकारगाह था। उसने जाटों से निपटने के लिए अपने चाचा, प्रसिद्ध ख़ान-ए-जहाँ कोकलतोश ज़फ़रजंग को भेजा। ख़ान-ए-जहाँ असफल रहा और तब औरंगजेब ने जाटों के विरुद्ध संग्राम की कमान सँभालने के लिए अपने पुत्र शाहज़ादा आज़म को नियुक्त किया। शाहज़ादा बुरहानपुर से आगे भी नहीं बढ़ पाया था कि उसके परेशान पिता ने उसे वापस बुला लिया और गोलकुंडा जाने को कहा। उसके स्थान पर, दिसम्बर में औरंगजेब ने राजाराम के विरुद्ध मुग़ल सेनाओं का नेतृत्व करने के लिए आज़म के पुत्र बीदर बख़्त को नियुक्त किया। बीदर बख़्त कुल सत्रह बरस का था। उसमें अनुभव की तो कमी थी, किन्तु साहस की नहीं। ख़ान-ए-जहाँ को उसका प्रधान सलाहकार बनना था। परन्तु कमान के इन बार-बार परिवर्तनों से काफ़ी गड़बड़ी मच गई और शाही फ़ौजी अफ़सरों में, जहाँ ईर्ष्या का बोलबाला था, षड्यन्त्र होने लगे। राजाराम ने इसका पूरा लाभ उठाया। मुग़ल शिविर में उसके भेदिए विद्यमान थे और वे उसे मुग़लों की योजनाओं की जानकारी देते रहते थे।

उन दिनों बीजापुर से आगरा तक की यात्रा में कई सप्ताह लग जाते थे। सत्रहवीं शताब्दी के मुग़ल, बाबर के सोलहवीं शताब्दी के दृढ़-निश्चयी सैनिकों के

विपरीत, हलका-फुलका सामान लेकर यात्रा नहीं करते थे। इस प्रकार, बीदरबख़्त के आगरा पहुँचने से पहले ही राजाराम मुग़लों के सम्मान और प्रतिष्ठा पर एक कठोर और अपमानजनक आघात कर चुका था। पहले तो उसने आगरा में मीर इब्राहीम हैदराबादी के शिविर पर आक्रमण किया। मीर पंजाब की सूबेदारी सँभालने के लिए वहाँ जा रहा था। मीर इब्राहीम राजाराम को पीछे हटाने में तो सफल हो गया, परन्तु उसका नुक़सान बहुत हुआ। उसे ख़ान-ए-जहाँ कोकलतोश ज़फ़रजंग से, जिसने मीर इब्राहीम की सहायता करने की कोई आवश्यकता ही नहीं समझी, या आगरा के नए सूबेदार शाइस्ता ख़ाँ से, जो मीर की पदोन्नति से प्रसन्न नहीं था, बिलकुल सहायता नहीं मिली।

सन् 1688 के मार्च में, जब मौसम सर्वोत्तम था, ग्रीष्म की तपन और धूल, बरसात की मलेरिया पैदा करनेवाली उमस और कीचड़, और शिशिर की तीखी सरदी से बिलकुल मुक्त था, राजाराम सिकन्दरा पर टूट पड़ा और उसने अकबर के मक़बरे को नष्ट करने में बस ज़रा-सी ही कसर छोड़ी। यह मक़बरा मुग़ल वास्तुकला का कोई उत्कृष्ट नमूना नहीं था, परन्तु असन्दिग्ध रूप से मुग़ल प्रभुत्व का एक प्रतीक तो था ही। मनूची का कथन है कि जाटों ने लूटपाट "काँसे के उन विशाल फाटकों को तोड़कर शुरू की, जो इसमें लगे थे; उन्होंने बहुमूल्य रत्नों और सोने-चाँदी के पत्तरों को उखाड़ लिया और जो कुछ वे ले जा नहीं सकते थे, उसे उन्होंने नष्ट कर दिया।"[1] इस प्रकार गोकला का प्रतिशोध लिया गया।

राजाराम को सैनिक विजय तो प्राप्त हो गई, परन्तु लुटेरेपन और कला-विध्वंसक का कलंक बहुत समय तक जाटों के सिर रहा। यह ठीक है कि राजाराम की धार्मिक जड़ता क्षमा नहीं की जा सकती, फिर भी हमें उस काल की मनःस्थिति को भी ध्यान में रखना होगा। औरंगज़ेब ने आँधी के बीज बोए थे और उसके लिए बवंडरों की फ़सल तैयार थी। हिन्दू मन्दिरों के उच्छृंखल विनाश और उनके स्थान पर मस्जिदों के निर्माण से केवल क्रोध और प्रतिशोध की भावना ही उत्पन्न होनी थी।

सिकन्दरा की लूटपाट के तुरन्त बाद राजाराम और रामचहर का ध्यान उत्तर-पश्चिम की ओर गया, जहाँ चौहान और शेख़ावत राजपूत मरणान्तक युद्ध में जूझ रहे थे। चौहानों ने राजाराम से मदद माँगी और वह तुरन्त सहर्ष तैयार हो गया। वह 4 जुलाई, 1688 को बैजल नाम के छोटे-से और अप्रसिद्ध गाँव में एक मुग़ल बन्दूकची की गोली से मारा गया। उसी दिन यही दशा सोघरिया सरदार की भी हुई।

1. एन. मनूची, 'स्तोरिया दो मोगोर,' खंड दो, पृ. 230

इन दोनों की असामयिक मृत्यु से सिनसिनवार और सोघरिया जाटों तथा अन्य जातियों के उनके समर्थकों को भारी आघात पहुँचा। उस समय तक सिनसिनवार जाटों में ज्येष्ठाधिकार का नियम नहीं चला था और यह समझा गया कि राजाराम के पुत्र कबीले के सरदार के रूप में अपने पिता के उत्तराधिकारी बनने योग्य नहीं हैं। क़बीलों के मुखिया सिनसिनी में एकत्र हुए और उन्होंने राजाराम के पिता, वयोवृद्ध भज्जासिंह से अनुरोध किया कि वह उनका नेतृत्व ग्रहण करें। भज्जासिंह ने न चाहते हुए भी इसे स्वीकार कर लिया।

अपने यशस्वी परदादा के मक़बरे की लूट-पाट की ख़बर सुनकर औरंगज़ेब का खून खौल उठना स्वाभाविक था। जाटों को सज़ा देनी होगी और उन्हें सीधा करना पड़ेगा। उसने 'जाट भेड़ियों'[1] का दमन करने के लिए बिशनसिंह को नियुक्त किया, जिसका हाल ही में आमेर के राजा के रूप में राज्याभिषेक हुआ था।

राजा बिशनसिंह को मथुरा का फ़ौजदार बनाया गया। उसे जाटों का सर्वनाश करने का काम सौंपा गया और पुरस्कार के रूप में सिनसिनी की जागीर देने का वायदा किया गया। बिशनसिंह इतना अदूरदर्शी था कि उसने सम्राट को यह आश्वासन दे दिया कि वह सिनसिनी को तुरत-फुरत जीत लेगा और शाही परगने में जाट-विद्रोह को सदा के लिए समाप्त कर देगा। बिशनसिंह यश कमाने के लिए अधीर था; वह अपने पूर्वज मिर्ज़ा राजा मानसिंह का अनुसरण करना चाहता था, जिसने अकबर के शासनकाल में बड़ा नाम कमाया था।

यद्यपि जाटों का नेतृत्व किसी उच्च कोटि के पुरुष के हाथ में नहीं था, फिर भी उन्होंने बीदर बख़्त और आमेर के राजा को मज़ा चखा दिया। सिनसिनी का घेरा कई महीनों तक पड़ा रहा और निर्भीक जाटों ने शाही सेनाओं को एक पल चैन से नहीं बैठने दिया। सिनसिनी पर पहला धावा विफल रहा। जनवरी, 1690 में दूसरा धावा हुआ, जो सफल हुआ। घमासान गुत्थमगुत्था लड़ाई में सैकड़ों ने प्राण गँवाए। भज्जा के कुटुम्ब के कुछ लोग बच निकले और थूण और सोघर पहुँच गए। उनमें भज्जासिंह के भाई ब्रजराज सिंह का पुत्र और सूरजमल के बाबा का भाई चूड़ामन भी था। हम चूड़ामन के विषय में, जिसे टॉड ने जाट 'सिनसिनेटस' (संकट-वीर देश-भक्त) कहा है, आगे और भी बहुत कुछ पढ़ेंगे। अगले वर्ष मुग़लों ने सोघर पर अधिकार कर लिया। उस शताब्दी का अन्त होते-होते उस इलाक़े की अन्य जाट-गढ़ियाँ भी जीत ली गईं और ऐसा लगने लगा कि जाट एक बार फिर विस्मृति के गर्त में डूबने लगे हैं। परन्तु ऐसा होना नहीं था। चूड़ामन के रूप

1. सर जदुनाथ सरकार, 'मॉडर्न रिव्यू', अक्तूबर, 1923 में लेख

में जाटों को एक ऐसा जन्मजात नेता मिला, जिसके कारनामे गोकला, राजाराम और रामचहर से भी आगे बढ़ गए।

जाट नायक ठाकुर चूड़ामन सिंह

चूड़ामन सिंह के विषय में हमें गोकला और राजाराम की अपेक्षा कुछ अधिक जानकारी उपलब्ध है। उसने लम्बी आयु पाई। जब सन् 1721 में चूड़ामन सिंह ने आत्महत्या की, तब उसके भाई का पौत्र सूरजमल चौदह बरस का था। चूड़ामन अपेक्षाकृत कहीं लम्बी अवधि तक रंगमंच पर रहा और औरंगज़ेब की मृत्यु के बाद तो शाही परगने में उसकी गतिविधियों का साम्राज्य के मामलों पर सीधा प्रभाव पड़ता रहा। चूड़ामन के पिता ब्रजराज की दो पत्नियाँ थीं—इन्द्राकौर तथा अमृतकौर। दोनों ही मामूली जमींदार घरों से आई थीं। चूड़ामन की माँ, अमृतकौर चिकसाना के, जो आजकल मथुरा और भरतपुर के अधबीच में है, चौधरी चन्द्रसिंह की पुत्री थी। उसके दो पुत्र और थे—अतिराम और भावसिंह। वे दोनों भी मामूली ज़मींदार (भूमिधारी) थे। चूड़ामन का ज़िक्र उसके चाचा राजाराम के जीवन-काल में कहीं नहीं मिलता, परन्तु असम्भव नहीं कि उसने उसके कुछ अभियानों में भाग लिया हो, और सिनसिनी पर शत्रु का अधिकार होने के बाद वह डीग, बयाना और चम्बल के बीहड़ों के जंगली इलाक़ों में जा छिपा हो। यहाँ वह 'मारो और भागो' की छापामार पद्धति से लूटपाट करता रहा। जाट-लोग थोड़ा सामान लेकर चलते थे और ब्रज तथा दोआब के इलाक़े से सुपरिचित थे। चूड़ामन जिस ढंग से काम कर रहा था, उस ढंग से वह कदापि न कर पाता, यदि उसे जनता का, जो औरंगज़ेब द्वारा शुरू किए गए इस्लामीकरण से घृणा करती थी, समर्थन प्राप्त न होता।

यदि बहुत बारीकी से छानबीन की जाए, तो चूड़ामन का नैतिक आचरण तथा सद-असद-विवेक सन्तोषप्रद नहीं माने जाएँगे, परन्तु वे उस समय प्रचलित स्तर के अनुरूप थे। हर किसी से और सामूहिक रूप से सबसे 'चौथ' और 'सरदेशमुखी' की वसूली द्वारा शीघ्र ही मराठे उससे भी आगे बढ़ जानेवाले थे। चूड़ामन केवल एक के प्रति निष्ठावान था—स्वयं अपने प्रति। भावनाओं की उदात्तता और हृदय की उदारता उसके स्वभाव में नहीं थी। वह एक निर्मम युग था और जाट-लोग कठोर जीवन व्यतीत करते थे। वे न दया की आशा रखते थे और न दया करते थे। चूड़ामन बहुत ही कर्मठ एवं व्यावहारिक व्यक्ति था। उसने जाटों की स्थिति को उन्नत एवं दृढ़ बनाया और उसके समय में हमें पहली बार

ठाकुर चूड़ामन सिंह

राजा बदन सिंह

महाराजा जवाहर सिंह

'जाट-शक्ति' शब्द सुनने को मिलता है। बदनसिंह तथा सूरजमल के नेतृत्व में यह शक्ति अठारहवीं शती के हिन्दुस्तान में एक ऐसी ताक़त और ऐसा घटक बननेवाली थी, जिसका ध्यान रखकर चलना आवश्यक था।

चूड़ामन में नेतृत्व के सभी अपेक्षित गुण विद्यमान थे—मज़बूत हृदय, भावुकतारहित मस्तिष्क, सूझबूझ, भाग्य, निरुद्वेग अन्तरात्मा, व्यवहार-कौशल, और अत्यधिक व्यक्तिवादी तथा परस्पर विरोधी तत्वों को मिलाकर एक करने की क्षमता, जिन्हें गूँथकर उसने एक ज़बरदस्त छापामार लड़ाकू सेना तैयार कर ली थी। उसकी नीति थी—किसी क़िले या गढ़ी में घिरकर न बैठना, अपितु कुछ मँजे हुए घुड़सवारों को अपने साथ लेकर निरन्तर गतिशील रहना, योजना बनाकर प्रतिरोध करना, समर-नीति की योजना बनाने, अनुशासन बनाए रखने और एक के बाद एक नया मोर्चा खोलने के लिए निरन्तर चलते-फिरते रहना। इनके फलस्वरूप शत्रु चैन से नहीं बैठने पाते थे; इस प्रदेश के रास्तों की जानकारी उन्हें कम होती थी और मुग़ल काफ़िले भारी साज़-सामान से लदे-फँदे चलते थे, अतः गतिशीलता कम हो जाती थी और वे दलदलों और जंगलों में भटक जाते थे। मुरसान और हाथरस के सरदारों की सहायता से इस सिनसिनवार जाट ने दिल्ली और मथुरा तथा आगरा और धौलपुर के बीच शाही मुख्य मार्ग को बन्द-सा ही कर दिया। केवल शक्तिशाली सशस्त्र रक्षक दलों के साथ जानेवाले लोग ही यहाँ से बिना लुटे निकल पाते थे। कहने का अभिप्राय यह नहीं है कि विजय सदा जाटों की ही होती थी। मुग़ल साम्राज्य की सेनाएँ कभी किसी मुग़ल शाहज़ादे के अधीन तो कभी आमेर के राजा और उसके रक्तपिपासु सेनापति हरिसिंह के अधीन आती थीं; उनके विरुद्ध युद्ध करते हुए चूड़ामन लगभग एक दशाब्दी तक इधर-उधर भागता फिरा; सदा यही लगता था कि इस युद्ध में उसकी हार होकर रहेगी। परन्तु वह कभी भी पकड़ा नहीं गया और न कभी वह पूरी तरह परास्त हुआ। सत्रहवीं शताब्दी का अन्त होते-होते उसने अपना प्रभाव-क्षेत्र बहुत बढ़ा लिया था और अपने अनुयायियों की संख्या भी बढ़ा ली थी; उसने अनुभव भी प्राप्त कर लिया था और उसके पास 10,000 योद्धाओं—बन्दूकचियों, घुड़सवारों और पैदलों—की एक सुसज्जित सेना हो गई थी। उसने कोटा और बूँदी के राजपूत राज्यों पर चढ़ाइयाँ कीं। सन् 1704 में उसने सिनसिनी पर फिर अधिकार कर लिया, परन्तु अगले ही वर्ष सन् 1705 में आगरा के फ़ौजदार मुख़्तार ख़ाँ का आक्रमण होने पर उसे सिनसिनी छोड़कर पीछे हटना पड़ा। तब वह अपना प्रधान शिविर थून ले गया। वहाँ उसने एक सुदृढ़ दुर्ग बनवाया।

औरंगज़ेब की मृत्यु के पश्चात उसके पुत्रों में जो आत्मघाती युद्ध हुआ, वह

सर्वविदित है। अवसर की तलाश में रहनेवाले चूड़ामन के लिए यह संघर्ष सुविधाजनक रहा। बीच के इन वर्षों में वह मध्यकालीन इंग्लैंड के किसी जागीरदार जैसा लगने लगा था। उसके अनुचर विशेष प्रकार की वरदी पहनते थे। यह अनगढ़ जाट फ़ारसी जीवन-पद्धति न सही, फ़ारसी शिष्टाचार अवश्य अपनाने लगा था।

औरंगज़ेब के अयोग्य पुत्रों के मध्य उत्तराधिकार के लिए हुए युद्ध में चूड़ामन ने विजेता को चुना। यह निर्णायक युद्ध 13 जून, 1707 को वर्ष के सबसे गरम मौसम में जाट-इलाक़े में, आगरा के दक्षिण में जाजौ में हुआ। आज़म हार गया; उसे और उसके पुत्र को प्राणों से हाथ धोना पड़ा। मुअज़्ज़म 'शाह आलम प्रथम' के रूप में राजगद्दी पर बैठा।

जब आज़म और मुअज़्ज़म की सेनाओं की जाजौ में मुठभेड़ हुई, तब चूड़ामन अपने मँजे हुए सैनिकों के साथ युद्ध का रुख़ देखता रहा और आक्रमण के लिए मौक़े की तलाश करता रहा। पहले उसने मुअज़्ज़म के शिविर को लूटा। जब उसने देखा कि आज़म हारने लगा है तो मौक़े का फ़ायदा उठाकर वह भी उस पर टूट पड़ा। हमें उसके इस आचरण को बहुत कठोर नज़रिए से देखने की आवश्यकता नहीं है। इस लूट के फलस्वरूप चूड़ामन बहुत धनी बन गया। मुग़लों की नक़दी, सोना, अमूल्य रत्नजटित आभूषण, शस्त्रास्त्र, घोड़े, हाथी और रसद उसके हाथ लगे। इस धन के कारण वह जीवन-भर आर्थिक चिन्ताओं से बिलकुल मुक्त रहा। इस बारे में कोई सन्देह नहीं कि इस विपुल सम्पत्ति का कुछ भाग सन् 1721 में चूड़ामन की आत्महत्या के पश्चात ठाकुर बदनसिंह और महाराजा सूरजमल के ख़ज़ानों में भी पहुँचा।

अब चूड़ामन अपने सैनिकों को वेतन दे सकता था, अपने विरोधियों को धन देकर अपने पक्ष में कर सकता था और आवश्यकतानुसार क़िले बनवा सकता था। थून का दुर्ग इसी धन से बनवाया और सुसज्जित किया गया। जाजौ के युद्ध में सिनसिनवारों ने जो सहायता दी थी, उसके उपलक्ष्य में उन्हें भी सम्राट की ओर से इनाम मिले। बहादुरशाह ने चूड़ामन को 1,500 ज़ात और 500 घुड़सवार का मनसब प्रदान किया। विद्रोही को अचानक ही सरकारी कर्मचारी-वर्ग में स्थान मिल गया। चूड़ामन बहुत ही पहुँचा हुआ अवसरवादी था; शाही सेनाध्यक्ष के अपने नए पद का औचित्य प्रमाणित करने के लिए उसने मुग़ल सम्राट की निष्ठापूर्वक सेवा की। वह सन् 1710-11 में सिखों के विरुद्ध अभियान में मुग़ल सम्राट के साथ गया और 27 फ़रवरी, 1712 को जब लाहौर में बहादुरशाह की मृत्यु हुई, तब चूड़ामन वहीं था। सिखों के विरुद्ध अभियान में चूड़ामन दिल से साथ नहीं था। सिखों में भी बहुत-से लोग, भले ही वे नानक के धर्म को

मानते थे, उसी जैसे जाट थे।

यद्यपि बहादुरशाह इतिहास पर अपनी कोई उल्लेखनीय छाप नहीं छोड़ पाया, फिर भी उसने अपने छोटे-से राज्य-सिंहासन की मर्यादा को कलंकित नहीं किया। उसके सौम्य स्वभाव, डाँवाडोल चित्त और दीर्घ-कालीन अनिश्चय के फलस्वरूप स्थिति जैसे-तैसे घिसटती रही। सम्राट का शासन वैसे ही चलता रहा जैसे उसके पिता के समय चलता था, परन्तु शनैः-शनैः साम्राज्य के महान स्तम्भ लुप्त होते गए और ह्रास आरम्भ हो गया जो अनिवार्य था। बहादुरशाह से न लोग डरते थे, न उसका आदर करते थे, फिर भी लोग उसे मानते थे। उसके बाद जो बादशाह आए, उनको तो महत्त्वाकांक्षी सरदार केवल अपने हाथों की कठपुतली बनाए रहे और इसी रूप में उन्हें सहन करते रहे।

लाहौर में सम्राट बहादुरशाह की मृत्यु के समय उसके चारों पुत्र उसके पास ही थे। उत्तराधिकार के लिए युद्ध तो होना ही था; वह बड़ी अशोभन जल्दबाज़ी में हुआ। जहाँदारशाह ने अपने तीन भाइयों को मार डाला और स्वयं राजसिंहासन पर बैठ गया। उसे लालकुमारी या लालकँवर नाम की एक रखैल के प्रेमी के रूप में स्मरण किया जाता है। यह लालकँवर स्वयं को दूसरी नूरजहाँ समझती थी, हालाँकि वह एक मामूली बाज़ारू वेश्या ही थी। ऐसे पतित एवं कपटपूर्ण वातावरण में चूड़ामन जैसे व्यक्ति को चैन कहाँ मिल सकता था ? मौक़ा मिलते ही वह राज-दरबार को छोड़कर अपने लोगों और अपनी जागीर की देखभाल करने के लिए आ गया।

जब फ़र्रुख़सियर जहाँदारशाह को चुनौती देने के लिए दिल्ली आ पहुँचा, तब जहाँदारशाह ने सिनसिनवारों से सहायता माँगी। इस समय तक चूड़ामन यमुना के पश्चिमी तट पर रहनेवाले जाटों तथा अन्य हिन्दू लोगों का वास्तविक शासक और नियामक बन चुका था। दिल्ली से लेकर चम्बल तक उसका प्रभाव-क्षेत्र था और उसके रुख़ पर ही यह बात निर्भर करती थी कि हिन्दुस्तान के सिंहासन के किसी उम्मीदवार के प्रति इस क्षेत्र की ग्रामीण जनता का व्यवहार मित्रतापूर्ण हो या शत्रुतापूर्ण। जहाँदारशाह के अनुरोध पर चूड़ामन अपने अनुयायियों की एक बड़ी सेना लेकर आगरा तक बढ़ गया। जहाँदारशाह ने उसे एक पोशाक भेंट की और उसे उचित सम्मान दिया। राज-सिंहासन के दावेदार दो निकृष्ट पुरुषों की सेनाओं में 10 जनवरी, 1913 को युद्ध हुआ। चूड़ामन ने आनन-फ़ानन में, दोनों पक्षों को बारी-बारी से लूटकर दोनों का ही बोझ हलका कर दिया और उसके बाद वह थून लौट गया। कुछ ही समय बाद गला घोंटकर जहाँदारशाह की हत्या कर दी गई और फ़र्रुख़सियर सम्राट बना।

परन्तु वास्तविक शक्ति दो सैयद-बन्धुओं के हाथों में रही। सैयद अब्दुल्ला वज़ीर बना और सैयद हुसैन अली प्रधान सेनापति। छबीलाराम को आगरा का सूबेदार नियुक्त किया गया। उसने चूड़ामन की हलचलों की रोकथाम करने के लिए कुछ नासमझी की चालें चलीं, परन्तु उसे सफलता न मिली। सूबेदार के ऊपर आगरा का राज्यपाल था—शम्सुद्दौला, जो ख़ान-ए-दौरां की भव्य राजकीय उपाधि से विभूषित था। वह चतुर एवं दूरदर्शी था। अपने सूबेदार छबीलाराम के मार्ग का अनुसरण करने की उसकी ज़रा भी इच्छा नहीं थी। शम्सुद्दौला इस दुर्जय जाट से विरोध पालना और एक अनिश्चित उद्यम के फेर में पड़कर अपनी प्रतिष्ठा गँवाना नहीं चाहता था, अतः उसने चूड़ामन से मैत्री की चर्चा चलाई। यद्यपि चूड़ामन ने फ़र्रुख़सियर की सेना और सामान को लूटा था, फिर भी वह इतना समझदार तो था ही कि नए सम्राट को व्यर्थ ही न खिझाता रहे। ख़ान-ए-दौरां ने सम्राट से चूड़ामन को क्षमा दिलवा दी और उसे दिल्ली आने का निमन्त्रण भिजवाया। एक बार फिर चूड़ामन ने अपने 4,000 घुड़सवारों को लेकर दिल्ली को कूच किया और बड़फूला (बारहपुला) से उसे राजोचित सम्मान के साथ दिल्ली ले जाया गया। स्वयं ख़ान-ए-दौरां उसे दीवान-ए-ख़ास में ले गया और सम्राट ने उसे दिल्ली के निकट से लेकर चम्बल के घाट तक शाही मुख्य मार्ग का कार्यकारी अफ़सर (शाहराह) नियुक्त कर दिया। चूड़ामन के पद के इस परिवर्तन पर टिप्पणी करते हुए प्रोफ़ेसर कानूनगो ने लिखा है—"एक भेड़िए को भेड़ों के रेवड़ का रखवाला बना दिया गया।"[1] या कुछ नरम शब्दों में कहा जाए तो, एक चोर-शिकारी को ही वन्य-जन्तु-रक्षक बना दिया गया। इस प्रकार आख़िरकार चूड़ामन को शाही अनुमोदन की छाप मिल ही गई। उसे यह अधिकार था कि जो क्षेत्र उसकी देख-रेख में छोड़ा गया है, उस पर आने-जानेवाले लोगों पर वह पथ-कर लगा सके। पहले जिस उत्साह से वह मुग़लों के काफ़िलों को लूटा करता था, उसी उत्साह से अब वह पथ-कर वसूल करने लगा। चूड़ामन की धींगा-मुश्ती की शिकायतें दिल्ली पहुँचीं, परन्तु अशक्त सम्राट उसकी रोक-थाम करने या उसे दंड देने के लिए कुछ भी नहीं कर सका। इसके अतिरिक्त, सैयद-बन्धुओं के साथ मिलकर चूड़ामन ने ख़ाब-ए-दौरान तथा सैयद-बन्धुओं के मध्य विद्यमान मतभेदों से भी लाभ उठाया।

फ़र्रुख़सियर को राज-सिंहासन सैयद-बन्धुओं की कृपा से मिला था, फिर भी वह उनके विरुद्ध षडयन्त्र करता रहता था। उसे मालूम था कि सैयद-बन्धु जयपुर के राजा से ख़ुश नहीं हैं (उन्होंने चूड़ामन को उत्साहित किया था कि वह ज़रा

1. के.आर. कानूनगो, 'ए हिस्ट्री ऑफ़ द जाट्स,' पृ. 51

कछवाहा की शेख़ी झाड़ दे), अतः उसने सैयदों की पीठ-पीछे जयपुर के सवाई जयसिंह से चूड़ामन के थून-गढ़ पर आक्रमण करने को कहा। कछवाहों और सिनसिनवारों के बीच ख़ून की नदियाँ बह चुकी थीं। औरंगजेब ने जाटों को दबाने के लिए राजा बिशनसिंह का इस्तेमाल किया था। अब जयसिंह को इस काम के लिए रखा गया था। उसे भरपूर मात्रा में जन, धन तथा शस्त्रास्त्र दिए गए। कोटा और बूँदी के राजाओं को भी चूड़ामन से शिकायतें थीं, अतः उन्होंने जयसिंह का साथ दिया। चूड़ामन के भेदिए दिल्ली में थे और उसके विनाश की जो योजनाएँ बन रही थीं, उनकी सूचना वे उसे देते रहते थे। उसने जयसिंह के मुक़ाबले के लिए एक लम्बे युद्ध की तैयारी की। चूड़ामन ने इतना अनाज, नमक, घी, तमाखू, कपड़ा और ईंधन इकट्ठा कर लिया कि वह बीस वर्ष के लिए पर्याप्त रहे। जिन लोगों को लड़ाई में भाग नहीं लेना था, उन सबको उसने क़िले से बाहर भेज दिया, जिससे रसद का अनावश्यक व्यय न हो। क़िले का घेरा बीस महीने तक पड़ा रहा और उसका निर्णायक परिणाम कुछ भी न निकला। दिल्ली दरबार में तूरानी और ईरानी गुटों के मध्य चले षड्यन्त्र चूड़ामन के लिए रक्षक वरदान सिद्ध हुए। जाटों ने घेरा डालनेवालों को कभी चैन से न बैठने दिया। थून का इलाक़ा ग्रीष्म ऋतु में तो गरमी और धूल का खौलता कड़ाह बन जाता था और वर्षा ऋतु में बिलकुल दलदल। वह सैनिक गतिरोध दोनों ही पक्षों को पसन्द नहीं था।

चूड़ामन ने जयसिंह को लाँघकर सैयद-बन्धुओं से समझौते की बात चलाई और वह सम्राट को पचास लाख रुपए भेंट करने को राज़ी हो गया। इससे अनुमान लगाया जा सकता है कि सिनसिनवारों ने कितनी विपुल धन-राशि एकत्र कर ली थी। सम्राट ने इस प्रस्ताव को तुरन्त स्वीकार कर लिया। थून के घेरे पर शाही ख़ज़ाने के दो करोड़ रुपए ख़र्च हो चुके थे; प्राणों और प्रतिष्ठा की जो हानि हुई, वह इसके अतिरिक्त थी। जयसिंह को घेरा उठा लेने का आदेश दे दिया गया। प्रकटतः क्षुब्ध, पर मन-ही-मन प्रसन्न जयसिंह थून से वापस लौट गया।

सैयद-बन्धु, फ़र्रुख़सियर से तंग आ गए थे। उन्होंने उससे पिंड छुड़ाने का निश्चय कर लिया। उन्होंने पहले तो उसकी आँखें निकलवा दीं और बाद में बहुत ही अपमानपूर्वक उसकी हत्या करवा दी। उस अन्धे पुरुष को वस्तुतः उसके रनिवास में ही गला घोंटकर मार डाला गया।

चूड़ामन छाया की भाँति सैयद-बन्धुओं के साथ लगा रहा; जब फ़र्रुख़सियर को अपदस्थ किया गया, तब वह हुसैन अली की सेना के साथ था। बाद में वह उसके साथ सम्राट-पद के एक नक़ली दावेदार नेकूसियर के विरुद्ध अभियान में आगरा गया। नेकूसियर को सैयद-बन्धुओं के शत्रुओं ने सम्राट घोषित कर दिया

था। सैयद-बन्धुओं ने चूड़ामन को 'राजा' की उपाधि देने का वायदा किया था, परन्तु उसने इसे लेना इसलिए स्वीकार नहीं किया कि कहीं अन्य जाट-सरदारों को उससे ईर्ष्या न होने लगे। ख़ैर, अपने वायदे को पूरा करने के लिए सैयद-बन्धु जीवित ही न रहे, क्योंकि शीघ्र ही उनकी हत्या कर दी गई। ठीक समय पर चूड़ामन ने पासा पलटा और वह नए सम्राट मुहम्मदशाह के साथ मिल गया। मुहम्मदशाह ने जाट-सरदार को बड़े-बड़े पारितोषिक दिए, जिन्हें उसने स्वीकार कर लिया, क्योंकि उसके विचार से बिना बात सम्राट से शत्रुता मोल लेना निरी मूर्खता ही होती। परन्तु सन् 1720 में होडल की लड़ाई में वह सैयद अब्दुल्ला और सम्राट के शिविरों को लूटने का प्रलोभन त्याग न सका। चूड़ामन ने पहले सम्राट के और उसके बाद अब्दुल्ला के शिविर को लूटा। इस लूट में उसके हाथ साठ लाख रुपए का माल लगा, जिससे थून के घेरे में हुए नुक़सान की भरपाई हो गई। अब शाहराह चूड़ामन एक स्वाधीन राजा की भाँति व्यवहार एवं आचरण करने लगा। आमेर को दबाए रखने के लिए उसने जोधपुर के अजीतसिंह राठौर से मैत्री कर ली। उसने बुन्देलों की भी सहायता की। परन्तु उसकी लूट-खसोट, उसका निरन्तर पक्ष-परिवर्तन, उसकी निष्ठाहीनता और उसकी अवसरवादिता उसके उन कुछ घनिष्ठ कुटुम्बियों के लिए असह्य होती जा रही थी, जिनके दावों और हितों की वह तिरस्कारपूर्वक अवहेलना कर रहा था।

अपने भाई भावसिंह की मृत्यु के पश्चात चूड़ामन ने अपने दो भतीजों—बदनसिंह और रूपसिंह को पाला था। चूड़ामन थून में पदासीन था और बदनसिंह सिनसिनी में रहता था। बदनसिंह को अपने चाचा के तौर-तरीक़े और दुरंगी चालें बिलकुल नापसन्द थीं। उसका विचार था कि अब वह समय आ गया है जब जाटों को विद्रोहियों की भाँति नहीं, अपितु शासकों की भाँति रहना चाहिए। चूड़ामन के पास धन था, राज्य-क्षेत्र था और मुग़लों की दी हुई उपाधि भी थी। वह क्यों न एक जगह टिककर बैठ जाए और अपनी जागीरों को सँभाले ? इस समय जाट दो गुटों में बँट गए थे। चूड़ामन और उसके असंयत पुत्र मोखमसिंह के पक्ष में थे—सरदार खेमकरण सोघरिया, विजयराज गड़ासिया, छतरपुर का फ़ौजदार फतहसिंह और ठाकुर तुलाराम; ये सब पुरानी पीढ़ी के लोग थे। बदनसिंह को फ़ौजदार अनूपसिंह, राजाराम के पुत्र फ़तहसिंह, गैरू और हलेना के ठाकुरों तथा अन्य जातियों के मुखियाओं का समर्थन प्राप्त था। बदनसिंह ने चूड़ामन के जानी दुश्मन, जयपुर के राजा जयसिंह से भी सम्पर्क बनाया हुआ था। अपने क्रोधी पुत्र मोखमसिंह के कहने पर चूड़ामन अपने जीवन की सबसे भयंकर ग़लती कर बैठा—एक बिलकुल लचर-सा बहाना लेकर उसने बदनसिंह और रूपसिंह को बन्दी बना लिया और

उन्हें थून में ला रखा। यह ख़बर जाट-प्रदेश में दावानल की भाँति फैली और इससे बड़ी बेचैनी हो गई। सभी जाट-सरदारों ने चूड़ामन पर दबाव डाला कि वह अपने भतीजों को क़ैद से छोड़ दे। उन्हें छोड़ने के लिए चूड़ामन ने यह शर्त रखी कि बदनसिंह उसका और उसकी नीतियों का विरोध न करे। बदनसिंह इसके लिए क़तई तैयार नहीं था। कम-से-कम एक इतिहासकार का कथन है कि एक स्थिति ऐसी आई कि जब चूड़ामन ने बदनसिंह को ख़त्म ही कर देने का विचार किया; परन्तु इतिहास में अभी तक इसका कोई प्रमाण सामने नहीं आया। जो बात पता चली है, वह यह है कि प्रमुख जाट-सरदारों ने स्पष्ट कह दिया कि यदि बदनसिंह को क़ैद से छोड़ा न गया, तो वे मोखमसिंह के विवाह में सम्मिलित नहीं होंगे। इस धमकी का अभीष्ट परिणाम हुआ। अन्त में चूड़ामन ने भावी विपत्ति को भाँप लिया और बदनसिंह तथा रूपसिंह को क़ैद से छोड़ दिया। बदनसिंह पहले तो आगरा गया और उसके बाद जयसिंह के पास जयपुर चला गया।

मानवीय सम्बन्धों में कम ही बातें ऐसी हैं, जो अपने पीछे इतना मलबा छोड़ जाती हों जितना कि पारिवारिक कलह छोड़ते हैं। चूड़ामन ने जो कुछ भी उपलब्ध किया, निर्माण किया, क़िलेबन्दी की और जीता, वह सब बहुत जल्दी ही नष्ट-भ्रष्ट हो जाना था—वह भी अन्य किसी के हाथों नहीं, अपितु जयपुर के राजा सवाई जयसिंह के हाथों और वह भी चूड़ामन के अपने ही भतीजे की सहायता से। इस बार जयसिंह ने काम को पूरा करके ही छोड़ा। उसने थून में अपनी बेइज़्ज़ती का बदला ले लिया। बदनसिंह के मार्ग-दर्शन में आती हुई आमेर की सेनाओं के थून पहुँचने से पहले ही चूड़ामन ने आत्महत्या कर ली।

पहले चूड़ामन की आत्महत्या का वृत्तान्त लिख देना उचित होगा। उसका एक सम्बन्धी निःसन्तान मर गया था। वह एक धनी व्यापारी था। उसके भाई-बन्धों ने चूड़ामन के बड़े पुत्र मोखमसिंह को बुलवाया, उस दिवंगत सम्बन्धी की सारी ज़मींदारी का उसे प्रधान बना दिया और उसकी सब चीज़ें उसे सौंप दीं। चूड़ामन के द्वितीय पुत्र जुलकरणसिंह ने अपने भाई से कहा—"मुझे भी इन चीज़ों में से हिस्सा दो और हिस्सेदार मानो।" इस पर काफ़ी कहा-सुनी हो गई और मोखमसिंह लड़ने-मरने को तैयार हो गया।

जुलकरण भी झगड़ने पर उतारू था; उसने अपने आदमी इकट्ठे किए और अपने भाई पर हमला कर दिया। बड़े-बूढ़ों ने चूड़ामन को ख़बर भेजी कि उसके बेटे आपस में लड़ रहे हैं; यह अच्छी बात नहीं है। चूड़ामन ने मोखमसिंह को समझाना चाहा, तो उसने गाली-गलौज शुरू कर दी और प्रकट कर दिया कि वह अपने भाई के साथ-साथ बाप से भी लड़ने को तैयार है। इस पर चूड़ामन आपे

से बाहर हो गया और झल्लाकर उसने वह विष खा लिया, जिसे वह सदा अपने पास रखता था (कभी शत्रु के हाथों बन्दी बन जाने पर उपयोग के लिए) और फिर वह घोड़े पर चढ़कर एक वीरान बाग में पहुँचा; एक पेड़ के नीचे लेट गया और मर गया। उसे खोजने के लिए आदमी भेजे गए और उन्होंने उसका शव ढूँढ़ निकाला। क़ोई भी शत्रु उसे जिस विष को खाने के लिए विवश नहीं कर पाया था, वही अब उसके एक मूर्ख तथा उद्धत पुत्र ने उसे 'खिला दिया'। इस प्रकार चूड़ामन सन् 1721 में फ़रवरी मास में परलोक सिधारा; उसके लिए न किसी ने गीत गाए, न किसी ने आँसू बहाए।

अगले वर्ष थून-गढ़ ले लिया गया (मोखमसिंह भागकर जोधपुर चला गया और वहाँ उसने अपने पिता के मित्र अजीतसिंह राठौर के पास शरण ली)। जयसिंह के पास 14,000 घुड़सवार और 50,000 पैदल सैनिक थे। पहले तो थून के आस-पास खड़ी जंगल की अभेद्य पट्टी को काट डाला गया। बदनसिंह ने आक्रमण का संचालन किया, क्योंकि उसे इस क़िले के दुर्बल स्थानों का ज्ञान था। 18 नवम्बर, 1772 को थून का पतन हुआ। सर जदुनाथ सरकार ने लिखा है—"चूड़ामन ने जिन सैनिकों को एकत्र तथा संगठित किया था, उनमें से जो रणभूमि के हत्याकांड से बच पाए, उन्हें उनके घर भेज दिया गया और उन्हें विवश किया गया कि वे अपनी तलवारों को गलाकर हलों के फाल बनवाए। विजेता के आदेश से थून शहर को गधों से जुतवाया गया, जिससे वह ऐसा अभिशप्त प्रदेश बन जाए कि किसी राजवंश का केन्द्र-स्थान बनने के उपयुक्त न रहे। राजाराम और चूड़ामन के कार्य का उनके पीछे कोई निशान ही न बचा और उनके उत्तराधिकारी को हर चीज नींव से ही शुरू करनी पड़ी।"[1] डॉ. सतीशचन्द्र ने अपने विद्वत्तापूर्ण ग्रन्थ 'पार्टीज़ एंड पोलिटिक्स एट द मुग़ल कोर्ट—1707-1740' (1707 से 1740 तक मुग़ल राजदरबार के गुट तथा राजनीति) में इसे थोड़ा कम नाटकीयता से प्रस्तुत किया है—

> यद्यपि जयसिंह जाटों की धृष्टता का दमन करने को बहुत ही लालायित था, फिर भी अपनी पहले की असफलता को ध्यान में रखते हुए उसने तब तक क़दम बढ़ाना स्वीकार नहीं किया, जब तक कि उसे आगरा का राज्यपाल न बना दिया गया। यह काम 1 सितम्बर, 1772 को हो गया, और उसके बाद शीघ्र ही 14-15,000 सवारों की सेना लेकर जयसिंह ने दिल्ली से प्रस्थान किया। इस समय तक चूड़ामन की मृत्यु हो चुकी थी और उसका पुत्र मोखमसिंह जाटों का नेता बन गया था।

1. जदुनाथ सरकार, 'फ़ाल ऑफ़ द मुग़ल ऐम्पायर,' खंड दो, पृ. 306

जयसिंह ने जाटों के गढ़ थून पर घेरा डाल दिया और बाक़ायदा जंगल को काटने और दुर्गरक्षक सेना को सख़्ती से घेरने का काम शुरू किया। दो सप्ताह इस प्रकार बीत गए। यह कह पाना कठिन है कि यह घेरा कितने दिन चलता, परन्तु जाटों में फूट पड़ गई। मोखमसिंह का चचेरा भाई बदनसिंह जयसिंह से आ मिला और उसने जाट रक्षा-पंक्तियों के दुर्बल स्थान उसे बता दिए। अब मोखमसिंह की स्थिति चिन्ताजनक हो गई। एक रात उसने मकानों को आग लगा दी, गोला-बारूद उड़ा दिया और जो भी कुछ नक़दी और आभूषण उसे मिल सके, उसे लेकर क़िले से भाग निकला और अजीतसिंह के पास चला गया। अजीतसिंह ने उसे शरण दी। अब विजेता बनकर जयसिंह ने गढ़ी में प्रवेश किया और उसे ढहवाकर भूमिसात कर दिया। घृणा के चिह्न के रूप में उसने वहाँ गधों से हल भी चलवाया।

इस विजय के उपलक्ष्य में जयसिंह को 'राजा-ए-राजेश्वर' की उपाधि (ख़िताब) मिली। जाटों से क्या शर्तें तय हुईं, इसका उल्लेख किसी समकालीन लेखक ने नहीं किया है। जाटों की सरदारी बदनसिंह ने सँभाली और चूड़ामन की ज़मींदारी उसे प्राप्त हुई। यह अनुमान लगाया जा सकता है कि प्रमुख क़िले तो अवश्य नष्ट कर दिए गए, परन्तु चूड़ामन के परिवार को उस समूचे राज्य से वंचित नहीं किया गया, जिसे उन्होंने धीरे-धीरे जीतकर बनाया था। इसके बाद बदनसिंह विनयपूर्वक स्वयं को जयसिंह का अनुचर कहता रहा। परन्तु प्रकट है कि वह बढ़िया प्रशासक था और उसके सावधान नेतृत्व में भरतपुर का जाट-घराना अगली दो दशाब्दियों तक चुपचाप, निरन्तर शक्ति संचय करता गया। इस प्रकार जाट-शक्ति की वृद्धि पर यह व्याघात वास्तविक कम और आभासी अधिक था।[1]

थून और सिनिसिनी की राख से सूरजमल एक ऐसे विशाल एवं शक्तिशाली राज्य का सृजन करनेवाला था, जिसके जैसा कि जाटों को फिर कभी देखने को नहीं मिला।

---

1. सतीशचन्द्र, 'पार्टीज एंड पोलिटिक्स एट द मुग़ल कोर्ट 1707-1740', पृ. 178-79

2

बदनसिंह और सूरजमल : संघटन और निर्माण

यद्यपि भरतपुर का इतिहास-क्रम बहुत कुछ उसकी भौगोलिक स्थिति ने निर्धारित किया है, फिर भी भरतपुर राज्य का सृजन अठारहवीं शताब्दी के दो असाधारण राजनेताओं—ठाकुर बदनसिंह और महाराजा सूरजमल का ही कृतित्व है।

उथल-पुथल से भरी अठारहवीं शताब्दी की लगभग पाँचवीं दशाब्दी तक न कोई जाट-राज्य था, न कोई राजनीतिक दृष्टि से संगठित जाट-राष्ट्र और न कोई ऐसा जाट-शासक था जिसे सर्वमान्य नेता या यहाँ तक कि 'समान लोगों में प्रथम' माना या समझा जाता हो। चूड़ामन इस स्थिति तक लगभग पहुँच गया था, परन्तु उसने अपने लोगों की सहनशीलता की बड़ी कड़ी परीक्षा ली थी और बदनसिंह को क़ैद करने के बाद वह अपनी प्रतिष्ठा बहुत-कुछ खो बैठा था। शक्तिशाली एवं दूरदर्शी नेतृत्व के अभाव का अर्थ था—सामुदायिक संगठन, कार्यक्रम तथा नीति का अभाव। अभिमानी और हठी, हर थोक (क़बीले) का मुखिया अपनी ही बात पर अड़ा रहता था; उसकी दृष्टि संकीर्ण और महत्त्वाकांक्षा असीम होती थी। बदनसिंह के सम्मुख जो विकट बाधाएँ थीं, उनका उसे भली-भाँति ज्ञान था। अपने ही कुटुम्बी सिनसिनवारों में भी वह बिरादरी का मुखिया स्वीकार नहीं किया गया था। चूड़ामन के पुत्रों मोखमसिंह और जुलकरणसिंह ने न अपना दावा त्यागा था और न शत्रुता ही। वरिष्ठ शाख़ा के ये अधिकारवंचित उत्तराधिकारी सदा चोट करने का मौक़ा ढूँढ़ते रहते थे। अन्य सरदारों ने सतर्क रहकर प्रतीक्षा करने की नीति अपनाई थी।

बदनसिंह के सम्मुख जो बड़ी-बड़ी समस्याएँ थीं, उनका सामना करने के लिए आवश्यक गुण उसमें विद्यमान थे। वह अपने काम में असाधारण कौशल और अथक धैर्य के साथ जुट गया। उसने बल-प्रयोग और अनुनय-विनय—दोनों का ही समझदारी से प्रयोग किया। शत्रुओं का विनाश करने, मित्रों को पुरस्कार देने,

अपने राज्य को समृद्ध करने और अपने प्रभाव-क्षेत्र को बढ़ाने के लिए उसने मनुष्य को ज्ञात सभी उपयों से काम लिया। आवश्यकता पड़ने पर वह युद्ध करता था; खुलकर रिश्वत देता था; और उसने बार-बार विवाह किए। अपनी पत्नियों का चुनाव वह शक्ति-सम्पन्न जाट-परिवारों में से करता था। सौम्य शिष्टाचार तथा बहुत अभ्यास से अर्जित सार्वजनिक विनम्रता के पीछे उसकी लौह इच्छा- शक्ति तथा निष्ठुर दृढ़ संकल्प छिपा रहता था। जयपुर के जयसिंह कछवाहा के संरक्षण के फलस्वरूप उसकी सफलता सुनिश्चित थी। चूड़ामन की 'गद्दी' पर बदनसिंह को बिठाकर जयसिंह ने असाधारण दूरदर्शिता दिखाई थी। जाटों को अपना विरोधी बनाने के बजाय उन्हें अपने पक्ष में रखना प्रत्येक दृष्टि से समझदारी का काम था। आमेर के शासक मुग़लों के प्रमुख भड़ैत रहे थे और उन्होंने मुग़ल साम्राज्य की बड़ी सेवा की थी। उसका इनाम भी उन्हें अच्छा मिला था। अधिकार-प्रभाव, पद, प्रतिष्ठा, राज्य-क्षेत्र और धन—सबकुछ उनके पास था। आगरा और मथुरा की, जहाँ कि जाट बसते थे, 'सूबेदारी' एक से अधिक बार आमेर के राजवंश को दी गई थी।

भरतपुर के पहाड़ी उत्तरी क्षेत्रों में खूँख़ार मेव बसते थे; उनका धर्म इस्लाम था और जीविका का साधन लूटपाट। जयसिंह ने बदनसिंह से मेवों की उच्छृंखल गतिविधियों का दमन करने को कहा। उसने उन मेवों से निपटने के लिए अपने किशोर-पुत्र सूरजमल तथा एक निकट सम्बन्धी ठाकुर सुलतानसिंह को भेजा। परिणाम बहुत सन्तोषजनक रहे। सूरजमल के सुसंयत आचरण और साहस से उनके सैनिक बहुत प्रभावित हुए। इस अभियान की सफलता से जयसिंह बहुत प्रसन्न हुआ। उसने सिनसिनवार सूरजमल को न केवल 'निशान,' नगाड़ा और पंचरंगा झंडा ही, बल्कि (और यह सबसे महत्त्वपूर्ण है) 'ब्रजराज' की उपाधि भी प्रदान की। लगता था कि उसकी उदारता का कहीं अन्त ही नहीं है। 2,40,000 रुपए वार्षिक कर लेकर उसने मेवात को बदनसिंह के अधीन कर दिया, जिससे उसे निश्चित रूप से 18,00,000 रुपए की वार्षिक आय होती रहती थी। बदनसिंह को इस दान की बछिया के दाँत गिनने की कोई इच्छा नहीं थी। वह सबके सामने जयसिंह के आभार को स्वीकार करता था। धीरे-धीरे उसने जयसिंह का पूर्ण विश्वास प्राप्त कर लिया और जयसिंह ने इस जाट-सरदार को बाक़ायदा आगरा, दिल्ली और जयपुर जानेवाले राजमार्ग पर गश्त करने और इन राजमार्गों का उपयोग करनेवालों से पथ-कर उगाहने का कार्य सौंप दिया। इस प्रकार बदनसिंह को प्रभुत्व, उपाधि, और राज्य-क्षेत्र—तीनों चीजें प्राप्त हो गईं, जो अन्य किसी जाट-सरदार के पास नहीं थीं। यह चतुर सिनसिनवार बहुत समझदारी के

साथ 'राजा' की उपाधि धारण करने के लोभ का संवरण किए रहा। उसकी दृष्टि वास्तविक शक्ति पर थी, न कि थोथे दिखावे पर।

बदनसिंह का अगला कार्य था अपनी नई राजधानी के लिए उपयुक्त स्थान की खोज। थून के साथ अप्रिय स्मृतियाँ जुड़ी थीं। सिनसिनी मात्र एक बड़ा गाँव था, जहाँ यथेष्ट पानी भी नहीं था। अन्त में उसने महात्मा प्रीतमदास की सलाह पर डीग को चुना। उसने नींव खुदवाई, समारोह में महात्माजी को बुलवाया भी। जब महात्मा प्रीतमदास भूमि खोदते हुए ग्यारह बार फावड़ा चला चुके तब बदनसिंह ने कहा—"बाबा जी आप थक गए होंगे; ग्यारह काफ़ी हैं। प्रीतमसिंह ने फावड़ा छोड़ दिया और अपना हाथ बदनसिंह के कन्धे पर रखते हुए कहा, "तुम्हारा वंश ग्यारह पीढ़ी तक शासन करेगा।" उनकी भविष्यवाणी बिलकुल सही निकली।

डीग के क़िले, बाग़ीचों और महलों के निर्माण का कार्य सन् 1725 में आरम्भ हुआ और उस शताब्दी के समाप्त होने तक चलता रहा। प्रत्येक शासन कहीं कोई नया भवन या कहीं कोई मंडप बनवाता, किसी बाग़ीचे में कोई परिवर्तन करता, किसी तालाब को बढ़वाता या बुर्जों को नए ढंग से बनवाता रहा। अकबर के राज्यकाल में भारतीय वास्तुकला उत्कृष्टता के बहुत ऊँचे स्तर पर पहुँच गई थी। फ़तेहपुर सीकरी (जो वर्तमान भरतपुर से दस मील पूर्व में है) उसकी प्रतिभा का एक उपयुक्त स्मारक है। जहाँगीर की रुचि भवनों के निर्माण में कम और बाग़ीचे बनवाने में अधिक रही, परन्तु शाहजहाँ ने संसार के कुछ सबसे सुन्दर भवन तैयार करवाए।

शाहजहाँ मुग़ल-सम्राटों में अन्तिम महान भवन-निर्माता था। ताजमहल आज भी अद्वितीय है, परन्तु उसके राज्य-काल के अन्तिम दिनों (सन् 1658) में बनी मुग़ल इमारतों में वास्तु-कौशल कुछ क्षीण पड़ गया दीखता है। औरंगज़ेब के राज्य-काल में यह ह्रास स्पष्ट दिखाई पड़ने लगा। भारत की भावी दुर्गत के लिए बहुत-कुछ वही उत्तरदायी है। उसके मृत्यु-काल तक मुग़ल वास्तुकला का एक पृथक कला-सम्प्रदाय के रूप में अस्तित्व व्यवहारतः समाप्त ही हो गया था। आगरा और दिल्ली के श्रेष्ठ भवन-निर्माण-विशारदों ने राजस्थान के राजाओं के यहाँ नौकरी कर ली थी। सन् 1650 से लेकर 1850 तक के 200 वर्षों में हिन्दुस्तान में जयपुर के गुलाबी शहर और डीग के महलों के सिवाय कला की दृष्टि से उत्कृष्ट, धर्म से असम्बद्ध कोई भवन बना ही नहीं। यहाँ तक कि दिल्ली में नवाब सफ़दरजंग का मक़बरा भी हुमायूँ के मक़बरे की, जो उससे केवल मील-भर दूर है, एक अधकचरी-सी नक़ल मात्र है। औरंगाबाद में बना 'बीबी का मक़बरा'

असन्दिग्ध रूप से भारत-भर में अपने ढंग की सबसे बदसूरत इमारत है; यह उस पुरुष का बिलकुल उपयुक्त स्मारक है, जिसने सभी सभ्य आमोद-प्रमोदों को त्याज्य ठहरा दिया था।

पूरी तरह निरक्षर होने पर भी, बदनसिंह में आश्चर्यजनक सौन्दर्य-बोध था। इन सुन्दर उद्यान-प्रासादों की भव्य रूपरेखा उसी ने और अकेले उसी ने रची थी। दिल्ली और आगरा के श्रेष्ठ मिस्तरी, झुंड बनाकर बदनसिंह और सूरजमल के दरबारों में रोज़गार ढूँढ़ने आते थे। इन दोनों ने ही अपने विपुल एवं नव-अर्जित धन का उपयोग कलाकृतियों के सृजन के लिए किया। परन्तु इसके लिए धन के अतिरिक्त कुछ अन्य वस्तु भी अपेक्षित थी—सौन्दर्य-बोध एवं सुव्यवस्था। भरतपुर राज्य में निरुपद्रव सुव्यवस्था और जीवन तथा सम्पत्ति की सुरक्षा थी, जो अन्यत्र दुर्लभ थी, और जिसके लिए लोग तरसते थे। इसके विपरीत, दिल्ली और आगरा की अशान्ति और अव्यवस्था में (इसका कुछ श्रेय जाटों को भी था) न कला और न शिल्प ही पनप पाए।

इस समय बदनसिंह के पास जन, धन और साधन—सभी कुछ था। अपने विशाल भवन-निर्माण-कार्यक्रम की देखरेख के लिए उसने जीवनराम बनचारी को अपना निर्माण-मन्त्री नियुक्त किया। प्रकट है कि बनचारी बहुत योग्य और सुरुचि-सम्पन्न व्यक्ति था। अपने लिए उसने एक बहुत बड़ा लाल पत्थर का मकान बनवाया था, जो आजकल स्थानीय चिकित्सा अधिकारियों के क़ब्ज़े में है। इस किले, बाग़ीचों, झीलों, महलों और मन्दिरों का काव्यमय वर्णन सूरजमल के अपेक्षाकृत कम प्रसिद्ध राजकवि सोमनाथ द्वारा लिखित 'सुजान-विलास' में मिलता है। बाँसी पहाड़पुर से संगमर्मर और बरेठा से लाल पत्थर डीग, भरतपुर, कुम्हेर और वैर तक पहुँचाने के लिए 1000 बैलगाड़ियों, 200 घोड़ा-गाड़ियों, 1500 ऊँट-गाड़ियों और 500 खच्चरों को लगाया गया था। इन चार स्थानों पर भवनों तथा वृन्दावन, गोवर्धन और बल्लभगढ़ में छोटे-मोटे निर्माण-कार्यों को पूरा करने में बीस हजार स्त्री-पुरुष लगभग एक-चौथाई शताब्दी तक दिन-रात जुटे रहे। वृन्दावन में सूरजमल की दो बड़ी रानियों—रानी किशोरी और रानी लक्ष्मी—के लिए दो सुन्दर हवेलियाँ बनवाई गईं। दो अन्य रानियों—गंगा और मोहिनी—ने पानीगाँव में सुन्दर मन्दिर बनवाए। अलीगढ़ का क़िला सूरजमल ने बनवाया। डीग से पन्द्रह मील पूर्व की ओर, सहर में बदनसिंह ने एक 'सुन्दर भवन' बनवाया, जो बाद में उसका निवास-स्थान बन गया।

एक पीढ़ी में ही भरतपुर और डीग के प्राकृतिक दृश्य बदल गए थे। पहले डीग एक छोटा, सोया-सा क़स्बा था; अब वह एक बहुत सुन्दर तथा समृद्ध

उद्यान-नगर बन गया था, जहाँ पहले बदनसिंह और उसके बाद सूरजमल के आगरा और दिल्ली से होड़ करनेवाले शानदार दरबार लगा करते थे। डीग से बीस मील दक्षिण-पश्चिम में स्थित सोघर के जंगल काट दिए गए और दलदलें पाट दी गईं और वहाँ विशाल एवं भव्य भरतपुर का क़िला बना। परन्तु भरतपुर की और अधिक चर्चा हम आगे चलकर करेंगे।

यहाँ इन अत्यन्त मनोहर भवनों का संक्षेप में वर्णन कर देना उचित होगा। डीग का मुख्य महल—'गोपाल भवन' सन् 1745 तक पूरा बन चुका था। "इसमें शाहजहाँ के महलों के लालित्य और राजपूत वास्तुकला के अपेक्षाकृत दृढ़तर स्वरूप का मेल है, जो आधुनिक जीवन की सुविधाओं के लिए राजपूताना के इसके पूर्ववर्ती दुर्ग-प्रासादों की अपेक्षा अधिक अनुकूल है।...कल्पना की विशालता और बारीकियों के सौन्दर्य की दृष्टि से इसका जोड़ मिलना मुश्किल है। 'गोपाल भवन' में एक विशाल दीवान-ए-आम है, जिसका मुख दक्षिण में स्थित उद्यान की ओर है। शाम की ठंडक में टहलने के लिए खुली छत को सामान्य से अधिक महत्त्व दिया गया है; इसीलिए कोई गुम्बद या छतरी नहीं बनाई गई और छत को चारों दिशाओं में भवन की दीवारों से आगे तक बढ़ाकर पत्थर की जालीदार मुँडेर बना दी गई है। इस मुँडेर के नीचे साधारण चौड़ा छज्जा है, जो दीवारों को वर्षा और धूप से बचाता है। इन दोनों के मेल से सारी इमारत का एक निराला ही कँगूरा बन गया है, जो इतालवी पुनर्जागरण-काल के महलों के अनुपयोगी 'सोच-विचार कर बनाए गए' कँगूरों की अपेक्षा कहीं अधिक मौलिक और अधिक सुन्दर है; वे इतालवी कँगूरे तो बरसाती पानी के बहाव को इमारत के बाहर से भीतर की ओर मोड़ देते हैं और इस प्रकार नल लगानेवाले, पलस्तर करनेवाले और दीवारों पर कागज़ मढ़नेवाले लोगों को लगातार रोज़गार जुटाते रहने का साधन हैं।"[1]

'गोपाल भवन' लाल पत्थर का बना है और उसकी बेल-बूटेदार हिन्दू मेहराबों से पता चलता है कि सूरजमल ने उन कारीगरों को काम दिया था, जो औरंगज़ेब के समय से मुग़ल दरबार में काम करना छोड़ चुके थे। "सब ओर फैलते हुए बढ़े डाट-पत्थरों के बजाय, दो प्रस्तर-खंडों से बन्धनी (ब्रैकेट) सिद्धान्त पर इन चौड़े द्वारों के निर्माण की आलोचना करते हुए पश्चिमी आलोचक आम तौर से कहा करते हैं कि यह पश्चिम-देशीय मेहराब को न अपनाने के लिए हिन्दू-शिल्पियों का दुराग्रह मात्र था। वास्तविकता यह है कि जहाँ उपयुक्त आकार और अच्छी क़िस्म का पत्थर मिल सकता हो, वहाँ इस प्रकार का रूप मढ़ने का सबसे सरल, सबसे व्यावहारिक और सबसे कलापूर्ण तरीक़ा यही है।...'गोपाल भवन' के अन्तरंग कक्ष

1. गंगसिंह, 'यदुवंश', पृ. 111

इस इमारत के उत्तरी, पूर्वी तथा पश्चिमी भागों में हैं। उत्तरी पुरोभाग एक बड़े नहाने के तालाब के सामने पड़ता है और बहुत-से छज्जों और ठेठ बंगाली छतवाले दो विशाल खुले मंडपों के कारण बहुत आकर्षक तथा अद्भुत बन गया है। यदि वह वेनिस की विशाल नहर के पास ले जाकर खड़ा किया जा सकता, तो इसे वेनिस का सबसे आनन्ददायक महल माना जाता।"[1]

'गोपाल भवन' के सामने एक अत्यन्त सुन्दर संगमर्मर का झूला है; चतुर प्रेक्षक हावेल ने इसका उल्लेख नहीं किया। इसकी संगमर्मर की चौकी पर पत्थर की पच्चीकारी की गई है और उस पर सन् 1630-31 का एक फ़ारसी लेख है। अपने महलों की शोभा बढ़ाने के लिए इतनी सुकुमार, चटकदार और परिमार्जित वस्तु की इच्छा केवल शाहजहाँ जैसे किसी महान भवन-निर्माता को ही हो सकती थी। इस हिंडोले को सूरजमल दिल्ली से बैलगाड़ियों पर लदवाकर लाया था। इसके संगमर्मर का कहीं से एक टुकड़ा भी नहीं टूटा—यहाँ तक कि जिस चौकी पर यह झूला बना है, उसके चारों ओर लगा बहुत ही नाज़ुक संगमर्मर का परदा भी कहीं से नहीं टूटने पाया। मुझे याद है कि जब मैं छोटा था, उन दिनों हर रोज़ शाम को राजकीय बैंड यहाँ आया करता था और महाराजा के अधिकांशतः अयोग्य और अपने ऐतिहासिक परिवेश में रुचि न रखनेवाले अतिथियों के मनोरंजन के लिए मधुर रागिनियाँ बजाया करता था और वे पूर्णिमा की सुखद चाँदनी में 'गोपाल भवन' की विस्तृत छत पर बैठकर प्रीतिभोज किया करते थे।

उन्नीसवीं शताब्दी के अन्तिम दिनों में इन इमारतों की देख-रेख जे.एच. देवनिश करते रहे थे; उन्होंने इनकी कारीगरी की सराहना करते हुए लिखा है—"प्रत्येक इमारत की योजना बिलकुल सही समरूपता के हिसाब से बनी है, और प्रत्येक अंग का ठीक वैसा ही प्रतिरूप अवश्य बनाया गया है।...दीवारों में बने आलों की इस खूबसूरती से नक़्क़ाशी की गई है कि उन्हें देखकर ऐसा लगता है कि मानो वे किसी उद्यान की सुन्दर छतरियों का लघु रूप हों। दीवार के आरपार खोला गया छेद गुम्बददार छतों से, जिनमें दीवार के धरातल पर उभारदार नक़्क़ाशी की गई है, मिलते-जुलते ढंग से सजाया गया है।...उनकी नक़्क़ाशीदार और नोकीली ओलतियाँ पत्थर की नाज़ुक नक़्क़ाशी के अदभुत नमूने हैं।" आगरा और दिल्ली के महलों से उनकी तुलना करते हुए देवनिश कहता है—"दूसरी ओर, डीग में जड़त का काम आगरा और दिल्ली से भिन्न प्रकार का है और सम्भवतः अधिक कलात्मक भी।" उनकी मौलिकता पर उसकी टिप्पणी है—"अब डीग में जो संगमर्मर का एकमात्र भवन है, वह बारीकियों की दृष्टि से मुसलमानी

1. ई.बी. हावेल, 'इंडियन आर्किटेक्चर,' पृ. 225-26

कलाकृतियों से स्पष्टतः भिन्न है। इसकी सारी भावना हिन्दू है। डीग के महलों के निर्माताओं को इस बात की आवश्यकता बिलकुल नहीं थी कि वे मौलिकता के अभाव के कारण अन्य इमारतों की नक़ल करें या उन्हें और कहीं से लाकर यहाँ खड़ा करें।"[1] यह जो बेहूदा बात प्रचारित की गई कि सूरजमल और जवाहरसिंह ने आगरा और दिल्ली से समूची इमारतों को उखड़वा लिया और उन्हें डीग में ला खड़ा किया, इसके विषय में बस इतना ही कह देना यथेष्ट है।

भारत के 'गज़ेटियर' में थौर्नटन ने लिखा है—"अपने चरम उत्कर्ष के दिनों में सूरजमल ने वे निर्झर-प्रासाद बनवाए, जिन्हें 'भवन' कहा जाता है, भारत में सौन्दर्य तथा कारीगरी की दृष्टि से केवल आगरा का ताजमहल ही इनसे बढ़कर है... ।" जेम्स फ़र्ग्युसन भी इसी निष्कर्ष पर पहुँचा है कि ये महल "अप्सरा-लोक की कृतियाँ हैं।"[2]

अब हम डीग को छोड़कर भरतपुर पर आते हैं। इन इलाक़ों में सिनसिनवारों के अलावा, एक अन्य प्रमुख जाट-परिवार डीग के दक्षिण-पश्चिम में स्थित सोघर गाँव के सोघरियों का था। यह सब ओर दलदल से घिरा था और बरसात में इस गाँव तक पहुँचना आसान नहीं होता था। रक्षा की दृष्टि से यह आदर्श जगह थी। युद्ध के समय बाण-गंगा और रूपारेल—इन दो नदियों का पानी आस-पास के क्षेत्र को जलमग्न करने के लिए छोड़ा जा सकता था, जिससे शत्रु आगे न बढ़ने पाए। अठारहवीं शताब्दी के शुरू में ठाकुर खेमकरणसिंह सोघरिया ने सोघर तथा आस-पास के गाँवों पर अधिकार जमा लिया था। उसने सबसे ऊँची जगह पर एक क़िला बनवाया और उसका नाम फ़तहगढ़ रखा। अनेक वर्षों तक वह और उसका कुटुम्ब फलता-फूलता रहा; उनका प्रभाव और प्रतिष्ठा बढ़ती गई, यहाँ तक कि सिनसिनवार भी सोघरियों में विवाह करना अपनी शान के ख़िलाफ़ नहीं मानते थे। बदनसिंह की माँ अचलसिंह सोघरिया की बेटी थी। परन्तु भरतपुर में इतना स्थान नहीं था कि वहाँ ये दोनों अभिमानी कुटुम्ब साथ-साथ शान्तिपूर्वक रह सकते। अधिकार में दूसरे को हिस्सा देना जाटों को नहीं आता। बदनसिंह अपने बिलकुल पड़ोस में किसी प्रतिद्वन्द्वी शक्ति को सहन करने को तैयार नहीं था। इसलिए सन् 1732 में उसने अपने 25 वर्षीय पुत्र सूरजमल को सोघर पर अधिकर करने के लिए भेजा। सूरजमल ने विद्युत-वेग से आक्रमण करके सोघर को जीत लिया। सोघरिया लोग जमकर लड़े, परन्तु हार जाने पर उन्होंने नए शासन को स्वीकार कर लिया। बदनसिंह ने अपने पुत्र को विजय की आवश्यकता और

1. जे.ए. देवनिश, 'द भवन्स ऑन गार्डन पैलेसिज़ ऑफ़ डीग,' पृ. 71
2. जेम्स फ़र्ग्युसन, 'हिस्ट्री ऑफ़ इंडियन आर्किटेक्चर,' पृ. 256

समझौते की उपयोगिता—दोनों ही सिखलाईं थीं। सोघरिया लोगों को विरोधी न बनाकर, उनके सुलगते क्रोध को व्यवहार-कौशल तथा सद्भावना द्वारा शान्त कर दिया गया।

कहते हैं कि सोघर पर अधिकार करने के बाद एक दिन शाम के समय सूरजमल घोड़े पर सवार होकर आस-पास के जंगलों में निकल गया। वह एक झील पर जा पहुँचा। वहाँ एक सिंह और एक गाय बिलकुल पास खड़े पानी पी रहे थे। जैसा कि स्वाभाविक था, इस अदभुत दृश्य का उस पर गहरा प्रभाव पड़ा। निकट ही एक नागा साधु का डेरा था। आस-पास का दृश्य बहुत ही मोहक था। सूरजमल उस डेरे की ओर बढ़ा। उसने महात्माजी को प्रणाम किया। उन्होंने उसे आशीर्वाद दिया और अपनी राजधानी सोघर में बनाने की सलाह दी।

इस क़िले को बनाने का काम सन् 1732 में आरम्भ हुआ। राज-ज्योतिषियों ने सही दिन और मुहूर्त चुना। सैकड़ों ब्राह्मणों को भोजन कराया गया; गोवर्धन में श्री गिरिराज महाराज से आशीर्वाद लिया गया। लगभग एक पूरा सप्ताह तो पूजा ही में लग गया होगा। एक बार शुरू हो जाने के बाद निर्माण-कार्य साठ वर्ष तक रुका ही नहीं। मुख्य क़िलेबन्दियाँ आठ वर्षों में पूरी हो गईं; इनमें दो खाइयाँ भी सम्मिलित थीं—एक तो शहर की बाहरवाली चारदीवारी के पास थी और दूसरी कम चौड़ी, पर ज़्यादा गहरी खाई क़िले को घेरे हुए हुई थी। बाढ़ के पानी को रोकने और अकाल के समय सहायता पहुँचाने के लिए दो बाँध और जलाशय (ताल) बनाए गए थे। यहाँ अकाल बहुधा पड़ते रहते थे और यही हाल मलेरिया, चेचक, हैज़ा तथा अन्य अनेक बीमारियों का था। परिवर्धन, परिवर्तन, रूपान्तर और विस्तार का कार्य सूरजमल के पौत्र के प्रपौत्र महाराज जसवन्तसिंह (सन् 1853-93) के राज्य-काल तक चलता रहा।

जब यह क़िला पूरा बनकर तैयार हो गया, तब यह हिन्दुस्तान का सबसे अजेय क़िला था। विमान के आविष्कार से पहले इसे जीतना प्रायः असम्भव था। लॉर्ड लेक का असफल घेरा सन् 1805 में जनवरी से अप्रैल तक, चार महीने पड़ा रहा। भरतपुर में अंग्रेज़ों की जैसी अपमानजनक हार हुई, वैसी हिन्दुस्तान में अन्यत्र कहीं नहीं हुई।

यह क़िला कई दृष्टिकोणों से एक असाधारण रचना थी, इसलिए इसका वर्णन कर देना आवश्यक है। बाहरवाली खाई लगभग 250 फुट चौड़ी और 20 फुट गहरी थी। इस खाई की खुदाई से जो मलबा निकला, वह उस 25 फुट ऊँची और 30 फुट मोटी दीवार को बनाने में लगा, जिसने शहर को पूरी तरह घेरा हुआ था। इसमें दस बड़े-बड़े दरवाज़े थे, जिनसे आवागमन पर नियन्त्रण रहता था। उनके

नाम हैं—मथुरा पोल (दरवाज़ा), वीरनारायण पोल, अटलबन्द पोल, नीम पोल, अनाह पोल, कुम्हेर पोल, चाँद पोल, गोवर्धन पोल, जघीना पोल और सूरज पोल। यद्यपि मिट्टी की चहारदीवारी जगह-जगह से टूट गई है और गन्दे अनधिकृत मकानों ने उसे विरूप कर दिया है, फिर भी ये दरवाज़े तो इस समय भी काम दे रहे हैं।

इनमें से किसी भी दरवाज़े से घुसने पर रास्ता एक पक्की सड़क पर जा पहुँचता था, जिसके परे भीतरी खाई थी, जो 175 फुट चौड़ी और 40 फुट गहरी थी। इस खाई में पत्थर और चूने का फ़र्श किया गया था। दोनों ओर दो पुल थे, जिन पर होकर क़िले के मुख्य द्वारों तक पहुँचना होता था। पूर्वी दरवाज़े के किवाड़ आठ धातुओं के मिश्रण से बने थे, इसीलिए इसे 'अष्टधातु द्वार' कहा जाता है। महाराजा जवाहरसिंह इसे दिल्ली से विजय-चिह्न के रूप में लाए थे। मुख्य क़िले की दीवारें 100 फुट ऊँची थीं और उनकी चौड़ाई 30 फुट थी। इनका मोहरा (सामनेवाला भाग) तो पत्थर, ईंट और चूने का बना था, बाक़ी हिस्सा केवल मिट्टी का था, जिस पर तोपख़ाने की गोलाबारी का कोई असर नहीं होता था। क़िले के अन्दर की इमारतें दोनों प्रकार की थीं—शोभा की भी और काम आनेवाली भी। आठ बुर्ज बनाए गए थे। इनमें सबसे ऊँचा था जवाहर बुर्ज। इस पर चढ़कर, आकाश साफ़ हो तो, फ़तहपुर सीकरी का बुलन्द दरवाज़ा देखा जा सकता था। सभी बुर्जों पर बहुत बड़ी-बड़ी तोपें लगी थीं। सर जदुनाथ सरकार लिखते हैं—"सूरजमल का मुख्य लक्ष्य यह था कि भरतपुर की ऐसी मज़बूत क़िलेबन्दी कर दी जाए कि वह बिलकुल अजेय हो और उसके राज्य की उपयुक्त राजधानी बन सके।...इन सभी क़िलों में रक्षा की सुदृढ़ व्यवस्था की गई थी। इनगें लूटकर या ख़रीदकर प्राप्त की गई अनगिनत छोटी तोपें लगी थीं, बड़ी तोपें उसने स्वयं ढलवाई थीं।"[1]

इन सब तोपों को चलाना या प्रयोग में लाना भी आसान काम नहीं था—48 पौंड का गोला फेंकनेवाली एक तोप ऐसी थी, जिसे खींचने के लिए 40 जोड़ी बैल लगते थे।

डीग और भरतपुर के अधबीच कुम्हेर में और वैर में अपेक्षाकृत छोटे क़िले बनाए गए। वैर में सूरजमल का छोटा भाई प्रतापसिंह रहता था। वह विद्वान जाट-राजकुमार वैर के सुन्दर उद्यानों में बरसात की शीतल सन्ध्याओं में अपनी पुस्तकों के पन्ने पलटा करता या प्रभात में कोई मधुर गीत गाया करता था।

भरतपुर के क़िले का निर्माण-कार्य शुरू करने के कुछ ही समय बाद बदनसिंह

1. जदुनाथ सरकार, 'फ़ाल ऑफ़ द मुग़ल ऐम्पायर', खंड दो पृ. 316

की नज़र कमज़ोर होने लगी। अतः उसे विवश होकर राज-काज अपने सबसे योग्य और विश्वासपात्र पुत्र सूरजमल को सौंप देना पड़ा। सूरजमल का शासन सीखने का काल बहुत लम्बा रहा, परन्तु तथ्य यह है कि इस काल में भी शासन वही करता था; बदनसिंह तो केवल राज करता था। बदनसिंह राज्य-परिषद में अध्यक्ष बनकर बैठता था और उसे सब बातों की पूरी जानकारी दी जाती थी। प्रत्येक नए साहस-कार्य, उपक्रम या अभियान के लिए सूरजमल उसकी अनुमति और आशीर्वाद लेने जाता था। जब सन् 1739 में नादिरशाह का आक्रमण हुआ, तब तक बदनसिंह एक सामान्य ज़मींदार से बढ़कर, फ़ादर बैंदेल के शब्दों में—"शीघ्र ही एक ऐसा राजा बन गया था, जिसमें अपने लोगों के विरोध के होते हुए भी अपने पद पर बने रहने लायक़ यथेष्ट शक्ति भी इतनी थी कि लोग न केवल उसका सम्मान करें, अपितु अन्ततोगत्वा उससे डरने भी लगें।"[1]

परन्तु जब यह पादरी बदनसिंह के विवाह आदि की चर्चा करता है, तब उसकी कल्पना ऊँची उड़ान लेने लगती है। उसका कथन है कि ठाकुर बदनसिंह की 50 पत्नियाँ थीं। "इनमें से कुछ तो बाकायदा विवाह द्वारा प्राप्त हुई थीं और कुछ को उसने यों ही ज़बरदस्ती रख लिया था।" बदनसिंह की सचमुच ही अनेक पत्नियाँ थीं और उस काल के चलन के अनुसार, कई रखैलें भी थीं। उसके छब्बीस पुत्रों के नाम मिलते हैं। उसकी कुछ पुत्रियाँ भी अवश्य हुई होंगी, परन्तु उन्हें उल्लेखयोग्य नहीं समझा गया। सूरजमल राज्य का शासन चलाता था, परन्तु बाक़ी पच्चीस में से प्रत्येक को जागीरें दी गई थीं। उनके वंशजों का भरतपुर में आज भी आदर होता है। वे 'कोठरीबन्द ठाकुरों' के रूप में विख्यात हैं।"

अपने जीवन के अन्तिम दस वर्षों में बदनसिंह अपना अधिकांश समय सहर और डीग में बिताता था। जब तक स्वास्थ्य ने साथ दिया, वह हर साल अपनी जयपुर की 'तीर्थ-यात्रा' पर जाया करता था, परन्तु सन् 1750 के बाद उसका यह जाना कम हो गया। दिल्ली जाने के लिए उसे कोई राज़ी नहीं कर पाया। "मैं तो एक ज़मींदार हूँ। शाही दरबार में मेरा क्या काम !"

फ़ादर वैंदेल, एक अप्रामाणिक इतिहासकार होते हुए भी, सजीव और रोचक हैं। बदनसिंह के विशाल परिवार का वर्णन करते हुए वे कहते हैं—"यह भी अफ़वाह है कि उसके वंशजों का चींटी-दल इतना ज़्यादा बड़ा है कि जब उसके परिवार के कोई सदस्य उसके पास लाए जाते हैं, तब स्वयं उसे उन्हें पहचानने में और यह याद करने में कठिनाई होती है कि किस बच्चे की माँ कौन थी। ज्यों-ज्यों आयु और विषयासक्ति के फलस्वरूप उसकी दृष्टि क्रमशः घटने लगी,

1. बैंदेल, 'औौर्म की पांडुलिपि'।

त्यों-त्यों यह कठिनाई अधिकाधिक बढ़ती गई। अन्त में तो स्थिति यह हो गई कि जब उसके बच्चे पिता को प्रणाम करने आते थे, तब उन्हें अपनी माता का नाम, अपनी आयु और अपना निवास-स्थान बताना पड़ता था, तभी उनके प्रणाम का उत्तर मिल पाता था।"[1] यह है एक बढ़िया काव्य-कथा, जो सत्य हो तो सकती है, लेकिन ज़्यादा सम्भावना इसके असत्य होने की है।

1. वैंदेल, 'औौर्म की पांडुलिपि'

3

सूरजमल के आरम्भिक संग्राम

मुग़ल साम्राज्य के ह्रास के साथ ही मेवाड़, मारवाड़ और आमेर के राजपूत-घरानों का भी ह्रास और पतन शुरू हो गया। राजस्थान—"एक ऐसा चिड़ियाघर बन गया, जिसमें पिंजड़ों के दरवाज़े खोल दिए गए थे।...इस समूचे इलाक़े में प्रचंडतम पाशविक आवेश ज़ोरों पर थे; यदा-कदा निष्ठा और शौर्य के कुछ-एक व्यक्तिगत उदाहरण अवश्य दिखाई दे जाते थे।"[1] तीन शताब्दियों तक राजपूत भारतीय जनता के आदर एवं कृतज्ञता के पात्र रहे थे। साहस, सच्चरित्रता और स्वाभिमान के उत्कृष्ट गुण उनके साथ जुड़-से गए थे। परन्तु अठारहवीं शताब्दी तक राजपूत एक थकी-हारी जाति बन चुके थे, जो निरन्तर, किन्तु सुनिश्चित रूप से राष्ट्रीय जीवन की पृष्ठभूमि में पहुँचती जा रही थी।

कोई भी बाहरी शक्ति राजपूतों की मरण-इच्छा से होड़ नहीं कर सकती थी। "जयपुर और जोधपुर के राजघराने स्वयं को नष्ट कर डालने में एक-दूसरे से आगे बढ़ जाना चाहते थे। कोई पाप ऐसा न था, जिसे राजपूत ज़मीन के लिए कर न डालें। बाप बेटे को मार डालता था और बेटा बाप की हत्या कर देता था। कुलीनतम परिवारों की स्त्रियाँ अपने विश्वासी कुटुम्बियों को ज़हर दे देती थीं। घरेलू झगड़ों को निपटाने के लिए कोई भी, यहाँ तक कि भगवान राम का कुलीनतम वंशज भी, धन देकर किसी विदेशी लुटेरे की सहायता लेने से नहीं हिचकता था।"[2] इस शोचनीय स्थिति पर चाहे कितनी ही लीपा-पोती क्यों न की जाए, किन्तु वास्तविकता नहीं छिप सकती। भगवान ने चिर-दुखी लोगों पर नितान्त अयोग्य शासक थोप दिए थे।

जिन वर्षों में राजपूतों का समृद्धि-सूर्य अस्त हो रहा था, उन्हीं वर्षों में मराठों,

1. जदुनाथ सरकार, 'फ़ाल ऑफ़ द मुग़ल ऐम्पायर', खंड प्रथम, पृ. 164
2. वही।

जाटों और सिखों का सूर्य उदय होने लगा था। राजस्थान में राजपूत-सरदार राज्यों और क़बीलों की अपनी पुरानी प्रतिद्वन्द्विताओं में उलझे रहते थे। ज्यों-ज्यों समय बीतता गया, त्यों-त्यों उनके मामलों में मराठों और जाटों का हस्तक्षेप अधिकाधिक बढ़ने लगा।

सन् 1720 और 1730 से शुरू होनेवाली दशाब्दियों में भरतपुर के जाट फूँक-फूँककर पाँव रख रहे थे और बदनसिंह ऐसा आदमी नहीं था कि नौका को ले जाकर चट्टान से टकरा दे। वह कोई बड़ा दर्शनीय या नाटकीय कृत्य किए बिना ही सन्तुष्ट था और इसीलिए हमें ऐसे कृत्यों की चर्चा सुनाई नहीं पड़ती। बदनसिंह और सूरजमल ने अपने जीवन का एक-एक दिन अपनी आन्तरिक स्थिति को सुदृढ़ करने में लगाया। न केवल सोघर के, अपितु जो अन्य जाट-सरदार उनके मार्ग में बाधक बने, उन्हें बिना हिचके, कठोरता एवं दृढ़-निश्चय के साथ रास्ते से हटा दिया गया। नादिरशाह के आक्रमण तक वे दिल्ली के शासकों की राह से दूर ही रहे और अपने विशाल भवनों तथा उद्यानों के निर्माण और धन-संचय में लगे रहे। ऐसी कोई ज़्यादती नहीं की गई, जिससे दिल्लीवालों का ध्यान आकर्षित हो। उन आरम्भिक वर्षों में किसी प्रकार जीवित बचे रहना ही सबसे महत्त्वपूर्ण बात थी।

बदनसिंह ने दिखा दिया कि राजा जयसिंह ने उस पर जो भरोसा किया, वह ठीक ही था। उसने जयपुर-नरेश के साथ मित्रता एवं सम्मानपूर्ण सम्बन्ध बनाए रखे। वह हर साल जयपुर जाता था। वहाँ जयसिंह, यद्यपि वह बहुत लिहाज़ करनेवाला व्यक्ति नहीं था, इस सिनसिनवार की हर तरह से आवभगत करता और उससे वैसा ही बरताव करता जैसा किसी राजा से किया जाता है। जयपुर के जिस उपनगर में बदनसिंह ठहरा करता था, उसका नाम 'बदनपुरा' रख दिया गया। दोनों के बीच यह घनिष्ठ सम्बन्ध लोगों से छिपा नहीं रहा और इससे बदनसिंह और सूरजमल को उन उपद्रवी जाट-सरदारों से निपटने में सहायता मिली, जो सिनसिनवार नहीं थे। आमेर से प्राप्त संरक्षण के लाभ तो थे ही।

जब सन् 1736 में पेशवा बाजीराव जयपुर आया, तब उसके सम्मान में जयसिंह ने एक विशाल दरबार किया। बदनसिंह इस दरबार में नहीं जा सका, उसका प्रतिनिधि बनकर सूरजमल गया। जयसिंह ने इस युवक का एक राजकुमार का-सा स्वागत किया। यह दरबार हर तरह से सफल रहा हो, ऐसा नहीं था। पेशवा के तौर-तरीक़े अच्छे नहीं थे, उनके कारण अभिजात वर्ग के लोगों की भृकुटियाँ तन गईं। जयपुर में मुग़ल शिष्टाचार का यत्नपूर्वक, भले ही आनन्दपूर्वक न सही, पर पालन होता था। दरबार के इन दिनों में जयसिंह ने पेशवा के अनुग्रह

जताते-से रुख़ को देखकर एक बार बाजीराव से पूछा कि—"आप मेरे साथ वैसा ही बरताव क्यों नहीं करते, ज़ैसा कि उदयपुर के राणा से करते हैं ?" बाजीराव का मुँहतोड़ उत्तर था—"उदयपुर के राणा तो पद और प्रतिष्ठा में मेरे अपने राजा, शाह महाराज, के समकक्ष हैं, जिन्होंने दिल्ली के मुसलमान बादशाह को कभी अपना स्वामी नहीं माना, परन्तु आप तो ख़ाली एक मुग़ल मनसबदार हैं।" यह सब कहने के लिए काफ़ी हिम्मत की आवश्यकता थी, क्योंकि बाजीराव दिल्ली-दरबार से मालवा प्रान्त की सूबेदारी प्राप्त करने के लिए जयसिंह की सहायता लेना चाहता था। बाजीराव इतने पर ही नहीं रुका। उसने घाव पर नमक भी छिड़का। उसने हुक्के का दम भरा और उसका धुआँ अपने मेजबान के मुँह पर छोड़ दिया। आतिथ्य कीं मर्यादाओं को ध्यान में रखते हुए जयसिंह ने कुछ बखेड़ा खड़ा नहीं किया, क्योंकि उससे मामला और भी बिगड़ जाता।

जब जयसिंह ने सूरजमल का परिचय मराठा पेशवा से कराया, तब बाजीराव ने सूरजमल के निम्न कुल का होने के विषय में कुछ तिरस्कारपूर्ण शब्द कहे। तरुण सिनसिनवार क्षुब्ध नहीं हुआ और उत्तर में गौरवपूर्वक मौन ही रहा। परन्तु उसके अभिभावक हलेना के ठाकुर शार्दूलसिंह से रहा न गया और उन्होंने उत्तर देते हुए पेशवा को याद दिलाया कि शिवाजी तो इससे भी निम्न कुल के थे। पहली जाट-मराठा भेंट सुखद नहीं रही।

बदनसिंह आमेर-मराठा और मराठा-मुग़ल आदान-प्रदानों से अलग ही रहा। राजपूतों की भाँति जाटों ने भी मुग़ल सम्राटों को अपना प्रभु मानते हुए भी सन् 1739 में दिल्ली पर नादिरशाह के आक्रमण के समय अँगुली तक नहीं हिलाई। परन्तु उस आक्रमण के बाद जो अव्यवस्था फैली, उसका उन्होंने पूरा लाभ उठाया और मुग़ल राज्य-क्षेत्र में अपने पाँव पसार लिए।

ज्यों-ज्यों अपने लोगों और प्रदेशों पर उनका अधिकार सुदृढ़ होता गया और उनकी सम्पत्ति बढ़ती गई, त्यों-त्यों वे अकड़ने लगे, परन्तु थोड़ा सँभलकर ही। "सूरजमल की नेतृत्व-शक्ति और उसके सैनिकों के पराक्रम की ख्याति तेज़ी से फैल गई, और देश के उच्चतम शासकों की ओर से बार-बार उसके पास सैनिक सहायता की माँग आने लगी।"[1]

जाट-इलाक़े से बाहर सूरजमल की सबसे पहली रण-यात्रा सन् 1745 के मई मास में हुई, जब वह सम्राट मुहम्मदशाह के साथ अली मुहम्मदशाह रुहेले के विरुद्ध एक जाट सैन्य दल लेकर गया और "उस लड़ाई में ऐसा लड़ा कि उसकी धाक जम गई।" अगले वर्ष उसने असद ख़ाननज़ाद से अपनी जागीर वापस लेने

1. गंगसिंह, 'यदुवंश,' पृ. 156

में अलीगढ़ के सूबेदार (राज्यपाल) फ़तहअली ख़ाँ की मदद की। सूरजमल ने चन्दौस में असद की सेना को हरा दिया। असद लड़ाई में मारा गया। इस तथा इसके बाद हुई दो लड़ाइयों में सूरजमल ने जो वीरता प्रदर्शित की, उसका बहुत रोचक और सविस्तार वर्णन कवि सूदन ने अपने 'सुजान-चरित्र' में किया है। चन्दौस की लड़ाई से सूरजमल बहुत धन लेकर लौटा और वह अलीगढ़ के इलाक़े में अपने जाट भाइयों का स्नेहभाजन बन गया।

सन् 1743 में सवाई जयसिंह की मृत्यु हो गई और बदनसिंह का एक संरक्षक जाता रहा। जयसिंह ने 44 वर्ष राज्य किया था। उसके लम्बे शासन का पूर्वार्ध तो उसकी सफलता और उपलब्धियों की वीर-गाथा था। इस काल में उसने जयपुर के गुलाबी नगर का और दिल्ली तथा जयपुर की प्रसिद्ध वेधशालाओं (जन्तर-मन्तर) का निर्माण करवाया, परन्तु उसका उत्तरार्ध कीर्ति एवं सफलता से शून्य था। मराठों के विरुद्ध उसे सफलता नहीं मिली। वह उन्हें मालवा से बाहर रखने में असफल रहा और उसने सम्राट को राज़ी कर लिया कि वह उनके सम्मुख पूर्ण आत्म-समर्पण कर दे। इसके बाद जयसिंह अपने राज्य में लौट आया और अत्यधिक भोग-विलास में डूब गया।

उसे सदा से शराब की लत थी और अब "क्षीण होती शक्ति को उत्तेजित करने के लिए नित्य प्रति वाजीकरण औषधियों के प्रयोग से उसका स्वास्थ्य बिलकुल ही नष्ट हो गया और अन्त में 21 सितम्बर, 1743 को एक घृणित रोग से उसकी मृत्यु हो गई। तीन पत्नियाँ और अनगिनत रखैलें उसके साथ सती हो गईं।"[1]

उसकी मृत्यु के बाद, जैसा कि उस समय चलन था, उसके पुत्रों, ईश्वरीसिंह और माधोसिंह, में भ्रातृघाती युद्ध हुआ। माधोसिंह की माँ उदयपुर की थी और मेवाड़ के राणा ने अपने पद और प्रभाव का प्रयोग करके अपने भानजे के लिए प्रबल समर्थन जुटा लिया। मराठे पहले तो डाँवाडोल रहे, परन्तु अन्त में उन्होंने और जोधपुर, बूँदी तथा कोटा के शासकों ने भी माधोसिंह को समर्थन दिया। केवल भरतपुर के सिनसिनवारों ने जयसिंह को दिए अपने वचन को निबाहते हुए ईश्वरीसिंह का साथ दिया। उच्च कुल में जन्म लिए बिना भी बदनसिंह में कुलीनोचित गुण विद्यमान थे। ईश्वरीसिंह को अपने पिता के सब दुर्गुण उत्तराधिकार में मिले थे। सद्गुण उसमें कोई था ही नहीं। अहमदशाह अब्दाली के पहले आक्रमण के समय सन् 1747 के मार्च मास में वह मनुपुर से भाग आया था। उसकी इस भीरुता पर उसकी पत्नियों तक ने उसे धिक्कारा था। ईश्वरी के

1. जदुनाथ सरकार, 'फ़ॉल ऑफ़ द मुग़ल ऐम्पायर,' खंड प्रथम, पृ. 150

दुर्बल चरित्र को देखते हुए बदनसिंह ने सूरजमल को उसकी सहायता के लिए जयपुर जाने को कहा। सूरजमल 10,000 चुने हुए घुड़सवार, 2,000 पैदल और 2,000 बर्छेबाज़ लेकर कुम्हेर से चला। उसकी सेना में जाट, गूजर, अहीर, मीणे राजपूत और मुसलमान थे। ईश्वरीसिंह ने बराबरी का-सा सम्मान देते हुए सूरजमल का स्वागत किया। जयपुर की सेना का नेतृत्व शिवसिंह कर रहा था। सूरजमल के साथ उसके चाचा और उसके चचेरे भाई, सुखरामसिंह, गोकुलरामसिंह, सहजरामसिंह आदि थे।

ईश्वरीसिंह और माधोसिंह की सेनाओं का सामना 21 अगस्त, 1748 को जयपुर से 18 मील दक्षिण-पश्चिम में स्थित बागड़ में हुआ। बरसात अभी समाप्त नहीं हुई थी। युद्ध के दूसरे दिन भारी वर्षा हुई, जिसने दोनों पक्षों को बुरी तरह भिगो दिया।

पहली दृष्टि में ही, यह युद्ध बेमेल था। ईश्वरीसिंह के विरोधियों की सेना की संख्या सात गुनी थी। माधोसिंह के पक्ष में अनेक प्रसिद्ध और प्रभावशाली योद्धा थे—मल्हारराव होलकर, गंगाधर टाटिया, मेवाड़ के महाराणा, जोधपुर-नरेश तथा कोटा और बूँदी के राजा। ईश्वरीसिंह की ओर केवल अप्रसिद्ध-सा सूरजमल था। सूरजमल के सैनिक संख्या में अवश्य कम थे, परन्तु वे भली भाँति प्रशिक्षित थे, उन्हें अच्छा वेतन मिलता था और उनका नेता योग्य पुरुष था, इसलिए संख्या की कमी बहुत-कुछ पूरी हो जाती थी। माधोसिंह के पक्ष में कोई भी ऐसा केन्द्रीय व्यक्ति नहीं था, जो सब में ताल-मेल बनाए रखता। वह स्वयं अपने साथी नरेशों पर हुक्म नहीं चला सकता था, वे सब उससे वरिष्ठ थे और किसी भी प्रकार के अनुशासन में रहने को तैयार नहीं थे।

सीकर के सरदार शिवसिंह ने अग्र भाग का नेतृत्व सँभाला। सूरजमल को मध्य में रखा गया और ईश्वरीसिंह सेना के पृष्ठ भाग का नेता बना। पहले दिन तोपों की लड़ाई हुई, परन्तु उससे कोई निर्णय नहीं हो सका। दूसरे दिन माधोसिंह का पलड़ा भारी रहा और ईश्वरीसिंह का प्रधान सेनापति सीकर का पराक्रमी सरदार शिवसिंह खेत रहा। तब तीसरे दिन हरावल (अग्रभाग) का नेतृत्व सूरजमल को सौंपा गया। सारे दिन भीषण घमासान लड़ाई होती रही। मराठा-सरदार मल्हारराव होलकर ने गंगाधर टाटिया को एक शक्तिशाली सैन्यदल के साथ राजा ईश्वरीसिंह के पृष्ठ भाग पर अचानक धावा बोल देने के लिए भेजा। अपनी उपस्थिति का पता दिए बिना गंगाधर आगे बढ़ता गया और उनियारा के सरदारसिंह नरुका पर टूट पड़ा, जो जयसिंह के योग्य सेनाध्यक्षों में से एक था। उसने सेना के पृष्ठ भाग में तहलका मचा दिया और बड़े ज़ोर-शोर से सेना के मध्य भाग में

स्थित तोपख़ाने की ओर बढ़ चला। तोपचियों को काट डाला गया और तोपों के छेदों में कील ठोंककर उन्हें बेकार कर दिया गया। पराजय ईश्वरीसिंह के सम्मुख मुँह बाए खड़ी थी। बिलकुल हताश होकर उसने सूरजमल से गंगाधर को रोकने को कहा। उसी पर उसकी अन्तिम आशा टिकी थी। तरुण सिनसिनवार ने पल-भर भी हिचके बिना इस आदेश का पालन किया और आगे बढ़ते हुए शत्रु के पार्श्व भाग पर धावा बोल दिया। आधे विजयी मराठों और अड़ियल जाटों में दो घंटे तक भीषण युद्ध हुआ। अन्त में गंगाधर को रोककर पीछे धकेल दिया गया। सूरजमल ने छिन्न-भिन्न पृष्ठ भाग को फिर व्यवस्थित किया और उसे सरदारसिंह उनियारा के नेतृत्व में छोड़कर दूसरे मोर्चे पर लड़ने के लिए फिर हरावल (अग्रभाग) में लौट गया। उस घोर संकट के समय उसने लड़ाई में अतिमानवीय शौर्य दिखाया। एक इतिहासकार ने कहा है कि "उसने अपने हाथों से पचास शत्रुओं को मार डाला और एक सौ आठ को घायल कर दिया।" उसके बाद रात हो गई और दोनों पक्ष घायलों की सेवा-शुश्रूषा, मृतकों की अन्त्येष्टि और अगले दिन के युद्ध की तैयारी करने के लिए एक-दूसरे से अलग हो गए। सूरजमल की वीरता ने हारती बाज़ी को बचा लिया और सूरजमल को विख्यात कर दिया।

बागड़ के युद्ध का अत्यन्त सजीव वर्णन कवि सूदन ने 'सुजान-चरित्र' काव्य में और बूँदी के राजकवि ने (जो राजा सूरजमल का नाम-राशि था) भी किया है। सूरजमल की प्रशंसा में उसने इस आशय की पंक्तियाँ लिखी हैं—

सह्यो भले ही जट्टनी जाय अरिष्ट-अरिष्ट।
जा पर तस रविमल्ल हुव आमेरन को इष्ट॥

अर्थात—

नहीं जाटनी ने सही व्यर्थ प्रसव की पीर
जन्मा उसके गर्भ से सूरजमल-सा वीर।
शत्रुदमन वह; और था प्रिय उसको आमेर,
जूझ पड़ा मल्हार से रंच न लागी देर।
सूरज था ज्यों सूर्य, और होलकर था ज्यों छाँह
दोनों की जोड़ी फबी युद्ध भूमि के माँह॥

बागड़ की लड़ाई के कुछ ही महीने बाद भगवान ने सूरजमल को अपना बल प्रमाणित करने और अपने यश तथा शक्ति को बढ़ाने का एक अन्य अवसर प्रदान किया।

20 जून, 1749 को जोधपुर-नरेश महाराजा अभयसिंह की मृत्यु हो गई। एक

ओर तो उसका स्वभाव अत्यन्त उग्र था और दूसरी ओर उसे अफ़ीम की भयंकर लत थी। गुजरात के सूबेदार के रूप में उसने कोई यश नहीं कमाया। उसकी मृत्यु के पश्चात रामसिंह उसका उत्तराधिकारी बना। परन्तु युवक रामसिंह का आनन्द थोड़े ही समय रहा। उसके मामा बख़्तसिंह ने उसे चुनौती दी। रामसिंह ने आमेर के राजा ईश्वरीसिंह से सहायता माँगी। मुग़ल सम्राट अहमदशाह ने बख़्तसिंह का समर्थन किया और नवम्बर में मीर बख़्शी सलाबतजंग को 18,000 सैनिकों के साथ उसकी सहायता के लिए भेजा। मीर बख़्शी ने निश्चय किया कि वह लगे-बँधे दिल्ली-आगरा मार्ग से अजमेर न जाकर मेवात के रास्ते जाएगा, जो जाट-राजा के अधीन था। योजना यह थी कि सलाबतजंग जाटों से आगरा और मथुरा सूबे के उन भागों को भी वापस ले लेगा, जिन पर उन्होंने क़ब्ज़ा कर लिया था। जाटों से निपटने के बाद मीर बख़्शी को आगे अजमेर चले जाना था और बख़्तसिंह से जा मिलना था।

मीर बख़्शी की प्रगति बहुत धीमी रही। वह पहले तो दस दिन पटौदी रुका। उसके बाद उसने मेवात को लूटा और जाट-राज्य में निमराना के मिट्टी से बने क़िले पर अधिकार कर लिया। इस तुच्छ-सी सफलता से मीर बख़्शी को अपने ऊपर ज़रूरत से ज़्यादा भरोसा हो गया। उसने अभिमानपूर्वक सूरजमल के दूत को बात किए बिना ही वापस भेज दिया और सूरजमल को सबक़ सिखाने का निश्चय किया। अजमेर और जोधपुर की बात कुछ समय के लिए भुला दी गई। सूरजमल अपना हाथ रोके मौक़े की ताक में रहा। जब मीर बख़्शी सरायसोमाचन्द पहुँचा, तब जाट उसके सिर पर आ धमके। सूरजमल ने अपनी 6,000 द्रुतगामी सेना लेकर सन् 1750 के नव-वर्ष के दिन मुग़लों को सब ओर से घेर लिया। सूरजमल के साथ प्रमुख जाट-सरदार भी थे। कवि सूदन ने 'सुजान-चरित्र' में गोकला और उसके भाई सूरतरामसिंह का उल्लेख किया है। इनमें से सूरतरामसिंह, 1,500 घुड़सवारों का नेतृत्व कर रहा था, बलरामसिंह के पास 1,000 सैनिक थे और सूरजमल के भाई प्रतापसिंह के अधीन 500 घुड़सवार थे। मीर बख़्शी सब ओर से घिर गया था। उसने दिल्ली से कुमुक भेजने को कहा। कुमुक बहुत देर में पहुँची। लौटने का मार्ग जाटों ने रोक रखा था। "उनके घुड़सवार बन्दूकची छोटी-छोटी टुकड़ियों में पास आते और घोड़ों से बिना उतरे, घबराए हुए मुस्लिम सैनिकों पर अपनी बन्दूकें दागने लगते। सूरजमल के घुड़सवार बन्दूकचियों की द्रुतगामी सेना से रात के अँधेरे में हाथापाई कर पाने की गुंजाइश नहीं थी।"[1] जाटों ने बड़ी तेज़ी से और दृढ़ निश्चय के साथ आक्रमण किया और बहुत-से आदमी

1. के.आर. कानूनगो, 'हिस्ट्री ऑफ़ द जाट्स', पृ. 73

मार डाले। मरनेवालों में दो प्रमुख मुग़ल सेनाध्यक्ष भी थे—अली रुस्तम ख़ाँ और हाकिम ख़ाँ। सलाबत ख़ाँ अब सूरजमल के वश में था।

तीन दिन बाद सलाबत ख़ाँ ने बहादुरी के बजाय समझदारी से काम लिया और सन्धि की याचना की। सूरजमल किसी शाही उमरा के खून से अपने हाथ रँगना नहीं चाहता था और उसने कृपापूर्वक सन्धि-प्रस्ताव को स्वीकार कर लिया। यह बड़ी राजमर्मज्ञता का कार्य था, वह जीत रहा था और उसने ऐसा कोई क़दम नहीं उठाया जिससे मीर बख़्शी और चिढ़े या दिल्ली में कोई सन्देह पैदा हो। इससे पहले मीर बख़्शी ने उन थोड़े-से गाँवों के लिए, जिन पर जाटों ने अधिकार कर लिया था, राजा बदनसिंह से दो करोड़ रुपए माँगे थे। बख़्शी का कहना था कि ये गाँव उसकी अपनी जागीर के भाग थे। यह माँगी गई धन-राशि उन गाँवों के मूल्य की दृष्टि से बहुत अधिक थी। बदनसिंह इस राशि का दशांश भी देने को तैयार नहीं था। सूरजमल ने बख़्शी से सन्धि-चर्चा करने का काम अपने किशोर-पुत्र जवाहरसिंह को सौंपा। एक सैनिक-राजदूत के रूप में कार्य करने का इस तरुण राजकुमार का यह पहला अवसर था। उसने इस कार्य को ऐसे अच्छे ढंग से निबाहा कि उसके पिता और दादा को पूरा सन्तोष हुआ। उसमें उस झगड़ालूपन का कोई चिह्न तक दिखाई नहीं पड़ा, जिसके कारण आगामी वर्षों में बहुत मानसिक सन्ताप और रक्तपात होनेवाला था।

जाटों ने सन्धि के लिए निम्न शर्तें रखीं और मीर बख़्शी ने इन्हें स्वीकार कर लिया—

(1) सम्राट की सरकार पीपल के वृक्षों को न कटवाने का वचन देगी;
(2) इस वृक्ष की पूजा में कोई बाधा नहीं डालेगी;
(3) इस प्रदेश के हिन्दू मन्दिरों का अपमान या नुक़सान नहीं करेगी;
(4) सूरजमल अजमेर प्रान्त की मालगुज़ारी के रूप में राजपूतों से पन्द्रह लाख रुपए लेकर शाही ख़ज़ाने में दे देगा, बशर्ते मीर बख़्शी नारनौल से आगे न बढ़े...।

जाटों को जो लाभ हुए, वे यथेष्ट थे। किसी अमीर-उल-उमरा पर विजय रोज़-रोज़ थोड़े ही मिला करती है ! सलाबतजंग को पता चल गया कि उस एकमात्र शक्ति से, जो उसके आगरा सूबे की रक्षा कर सकती थी, विरोध पालना ठीक नहीं। इस सफलता से सूरजमल और उसके जाटों में नया आत्म-विश्वास भर गया। जाटों की सैनिक सामर्थ्य प्रमाणित हो गई। इस सन्धि की शर्तों में स्पष्ट रूप से ब्रज-मंडल में भरतपुर के शासकों की उत्कृष्ट स्थिति को मान्यता दी गई थी, जिससे 'ब्रजराज' उपाधि उचित ही ठहरती थी। अन्तिम बात यह है कि इस

विजय से सिनसिनवारों को सब जाटों का निर्विवाद नेतृत्व प्राप्त हो गया। 43 वर्ष की आयु में सूरजमल भारत का उगता हुआ नक्षत्र था। सन् 1748 में निज़ाम-उल-मुल्क की मृत्यु के उपरान्त सैनिक बल, कूटनीतिक कौशल, प्रशासनिक योग्यता और अगाध राजनीतिक विदग्धता में या समय के रुख़ को पहचानने में उसकी बराबरी करनेवाला कोई न था।

4

सूरजमल और सफ़दरजंग

अब दिल्ली नगर पर एक दृष्टिपात कर लेना उचित होगा। सन् 1748 में मुहम्मदशाह की मृत्यु के बाद वहाँ की हालत और बिगड़ गई। उसकी मृत्यु के समय उसका युवराज अहमदशाह दिल्ली से पचास मील उत्तर की ओर भाग्य-निर्णायक नगर पानीपत में था। उसका रक्षक-दल नवाब सफ़दरजंग के अधीन था। इन नवाब साहब का परिचय अब हमें प्राप्त करना है। सफ़दरजंग अवध का सूबेदार और शक्तिशाली सरदार सआदत ख़ाँ बुरहान-उल-मुल्क का दामाद था। सफ़दरजंग शिया था और उसके ससुर की मृत्यु के बाद हिन्दुस्तान के शिया मुसलमान उसी को अपना नेता और धर्मगुरु मानते थे। सफ़दरजंग के पास एक सुसज्जित सेना थी, जिसमें कई हज़ार क़िज़िलबाश भी थे। क़िज़िलबाश वे लोग थे, जो सन् 1739 की नादिरशाह की चढ़ाई में उसके साथ आए थे और भारत में ही बस गए थे। ये अच्छे लड़ाकू लोग थे और अपने नए परिवेश में आसानी से जम गए थे।

सम्राट की मृत्यु का समाचार सुनते ही सफ़दरजंग को क्या सूझा कि उसने चटपट एक कामचलाऊ छत्र तैयार करवाया और उसे शाहज़ादा अहमदशाह के सिर के ऊपर तानकर उच्च स्वर से कहा—"हुजूर के शाहंशाह बनने पर मैं आपको मुबारकबाद देता हूँ।" युवक शाहज़ादा पीछे कहाँ रहनेवाला था ? उसने भी भाव-विभोर होकर कहा—"और मैं आपको वज़ीर बनने पर मुबारकबाद देता हूँ।" परन्तु सफ़दरजंग की इस तात्कालिक पदोन्नति को गुप्त ही रखा गया, क्योंकि यशस्वी आसफ़जाह निज़ाम-उल-मुल्क अभी जीवित था। मौक़े की बात थी कि 21 मई को वह मर गया और एक महीने बाद सफ़दरजंग ने अपना पद बाक़ायदा सँभाल लिया। यह ठीक है कि नया वज़ीर कोई नैपोलियन नहीं था, फिर भी वह उस समय के घटिया लोगों में सबसे अच्छा था। भाग्य उस पर सदा कृपालु नहीं

रहा। शुरू से ही उसके पासे उलटे पड़ते रहे और यदि (शुरू में कुछ समय तक ग़लतफ़हमी के बाद) सूरजमल का निरन्तर और दृढ़ समर्थन न मिला होता, तो नवाब साहब की डाँवाडोल नैया बहुत पहले ही डूब गई होती।

दिल्ली दरबार में घोर अव्यवस्था थी—तूरानी और ईरानी गुट हर समय एक-दूसरे का गला दबोचने को तैयार रहते थे। सम्राट केवल इतना कर पाता था कि उन्हें एक-दूसरे से भिड़ाता रहे। परन्तु इसके लिए भी चतुराई की ज़रूरत थी और वह चतुराई शाही रनिवास (हरम) में से, जहाँ सम्राट का अधिकांश समय बीतता था, आती नहीं दीखती थी। अतः वज़ीर के व्यक्तित्व पर बहुत-कुछ निर्भर होता था। उसे एक निर्णायक भूमिका निबाहनी होती थी। एक-चौथाई शताब्दी तक क़मरुद्दीन इमामुद्दौला द्वितीय, वज़ीर और तूरानियों का नेता रहा। सम्राट मुहम्मदशाह को ठीक वैसा वज़ीर मिल गया, जैसा कि उसे मिलना उचित था। समस्याओं का सामना करने का उनका तरीक़ा जितना नया था, उतना ही निकम्मा भी। उनके समकालीन इतिहासकार वरीद ने इन दो अहदियों का, जिन्होंने अपने दुर्बल हाथों में लगभग 20 करोड़ लोगों की क़िस्मत सँभाली हुई थी, बहुत बढ़िया वर्णन किया है—"पिछले कुछ वर्षों से शाही दरबार का यह चलन रहा है कि जब भी दक्षिण या गुजरात और मालवा के पदाधिकारी मराठों के किसी धावे की सूचना सम्राट को देते, तब महामहिम सम्राट ऐसी बुरी ख़बर से दुखी अपने दिल को बहलाने के लिए या तो नए लगाए गए और बिना पत्तोंवाले पेड़ों को देखने के लिए बगीचों में चले जाते या घोड़े पर सवार होकर मैदानों में शिकार खेलने निकल जाते और वज़ीर-ए-आज़म (प्रधानमन्त्री) क़मरुद्दीन ख़ाँ इमामुद्दौला अपने मानसिक क्षोभ को शान्त करने के लिए दिल्ली से कुछ कोस दूर तालाबों में खिले कमलों को निहारने के लिए चले जाते। वहाँ वे महीना-भर या इससे भी अधिक समय तक तम्बुओं में रहते, मज़े लूटते या नदियों में मछलियाँ पकड़ते और मैदानों में हिरणों का शिकार करते। ऐसे समय सम्राट और वज़ीर—दोनों ही शासन-प्रबन्ध, राजस्व की वसूली और सेना की आवश्यकताओं को बिलकुल भूले रहते। कोई भी सरदार, कोई भी आदमी राज्य को बचाने या लोगों की रक्षा करने की बात नहीं सोचता, और उधर ये उपद्रव दिनोंदिन बढ़ते ही जाते।"[1]

युवक सम्राट शासन-प्रबन्ध से उतना ही अनभिज्ञ था, जितना कि व्यभिचार में निष्णात। वास्तविक शक्ति राजमाता ऊधमबाई के खोजा जार जाविद ख़ाँ के शोचनीय हाथों में आ गई थी। यह ऊधमबाई पहले एक नर्तकी थी और उसे

1. मुहम्मद शफ़ी तेहरानी, 'मीरात-ए-वरीदात,' पृ. 117-18; जदुनाथ सरकार, 'फ़ाल ऑफ़ द मुग़ल ऐम्पायर,' पृ. 8 पर उद्धृत।

मुहम्मदशाह ने अपनी रानी बना लिया था। जाविद ख़ाँ और ऊधमबाई—दोनों ने ही साम्राज्य के प्रशासन को एक दुखद मज़ाक बना डाला था।

राजमाता प्रतिदिन अपने कृपापात्र लोगों का दरबार लगाती थी; वह याचिकाएँ लेती और आदेश देती थी। राजकीय इतिहासकार ने विलाप करते हुए ठीक ही कहा था—"हे भगवान क्या हिन्दुस्तान की हुकूमत इस जैसी बेवकूफ़ औरत के हाथों ही चलनी थी।" जाविद ख़ाँ से उसका कुत्सित सम्बन्ध सारे शहर की चर्चा का विषय बन गया। सैनिकों का चौदह, अठारह और अन्त में छत्तीस महीने का वेतन बक़ाया हो गया। शाही पहरेदार इतने क्रुद्ध और खिन्न हो गए कि एक दिन उन्होंने एक काली कुतिया और एक गधे को महल के फाटक पर बाँध दिया और जो लोग महल में जाने लगते, उनसे वे कहते कि—"नवाब बहादुर जाविद ख़ाँ और राजमाता हज़रत कुदसिया को सिजदा (प्रणाम) कीजिए।"[1] यद्यपि शाही सरकार दिवालिया हो चुकी थी, और सैनिकों को वेतन देने के लिए शाही सोने-चाँदी के बरतनों (प्लेटों) को बेचकर केवल दो लाख रुपए जुटाए जा सके थे, फिर भी जनवरी, 1745 में ऊधमबाई ने अपना जन्म-दिन मनाने पर 2 करोड़ रुपए ख़र्च किए।

इस घोर अव्यवस्था में से व्यवस्था उत्पन्न करने और निरर्थकता में से कुछ अर्थ निकालने का काम नवाब सफ़दरजंग के सिर पड़ा। शिया होने के कारण उसकी शक्ति सीमित ही थी। वज़ीर के रूप में उसकी नियुक्ति से तूरानी सरदारों में, जिनमें गाज़ीउद्दीन और जाविद ख़ाँ प्रमुख थे, बहुत रोष था। उन्होंने उसे चैन से न बैठने दिया। वज़ीर बनने के बाद पाँच महीने के अन्दर ही उसकी जान लेने का प्रयत्न किया गया। वह बच तो गया, परन्तु चेतावनी बिलकुल स्पष्ट थी। सफ़दरजंग को समझा दिया गया कि उसकी राह में रोड़े अटकाए जाएँगे। जाविद ख़ाँ के प्रभाव में आकर सम्राट भी अपने प्रधानमन्त्री के विरुद्ध कार्य करता था। इतने छल-कपटपूर्ण पदाधिकारियों द्वारा न तो साम्राज्य को चलाया जा सकता था और न बनाए ही रखा जा सकता था। एक और मुसीबत यह हुई कि सफ़दरजंग को उन दो इलाक़ों में विद्रोह का सामना करना पड़ा, जो उसकी निजी जागीर थे—बल्लभगढ़ और रुहेलखंड। इनमें से पहले संग्राम में सूरजमल ने उसका विरोध किया और दूसरे में उसका समर्थन। अब हम पहले बल्लभगढ़ के टेवटिया जाट-घराने पर एक दृष्टिपात करेंगे, जिसे बनाने में भरतपुर-घराने का बहुत हाथ रहा है।

---

1. जदुनाथ सरकार, 'फ़ाल ऑफ़ द मुग़ल ऐम्पायर,' खंड प्रथम के पृ. 210 पर 'तारीख़-ए-अहमदशाही' से उद्धृत।

अठारहवीं शताब्दी के शुरू में, वहुत सम्भवतः औरंगज़ेब के जीवन-काल में, गोपालसिंह टेवटिया ने दिल्ली से आगरा और उससे भी आगे दक्षिण की ओर जानेवाले शाही काफ़िलों को लूटकर कुछ धन और कुछ प्रभुत्व अर्जित कर लिया था। उसने समझदारी यह की कि वह तियागाँव के गूजरों के साथ मिल गया। दोनों ने मिलकर पड़ोस के गाँव के राजपूत चौधरी को मार डाला। फ़रीदाबाद का स्थानीय मुग़ल अधिकारी मुर्तज़ा ख़ाँ दुनियाद्दार आदमी था और उसने यह गुर सीख रखा था कि 'जिन्हें हरा नहीं सकते, उनके साथ मिल जाओ।' गोपालसिंह को दंड देने के बजाय उसने उसे फ़रीदाबाद परगने का चौधरी नियुक्त कर दिया। यह काफ़ी लाभ का पद था; इससे उसे यह अधिकार प्राप्त हो गया कि वह मालगुज़ारी के हर रुपए पर एक आना[1] उप-कर ले सकता था। गोपालसिंह का उत्तराधिकारी उसका पुत्र चरणदास बना।

इस समय तक औरंगज़ेब और बहादुरशाह—दोनों की मृत्यु हो चुकी थी और दिल्ली की प्रशासनिक मुट्ठी ढीली पड़ चली थी। अतः चरणदास ने सोच-विचारकर एक जोखिम उठाया। उसने मुर्तज़ा ख़ाँ को मालगुज़ारी देनी बन्द कर दी। मुर्तज़ा ख़ाँ इस विद्रोही को बिना दंड दिए छोड़ने को तैयार नहीं था। उसने चरणदास को पकड़ मँगवाया और फ़रीदाबाद में क़ैद कर दिया। चरणदास का पुत्र बलरामसिंह बहुत सूझबूझवाला और उद्यमी पुरुष था। उसने मुर्तज़ा ख़ाँ के सामने अपने पिता की वकालत की और वचन दिया कि यदि उसके पिता को छोड़ दिया जाए, तो वह सारी बक़ाया मालगुज़ारी चुका देगा। मुर्तज़ा ख़ाँ इसके लिए राज़ी हो गया। छुटकारे के लिए दी जानेवाली राशि एक ऐसे नियत स्थान पर चुकाई जानी थी जहाँ चरणदास भी उपस्थित हो, जिससे धन का भुगतान होते ही उसे छोड़ दिया जाए। 'दिल्ली गज़ेटियर' में इस घटना का उल्लेख इस प्रकार है—"समझौते के अनुसार चरणदास को सिपाहियों के पहरे में बल्लभगढ़ के पास एक तालाब पर लाया गया। जब रुपयों की गाड़ी आ गई और दो-एक बोरियों के रुपए जाँचे जा चुके, तब चरणदास को छोड़ दिया गया। जब तक मुग़लों को यह पता चला कि बलरामसिंह ने बाक़ी बोरियों में रुपयों के बजाय कोई सस्ती चीज़ भरी हुई थी, तब तक पिता और पुत्र शरण और सहायता प्राप्त करने के लिए भरतपुर जा चुके थे।"

सूरजमल ने उन दोनों को शरण दी और सहायता भी। एक आक्रमण किया गया; मुर्तज़ा ख़ाँ मारा गया और परगना बलराम के हाथ आ गया। एक तुच्छ-से चौधरी द्वारा किए गए इस प्रकार के विद्रोह का दमन करना आवश्यक था। वज़ीर

1. सोलह आने = एक रुपया।

सफ़दरजंग ने बलरामसिंह और सूरजमल को बार-बार पत्र लिखे कि वे उक्त परगने को छोड़ दें, पर कोई फल न निकला। बलराम की पीठ ठोककर सूरजमल अपने राज्य को उत्तर में और आगे तक फैला लेने का बहाना ढूँढ़ रहा था। उसने वज़ीर की चुनौती का स्वागत किया। जब सफ़दरजंग को पता चला कि अपनी सेना का नेतृत्व सूरजमल स्वयं करेगा, तब उसने निश्चय किया कि शाही सेना का नेतृत्व वह स्वयं करेगा और इस जाट का मुक़ाबला करेगा। जनवरी, 1748 में सफ़दरजंग दिल्ली से रवाना हुआ। सूरजमल पूरी तरह तैयार था। सफ़दरजंग अभी बहुत दूर नहीं पहुँचा था कि उसे ख़बर मिली कि उसके अवध सूबे के पड़ोस में रुहेलों ने विद्रोह कर दिया है। इसलिए वह दिल्ली लौट आया और रुहेलखंड की ओर बढ़ा। सफ़दरजंग रुहेलों को अपने रास्ते का साँप मानता था। उसने सूरजमल से समझौते की बात चलाई।

मुग़ल दरबार में ही सफ़दरजंग के काफ़ी शत्रु थे और अब रुहेलों ने एक नया मोर्चा खोल दिया। वह ऐसी स्थिति में नहीं था कि विरोधियों की उस लम्बी सूची में सूरजमल का नाम भी जोड़ सके। दोनों में समझौता हो गया और झगड़ा ख़त्म हुआ। अभियान को तिलांजलि दे दी गई। पारस्परिक स्वार्थ-साधन की विजय हुई। सूरजमल के पास धन और फैलता हुआ राज्य था, परन्तु उसे सम्राट की ओर से मान्यता प्राप्त नहीं थी। इस विषय में वज़ीर उसकी सहायता कर सकता था। दोनों पक्षों को कोई ऐसा उपाय चाहिए था, जिससे किसी की मूँछें नीची न हों। "मराठा वकील की मध्यस्थता से एक समझौता हो गया। दिखावे के लिए, बलराम को उसकी दोनों कलाइयाँ इकट्ठी बाँधकर मराठा राजदूत के साथ वज़ीर के सामने पेश किया गया। उसने उसे कृपापूर्वक क्षमा कर दिया और उसने अवैध रूप से जो कुछ अर्जित किया था, उसे अप्रत्यक्ष रूप से मान्यता दे दी। राजा सूरजमल को छह वस्त्रों की और उसके बख़्शी को दो वस्त्रों की ख़िलअत (पोशाक) प्रदान की गई। एक-दूसरे के गुणों और योग्यता को पहचान के फलस्वरूप नवाब वज़ीर तथा इस महान जाट के बीच सच्ची मित्रता की नींव पड़ी। सूरजमल विकट-से-विकट परिस्थितियों में भी अपने इस मित्र का ईमानदारी से साथ देता रहा।"[1]

इस मैत्री को लगभग तुरन्त ही कसौटी पर परखना पड़ा। अहमदशाह बंगश ने सफ़दरजंग के प्रतिनिधि नवलराय को मार डाला और उसकी सेना को खुदागंज से बाहर खदेड़ दिया। बहुत बड़ी मात्रा में लूट का माल रुहेलों के हाथ लगा। सफ़दरजंग यह सहन नहीं कर सकता था कि रुहेले उसके प्रभुत्व को इस प्रकार

1. के.आर. कानूनगो, 'हिस्ट्री ऑफ़ द जाट्स' पृ. 80

खुली चुनौती देकर साफ़ बच निकलें। उसने बंगश पर चढ़ाई करने का निश्चय किया, परन्तु चलने में उसने बहुत ही अधिक समय लगा दिया। रुहेलों के पास पहुँचने में उसे एक महीना लग गया। इस अभियान में राजा सूरजमल सफ़दरजंग के साथ था। उसने अहमद बंगश की राजधानी फ़र्रुख़ाबाद पर अधिकार कर लिया और 70,000 घुड़सवारों की विशाल सेना साथ होने पर भी इस युद्ध में उसे बस एक यही सफलता प्राप्त हो पाई। सूरजमल के साथ उसके विश्वस्त सेनाध्यक्ष थे, जिनमें साहिबसिंह, सुखरामसिंह और उसका भाई प्रतापसिंह भी थे। अहमद बंगश ने सूरजमल को अपने पक्ष में करने की चेष्टा की थी, परन्तु सूरजमल ने यह कहकर रुहेला दूत को वापस लौटा दिया कि मैं सफ़दरजंग को वचन दे चुका हूँ और वज़ीर की जो भी सहायता मुझसे बन पड़ेगी, वह मैं अवश्य करूँगा। राजा सूरजमल सेना के दाएँ पार्श्व का और इस्माइल बेग बाएँ पार्श्व का संचालन कर रहा था और सफ़दरजंग मध्य में था। पथरी की लड़ाई 13 सितम्बर, 1750 को लड़ी गई। रुहेलों में भगदड़ मच गई; कई हज़ार मारे गए; उनका सेनाध्यक्ष रुस्तम ख़ाँ अफ़रीदी भी मारा गया। परन्तु अभी वह पूरी तरह पराजित नहीं हुए थे। अहमद बंगश ने अभी अपने सैनिकों को रुस्तम ख़ाँ के मरने की ख़बर नहीं होने दी। उलटे उसने यह शोर मचवा दिया कि रुस्तम ख़ाँ ने मोरचा जीत लिया है। इससे उसके सैनिकों में नया जोश आ गया। बंगश ने उनसे एक बार अन्तिम प्रयास करने को कहा, 'नहीं तो हर अफ़रीदी बंगशों की दाढ़ी पर मूतेगा।' रुहेले निकट ही एक क़ब्रिस्तान में एकत्र हुए और उन्होंने सफ़दरजंग की सेना पर ज़ोर का धावा बोल दिया। सफ़दरजंग घायल हो गया। अहमद बंगश ने इससे पहले जो कुछ गँवाया था, न केवल वह सब, बल्कि और भी बहुत-कुछ ले लिया।

सफ़दरजंग ने अपने काम पर दिल्ली लौट जाने का निश्चय किया। वहाँ उसके शत्रु उसकी पराजय की ख़बर सुनकर अपना जाल कसते जा रहे थे। इस बार वज़ीर समय रहते दिल्ली पहुँच गया और उसने दरबार में चल रहे कपट-जाल और षड्यन्त्र को समाप्त कर दिया। अपना अधिकार पुनः जमा लेने के बाद सफ़दरजंग ने एक बार फिर अपने प्यारे अवध और इलाहाबाद के सूबों पर नज़र डाली, जहाँ बंगशों का बोलबाला था।

इस तरह बाज़ी फिर सूरजमल के हाथ रही। बल्लभगढ़ की समस्या का हल उसकी इच्छा के अनुकूल हो गया था। नवाब सफ़दरजंग ने उसे मित्र बना लिया था और उससे सहायता माँगी थी। रुहेलों के विरुद्ध संग्राम में जाटों ने सराहनीय वीरता दिखाई थी और वे एक बार फिर, घिरे हुए वज़ीर की रक्षा के लिए जानेवाले थे।

रुहेलों का दमन करने के लिए दूसरी बार प्रस्थान करने से पहले सफ़दरजंग ने मराठों से मैत्री-सन्धि कर ली। जियाजीराव सिन्धिया और मल्हारराव होलकर ने 25,000 रुपए प्रतिदिन पर अपनी सेनाएँ दीं। राजा सूरजमल को उनके सैन्य दल के लिए 15,000 रुपए प्रतिदिन मिलने थे।

सफ़दरजंग का 1751 का रुहेलखंड-संग्राम अल्पकालीन और सफल रहा। जाटों और मराठों ने रुहेला प्रदेश को तहस-नहस कर दिया। सफ़दरजंग ने "कोईल (अलीगढ़) से कड़ा तक का प्रदेश मराठों को जागीर के रूप में देकर रुहेलों की बग़ल में एक ऐसा काँटा गाड़ दिया, जो सदा कसकता रहे।"[1] सफ़दरजंग ने विजय के उल्लास में, रुहेलों पर अपनी विजय की सूचना देते हुए, सम्राट को सम्मानपूर्वक बधाई भेजी। परन्तु सम्राट का ध्यान अन्य बातों की ओर लगा था, और उसे आनन्द मनाने की फ़ुरसत नहीं थी। फ़रवरी में, पंजाब पर अहमदशाह अब्दाली के आक्रमण की चिन्ताजनक ख़बर से दिल्ली में खलबली मच गई और आतंक छा गया। लोगों के मन में नादिरशाह द्वारा ढाई गई विपत्ति की अप्रिय स्मृतियाँ फिर जाग उठी थीं। सफ़दरजंग को अविलम्ब दिल्ली पहुँचने का आदेश दिया गया। दिल्ली लौटकर सफ़दरजंग ने अपने इन दो संग्रामों में सूरजमल द्वारा दी गई सहायता को कृतज्ञतापूर्वक याद रखा। उसने सम्राट से सिफ़ारिश की कि जाट राजा को 3,000 ज़ात और 2,000 घुड़सवार का मनसब, उसके पुत्र रतनसिंह को 'राव' की उपाधि, और जवाहरसिंह को उसके पहले से विद्यमान पद के अलावा 1,000 ज़ात और 1,000 घुड़सवार का मनसब प्रदान किया जाए; इस प्रकार जवाहरसिंह कुल मिलाकर 4,000 ज़ात ओर 3,500 घुड़सवार का मनसबदार बन गया।

इसके कुछ दिन बाद वज़ीर ने सम्राट को इस बात के लिए राज़ी कर लिया कि वह बदनसिंह को 'महेन्द्र' की उपाधि देकर 'राजा' और सूरजमल को 'राजेन्द्र' की उपाधि देकर 'कुमार बहादुर' बना दे। जब सम्राट ने सूरजमल को मथुरा का फ़ौजदार बना दिया, तब सूरजमल को कितना आश्चर्य तथा आनन्द हुआ होगा, इसकी कल्पना आसानी से की जा सकती है। इससे उसे आगरा प्रान्त में यमुना के दोनों ओर अधिकांश प्रदेश पर और शहर के पास-पड़ोस पर अधिकार प्राप्त हो गया। इस सबके लिए उसे बहुत मामूली-सी वार्षिक भेंट देनी थी।

फ़ादर वैंदेल उस समय जाट-प्रदेश के निकट ही रह रहा था और उसका ध्यान सिनसिनवारों के इस भाग्य-परिवर्तन पर गया था। वह लिखता है—"यह सचमुच जाटों की शक्ति के असाधारण उत्कर्ष का समय था और यहीं से हम उनके

1. के.आर. कानूनगो, 'हिस्ट्री ऑफ़ द जाट्स', पृ. 86

वर्तमान सौभाग्य के युग का आरम्भ मान सकते हैं। कारण यह है कि भले ही उनके पास पहले भी इतना काफ़ी कुछ था कि उन्हें हिन्दुस्तान की शक्तियों में ऊँचा स्थान प्राप्त होता, परन्तु अब तक यह वास्तविक शक्ति ऐसे स्वामित्व-अधिकार से, या कहना चाहिए कि प्राधिकार से रहित थी, जिससे अपनी शक्ति के प्रयोग के लिए उन्हें आधार प्राप्त होता और उनके कार्यों को वैधता मिल जाती। यह सच है कि बदनसिंह को आमेर के राजा जयसिंह से कुछ उच्च पद प्राप्त हुआ था, जिसका उसकी बिरादरी में महत्त्व था, परन्तु यह अधिकार केवल देखने में आकर्षक था और इसका प्रभाव जाटों के मूल राज्य-क्षेत्र के बाहर नहीं पहुँचता था। इसके विपरीत, सूरजमल स्वयं उसी महान मुग़ल सम्राट के हाथों से 'राजा' बना था, जिससे जयसिंह तथा अन्य राजाओं को और साम्राज्य के प्रमुख व्यक्तियों को उनके सब उच्च पद और उनकी पदवियों से जुड़े प्रदेशों पर उनके अधिकार प्राप्त होते थे।"[1] एक पाद-टिप्पणी में फ़ादर वैंदेल ने यह भी संकेत किया है कि पूरे समारोह के साथ 'राजा' घोषित किए जाने के बाद सूरजमल ने अपना नाम 'जसवन्तसिंह' रख लिया था—"परन्तु वह इस नाम का प्रयोग केवल उन अवसरों पर करता था, जब कि उसके बिना काम ही न चल सके, अन्यथा कभी नहीं। बचपन में उसके अपने लोगों ने उसका जो नाम रख दिया था, वह सदा उसी को अपनाए रहा। उसका सही नाम, जसवन्तसिंह, उसी राजमुद्रा पर अंकित था और यह बात कम ही लोगों को मालूम थी।"[2] ऐसा नहीं हो सकता। सूरजमल का एक अन्य नाम अवश्य था—सुजानसिंह; इसीलिए कवि सूदन ने अपने ग्रन्थ का नाम 'सुजान-चरित्र' रखा। पश्चिमी देशों के विपरीत, भारतीय अभिजात वर्ग के लोग और राजा पूर्वजों के नाम पर अपना नाम नहीं रखते। सूरजमल के पौत्र के प्रपौत्र का नाम जसवन्तसिंह (सन् 1853-93) था। यदि उसके महान पूर्वज का यह नाम रहा होता, तो उसका यह नाम कभी न रखा जाता।

वज़ीर सफ़दरजंग की क़िस्मत में चैन से बैठना नहीं लिखा था। हम अपने दुश्मन खुद पैदा करते हैं और सफ़दरजंग ने इस विषय में कुछ अधिक ही कमाल दिखाया था। उसने मीर-बख़्शी पद के लिए महान निज़ाम-उल-मुल्क के पौत्र तथा गाज़ीउद्दीन फ़ीरोज़जंग के पुत्र इमाद-उल-मुल्क का नाम सम्राट के सामने प्रस्तुत किया। इससे बढ़कर और किसी पक्के दुश्मन की नियुक्ति होनी मुश्किल थी। राजमाता और उसका खोजा जार जाविद ख़ाँ सफ़दरजंग से खुश नहीं थे, जिसमें साहस की तो क़मी नहीं थी, परन्तु दूरदर्शिता का नितान्त अभाव था। उसे आय

1. वैंदेल, 'औमं की पांडुलिपि'।

2. वही।

और व्यय के पारस्परिक सम्बन्ध का ज्ञान नहीं था। उसने अपने पुत्र के विवाह पर छियालीस लाख रुपए ख़र्च कर दिए। सबसे बड़ी बात यह कि उसे आदमियों की पहचान नहीं थी। यह उसका दुर्भाग्य था कि उसे ऐसा सम्राट मिला। सम्राट अहमदशाह को नीच खुशामदी लोगों का जो एक शक्तिशाली गिरोह घेरे रहता था, उससे टक्कर लेना सफ़दरजंग के बस का नहीं था। वज़ीर का एक ही मित्र था—राजा सूरजमल और एक वही ऐसा व्यक्ति था जो भले-बुरे, सभी दिनों में उसका साथ देता रहा।

अठारहवीं शताब्दी के लगभग मध्यकाल के हिन्दुस्तान का इतिहास विश्वासघात, कलह, भ्रष्टाचार, सम्भ्रम, विध्वंस तथा आक्रमण का विषादजनक विवरण है। दिल्ली का सम्राट न शासन करता था, न राज करता था। उसका आचरण न भव्य था, न गौरवपूर्ण। उसके दरबारी सामन्त चाटुकारिता की ओछी कला में निष्णात थे। सच्चरित्रता उनमें नाम को भी न थी। अपनी गिरावट और किसी काम में व्यस्त न रहने के कारण वे मदिरा, स्त्रियों और तम्बाकू के शिकार हो गए थे। किसी के यह पूछने पर, कि वह इतना अधिक तम्बाकू पी-पीकर अपने आपको बदबाद क्यों कर रहा है, एक कुलीन सामन्त ने एक फ़ारसी पद्य सुनाया था—

तुर्फ़ाह-ए-शग़ल शग़ल-ए-तम्बाकू,
किह ज़िन शग़ल ग़म फ़रु गरदद;
हमदम अस्तीन, वावक़्त-उ-तनहाई,
तबई-ए-बदियाज़ुनिकू गरदद।

अर्थात—

तमाखू पीना एक निराला मनोरंजन है
उदासी को घटानेवाला काम,
अकेलेपन के समय यह साथी मित्र है,
यह अपच का इलाज है।

यह आकर्षक मुग़ल सामन्त एक अपवाद ही था। बाक़ी अन्य सामन्त कहीं कम आकर्षक थे।

जिस समय वज़ीर अपने रुहेलखंड के संग्राम में व्यस्त था, उस समय "रनिवास की एक महिला, एक खोजे और एक चतुर षड्यन्त्रकारी ने सम्राट के अस्थिर चित्त पर पूरी तरह अधिकार कर लिया था। उन्होंने उसे दुर्रानी (अहमदशाह अब्दाली) की शर्तें मान लेने के लिए तैयार कर लिया था। अब्दाली इस शर्त पर वापस लौटने को राज़ी था कि लाहौर और मुलतान के सूबे उन्हें दे

दिए जाएँ। राजधानी में आने पर वज़ीर इस अपमानजनक सन्धि से बहुत नाराज़ हुआ, जो उसकी अनुपस्थिति में और उससे बिना सलाह लिए की गई थी। उसका नाराज़ होना उचित था। वह कुकर्मियों को दंड देने के लिए कमर कसे थे। वज़ीर के क्रोध का पहला शिकार उस खोजे को बनना था।"[1] सूरजमल के साथ मित्रता के कारण वज़ीर में एक ग़लत आत्मविश्वास भर गया। उसने नासमझी से समूचे शाही अधिकार-वर्ग—सम्राट अहमदशाह, उसकी माता, जाविद ख़ाँ, इन्तिज़ाम और इमाद—से विरोध ठान लिया।

ज़ाविद ख़ाँ सफ़दरजंग के लिए नित्य नई समस्याएँ खड़ी करता रहता था। वह सम्राट की ख़ाली खोपड़ी में ऐसी-ऐसी कहानियाँ भरता रहता था, जिनसे वज़ीर को हानि ही पहुँच सकती थी। तूरानी गुट खोजे के साथ था, जिसे सफ़दरजंग के दिल्ली से दीर्घकाल तक बाहर रहने से लाभ हुआ था। अब दो में से एक को जाना ही होगा। सफ़दरजंग ने पहले चोट की, परन्तु उसके परिणाम विपदजनक हुए।

हम पहले देख आए हैं कि बलरामसिंह ने सूरजमल की सहायता से किस प्रकार बल्लभगढ़ पर फिर अधिकार कर लिया था। अब उसे कुछ थोड़े-से समय के लिए ऐसा महत्त्व प्राप्त होनेवाला था, जिसका वह बिलकुल पात्र नहीं था। जुलाई, 1752 के पहले सप्ताह की बात है; सफ़दरजंग यमुना के पार स्थित अपने शिविर से दिल्ली में अपने निवास-स्थान की ओर जा रहा था। जाविद ख़ाँ लाल क़िले से निकला और अंगूरी बाग़ में रुक गया, जहाँ से सफ़दरजंग को गुज़रना था। उस खोजे को आशा थी कि वज़ीर उससे मिलने आएगा, परन्तु सफ़दरजंग ने ऐसा नहीं किया। वह उससे बिना मिले सीधा अपने घर चला गया। अपनी खीझ उतारने के लिए जाविद ख़ाँ ने बलरामसिंह को बुलवा भेजा, जो उस दिन दिल्ली में ही था। राजमाता के इस कृपा-पात्र खोजे ने न केवल टेवटिया जाट से बहुत देर तक बात की, अपितु उसे सम्मान-सूचक एक पोशाक भी दी। उसने बलरामसिंह को फुसलाकर अपने पक्ष में कर लिया और उसे लूटमार करने के लिए उकसाया। बलराम ने बहुत बड़ा दाँव खेला। उसने सिकन्दराबाद को लूट लिया, जो सम्राट के निजी कोष की जागीर थी। सिकन्दराबाद के लोगों ने बलराम की शिकायत करने के लिए एक दूत राज-दरबार में भेजा। सफ़दरजंग ने जाविद ख़ाँ को डाँटते हुए पूछा—"अगर बलराम को तुमने सिकन्दराबाद का नया फ़ौजदार नियुक्त किया है, तो वह वहाँ लूटमार क्यों कर रहा है ? यदि वह तुम्हारी इच्छा के विरुद्ध ऐसा कर रहा है, तो मैं उसे तुरन्त सज़ा दूँगा।" जाविद ख़ाँ ने सम्राट

1. के.आर. कानूनगो, 'हिस्ट्री ऑफ़ द जाट्स', पृ. 84

और वज़ीर को आश्वासन दिया कि वह स्वयं ही बलराम को सीधा कर देगा। परन्तु उसने किया कुछ भी नहीं। उलटे, उसने उसे दनकौर के क़िले में, जो उस खोजे की जागीर का भाग था, शरण लेने की अनुमति दे दी। इस प्रकार वह आदमी जिसने सम्राट की निजी जागीर को लूटा था, एक ऐसा अपराध करके भी साफ़ बच गया जिसके लिए इससे पहले के शासन-काल में उसका सिर क़लम कर दिया जाता।

यह सब वज़ीर को बहुत बुरा लगा और निरुपाय होकर उसने जाविद ख़ाँ को ख़त्म ही कर देने का निश्चय किया। सफ़दरजंग ने राजा सूरजमल और उसके विश्वस्त एवं बुद्धिमान मन्त्री, रूपराम कटारिया को दिल्ली बुलवाया। उस खोजे को दोपहर का खाना, जो कलेवा और दोपहर के भोजन का सम्मिलित रूप था, सफ़दरजंग के घर खाने के लिए निमन्त्रित किया गया। दोपहर बाद सूरजमल भी उनसे आ मिला और "देर तक बातचीत चलती रही। कुछ देर बाद सफ़दरजंग जाविद ख़ाँ का हाथ पकड़कर उसे मकान के एक गुप्त स्थान में ले गया। वहाँ वह उससे एकान्त में सूरजमल के बारे में बात करता रहा। तब मुहम्मद अली जेर्ची और कुछ अन्य तुर्क सैनिक उस गुप्त स्थान में आ घुसे। वज़ीर उठ खड़ा हुआ। मुहम्मद अली ने यह कहते हुए कि 'ले, बेवफ़ाई का मज़ा चख़', पीछे से जाविद ख़ाँ के जिगर में ख़ंज़र भोंक दिया; दूसरा आदमी भी आ गया और ख़ून करने का काम पूरा कर दिया गया।"[1]

यह काम जितना बड़ा था, उतना ही मूर्खतापूर्ण भी। मृत जाविद ख़ाँ जीवित जाविद ख़ाँ से अधिक बुरा सिद्ध हुआ। सम्राट, राजमाता और समूचा शाही घराना वज़ीर का विरोधी बन गया। उस खोजे का स्थान वज़ीर के सबसे पक्के दुश्मनों, इमाद और इन्तिज़ाम, ने ले लिया। वे जाविद ख़ाँ से कहीं अधिक निपुण थे।

वज़ीर के अब गिनती के ही दिन बाक़ी रह गए थे। जाविद ख़ाँ की हत्या 27 अगस्त, 1752 को हुई थी। सफ़दरजंग और सम्राट के बीच गृह-युद्ध राजमाता और दरबार के तूरानी गुट ने भड़काया। सम्राट ने सफ़दरजंग को पदच्युत कर दिया, उसकी जागीरें ज़ब्त कर लीं और उससे इलाहाबाद और अवध का उपराजत्व छीन लिया। सफ़दरजंग अपने कृतघ्न बादशाह को सबक़ सिखाना चाहता था; उसने दिल्ली पर घेरा डाल दिया और राजा सूरजमल से सहायता माँगी।

मार्च, 1753 से नवम्बर, 1753 तक दिल्ली में गृह-युद्ध होता रहा। पहले कुछ सप्ताहों में तो विशेष लड़ाई नहीं हुई, परन्तु मई के पहले सप्ताह में राजा सूरजमल के आ पहुँचने पर रंगत बदल गई। दिल्ली की ओर आते हुए, रास्ते में सूरजमल

1. जदुनाथ सरकार, 'फ़ाल ऑफ़ द मुग़ल ऐम्पायर,' खंड प्रथम, पृ. 233-34

ने अलीगढ़ में चकला कोइल के बहादुरसिंह बड़गूजर पर आक्रमण किया; उसे हराया और मार डाला। बहुत समय तक घेरे और भीषण लड़ाई के बाद उसने घसीरा के क़िले पर अधिकार कर लिया। इस लड़ाई में सूरजमल के 1,500 सैनिक खेत रहे। बहादुरसिंह प्रचंडता से लड़ा और "अन्त में हताश होकर उसने अपनी सब स्त्रियों को मार डाला, क़िले के फाटक खोल दिए और अपने ही जैसे पच्चीस दुःसाहसी वीरों के साथ शत्रु पर टूट पड़ा; वे सब-के-सब मारे गए।" वह 23 अप्रैल का दिन था। बहादुरसिंह का पुत्र फ़तहसिंह अपने पिता के साथ नहीं था। वह दिल्ली में था। वहाँ वह सूरजमल के शत्रु इमाद-उल-मुल्क के साथ मिल गया। अगले वर्ष इमाद की सहायता से उसने घसीरा वापस ले लिया।

सूरजमल ने वज़ीर की पुकार को सुना और एक विशाल सेना तथा 15,000 घुड़सवार लेकर दिल्ली जा पहुँचा। उसने जमकर ज़ोरदार लड़ाई लड़ने की सलाह दी। 9 मई और 4 जून के बीच जाटों ने पुरानी दिल्ली को बुरी तरह लूटा। सूरजमल ने ऐसी छूट क्यों दी, यह स्पष्ट नहीं है, परन्तु कितने ही वाग्कौशल का प्रयोग क्यों न किया जाए, फिर भी इस उच्छृंखल आचरण को उचित नहीं ठहराया जा सकता। 'तारीख़-ए-अहमदशाही' के लेखक के कथनानुसार—"जाटों ने दिल्ली के दरवाज़ों तक लूट-पाट की; लाखों-लाख लूटे गए; मकान ढहा दिए गए; और सब उपनगरों (पुरों) में और चुरनिया और वकीलपुरा में तो कोई दीया ही नहीं दीखता था।" इसी समय से 'जाट-गर्दी' (जाटों की लूट) शब्द प्रचलन में आया। जल्दी ही अहमदशाह अब्दाली की 'शाह-गर्दी' और मराठों की 'भाऊ-गर्दी' के सामने सूरजमल के सैनिकों द्वारा की गई ज़्यादतियाँ फीकी पड़ जानी थीं।

परन्तु पासे वज़ीर के प्रतिकूल ही पड़ते गए। जब कर्मठ इमाद ने एक बार नजीब ख़ाँ के नेतृत्व में रुहेलों को अपनी ओर कर लिया, तब से सफ़दरजंग का पलड़ा हलका पड़ चला। "अब उसकी आशा एकमात्र सूरजमल पर टिकी थी और उस कठिनतम आवश्यकता के समय जाटों ने दिखा दिया कि वे कोई टूटी सींक नहीं है। ऊँचे पदों के प्रलोभनों और बदले की धमकियों—दोनों को ही उस वफ़ादार जाट-सरदार ने एक-से तिरस्कार के साथ ठुकरा दिया। वह अपने साथी मित्र की अन्तिम क्षण तक सहायता करने के लिए कटिबद्ध था, हालाँकि स्पष्ट दीख रहा था कि उसका पक्ष हार जाएगा। उसे डराने के लिए गाज़ीउद्दीन (इमाद) ने मल्हारराव होलकर को दक्षिण से बुलवाया। परन्तु इससे भी कोई लाभ न हुआ। उस चतुर जाट ने नए वज़ीर इन्तिज़ामुद्दौला की अपने महत्त्वाकांक्षी भतीजे गाज़ीउद्दीन के प्रति ईर्ष्या से लाभ उठाया। इन्तिज़ाम को गाज़ीउद्दीन के इरादों पर शक और योग्यता से डर था। सूरजमल की कूटनीतिक चाल इतनी सफल रही

कि मराठे आ पाएँ, इससे पहले ही सम्राट की ओर से सन्धि का प्रस्ताव भेजा गया। महाराजा माधोसिंह कछवाहा सन् 1753 के अन्त के आसपास दिल्ली आया था। उसी से मध्यस्थता करने को कहा गया। जाट-राजा ने तब तक अपनी तलवार म्यान में रखने से इंकार कर दिया जब तक कि सफ़दरजंग को, वजीर का पद न भी सही, तो भी, अवध और इलाहाबाद के उपराजत्व वापस न दे दिए जाएँ। अन्त में इन शर्तों पर सन्धि हो गई। नवाब सफ़दरजंग अपने सूबे पर शासन करने चला गया। सूरजमल ने अपने मित्र को लगभग अवश्यंभावी विनाश से बचा लिया, चाहे इसके कारण उसे गाज़ीउद्दीन की कट्टर शत्रुता मोल लेनी पड़ी। इस शत्रुता का पूरा ज़ोर उसे बहुत शीघ्र ही अनुभव करा दिया गया।"[1]

1. के.आर. कानूनगो, 'हिस्ट्री ऑफ़ द जाट्स,' 85-86

5

कुम्हेर का घेरा–जनवरी-मई, 1754

आज कुम्हेर एक उपेक्षित, जीर्ण-शीर्ण, गन्दा-सा क़स्बा है, जो डीग और भरतपुर के बीच है। इसमें न तो डीग की-सी भव्यता है, न भरतपुर का-सा गौरव। सूरजमल ने अपनी प्यारी रानी हँसिया के लिए जो महल बनवाए थे, वे अब शानदार खँडहरों के रूप में खड़े हैं। अठारहवीं शताब्दी के मध्य कुम्हेर इससे बिल्कुल भिन्न प्रकार का स्थान था। सूरजमल के राज्य के केन्द्र में स्थित सामरिक महत्त्व का यह नगर, भरतपुर से डीग जानेवाले मार्ग पर नियन्त्रण रखता था। कुम्हेर ही वह स्थान था, जहाँ सूरजमल ने 80,000 सैनिकों की सम्मिलित मुग़ल-मराठा सेना का चार मास तक डटकर सामना किया था। घेरा सन् 1754 के जाड़े-पाले-भरे जनवरी मास में शुरू हुआ था; वह मई के तपते, धूल-भरे महीने में जाकर समाप्त हुआ। जीत सूरजमल की रही।

जैसा कि हम देख आए हैं, सूरजमल ने अहमदशाह और इमाद के विरुद्ध सफ़दरजंग का साथ दिया था। मुग़ल-सम्राट ने इमाद के द्वारा पूना के पेशवा से सफ़दरजंग के विद्रोह का दमन करने के लिए सहायता माँगी थी। सफ़दरजंग ने भी पेशवा से सहायता की प्रार्थना की थी, परन्तु उसने विद्रोही वज़ीर का समर्थन न करने का निश्चय किया। सम्राट के लिए उसने मराठा सैनिकों का एक छोटा-सा सैन्यदल भेज दिया था और वे लोग आराम से चलते हुए दिल्ली पहुँचे। मराठा सेना के मुख्य भाग को यह निर्देश दिया गया कि वह तटस्थ रहकर इस गृह-युद्ध को देखता रहे और जिसकी जीत होने लगे, उसके साथ जा मिले। यदि ऐसा न हो सके, तो दोनों पक्षों की शक्ति क्षीण होने का लाभ उठाए और उसके बाद 'हिन्द' के मामलों का निर्णायक बन बैठे। जब सफ़दरजंग के अवध की ओर चले जाने की ख़बर मिली, तब मराठों ने अपनी मुख्य सेना लेकर जयपुर में प्रवेश किया और 9,000 सैनिकों की एक छोटी-सी सेना मल्हारराव होलकर के युवा-पुत्र

खाँडेराव की अध्यक्षता में दिल्ली भेज दी। जो सेना जयपुर गई, वह पेशवा के छोटे भाई रघुनाथ के अधीन थी। जयपुर में उन्होंने अपना कर माँगा और कछवाहा ने वह अनिच्छापूर्वक दिया। उनका अगला लक्ष्य था सूरजमल। इस जाट-सरदार को सफ़दरजंग के विद्रोह-काल में न तो धन का और न राज्य-क्षेत्र का ही कोई नुक़सान हुआ था। दिल्ली की लूट से वह और भी समृद्ध हो गया था। उस विद्रोह पर इमाद को नक़द रुपया ख़र्च करना पड़ा था और उस हानि की भरपाई करने का एकमात्र स्रोत यह था कि सूरजमल को निचोड़ा जाए। मराठों को नक़द रुपए की तंगी सदा रहती थी। उनकी भी आँखें जाटों के धन पर गड़ी थीं। सूरजमल ने बहुत सावधानी बरती थी कि मराठों को भड़कने का कोई कारण न दिया जाए, फिर भी अपनी दूरदर्शिता से उसने यह समझ लिया था कि वे लोग उसे देर तक शान्ति से नहीं रहने देंगे, इसलिए उसने मोर्चाबन्दी की ओर ध्यान दिया था और उसे बहुत बढ़िया कर लिया था। डीग की रक्षा का भार जवाहरसिंह को सौंपा गया था। उसकी सहायता के लिए अन्य लोगों के साथ-साथ हाथरस के जाट-सरदार का पुत्र भी वहाँ था। सूरजमल स्वयं कुम्हेर चला गया, जहाँ उसके सुयोग्य वित्तमन्त्री मोहनराम बरसनियाँ ने दुर्ग को सब आवश्यक सामग्री से भर रखा था। उसने अपने स्वामी से कहा था—"महाराज, यहाँ आपके पास इतने शस्त्रास्त्र और इतनी रसद विद्यमान है कि वह कई वर्ष के लिए पर्याप्त रहेगी। श्रीमान इस विषय में बिलकुल निश्चिन्त रहें।"

सूरजमल की इच्छा थी कि मराठों के साथ तनातनी से बचा जाए। कुछ ही समय पहले रुहेलों के विरुद्ध सफ़दरजंग के अभियान में ये दोनों एक ही पक्ष में रह चुके थे और औरंगज़ेब के राज्य-काल में इन दोनों के ही प्रजाजनों को कष्ट सहने पड़े थे। इसलिए उसने उनसे समझौता करने का पूरा प्रयत्न किया और अपने निपुण राजनीतिक सलाहकार पंडित रूपराम कटारिया को रघुनाथराव से सन्धिवार्ता के लिए जयपुर भेजा। परन्तु मराठों के मन में तो सन्धि नहीं, लूट की बात भरी थी। फलता-फूलता जाट-राज्य खीझ का कारण तो था ही, साथ ही दुर्निवार प्रलोभन भी था। सूरजमल को नीचा दिखाना था। सन् 1753 के दिसम्बर के अन्त में खाँडेराव ने दिल्ली में सम्राट तथा इमाद के सम्मुख यह बात स्पष्ट कर दी थी—"मैं अपने पिता के आदेश से यहाँ सूरजमल के विरुद्ध आपके अभियान में सहायता देने आया हूँ, न कि इन्तिज़ाम और इमाद के बीच चल रहे कलह में उलझने के लिए।" सूरजमल सतर्क एवं चतुर पुरुष था, अतः उसने यत्न किया कि संघर्ष का पक्ष अपनाने से पहले सब शान्तिपूर्ण उपायों को अवश्य आज़माया जाए।

मराठों को मनचाही वस्तु पा लने की आदत पड़ गई थी। 'चौथ' और

'सरदेशमुखी' कर सर्वविदित थे और हर कोई उनसे डरता था। जो कोई इन्हें देने में आनाकानी करते, उन पर विपत्ति टूट पड़ती। सूरजमल पाँव रखने से पहले ज़मीन को जाँच लेता था। यह ऐसा समय था जिसमें साहस और धैर्य—दोनों ही गुण अपेक्षित थे। वह सब ओर ऐसी शक्तियों से घिरा था, जो उससे अधिक पुरानी, अधिक अनुभवी, अधिक महत्वाकांक्षी और अधिक अविचारी थीं। एक भी क़दम ग़लत पड़ा, तो कोई भयानक संकट उसके द्वार पर आ खड़ा होगा। इस बात की सम्भावना नहीं है कि अठारहवीं शताब्दी में किसी भारतीय ने सिसरो के ग्रन्थों को पढ़ा हो, परन्तु उस महान लेखक ने जो कुछ कहा था, वह सूरजमल की इस समय की विकट परिस्थितियों पर पूरी तरह लागू होता था—"किसी भी पुरुष को, सुरक्षा की एकदम उपेक्षा करके बल-प्रयोग की नीति से, प्राप्त होनेवाले सम्मान के प्रलोभन में नहीं बह जाना चाहिए; दूसरी ओर, उसे किसी भी शर्त पर ऐसी सुरक्षा को ग्रहण करने को तैयार नहीं होना चाहिए जो सम्मान की सभी मर्यादाओं के प्रतिकूल हो।"[1] सूरजमल ने सम्मान को अधिक पसन्द किया।

मराठों के विपरीत, सूरजमल अपनी चादर से बाहर पाँव पसारने या अपने सामर्थ्य से अधिक ज़िम्मेदारी अपने सिर लेने से बचता था। उसने रूपराम को समझौते की चर्चा करने के लिए काफ़ी बड़ी छूट दे दी थी, परन्तु रघुनाथराव ने सूरजमल से छेड़ख़ानी न करने की क़ीमत के रूप में दो करोड़ रुपए माँगे। रूपराम चालीस लाख रुपए देने को राज़ी हो गया। यह किसी भी हिसाब से काफ़ी बड़ी रक़म थी। मल्हारराव भी उस समय जयपुर में था। उसका कहना था कि सूरजमल और उसके जाटों ने हाल ही में दिल्ली को लूटकर विपुल धन-सम्पत्ति संचित कर ली है और उन्हें दो करोड़, बल्कि इससे भी अधिक, रुपए देने ही चाहिए। अपने स्वामी को यह सूचना देने के लिए रूपराम कुम्हेर लौटा। एक निष्कपट प्रस्ताव कर देने और मित्रता का हाथ बढ़ा देने के बाद सूरजमल इस निष्कर्ष पर पहुँचा कि यह काफ़ी है; इससे आगे और नहीं। वह मराठों की धौंस में नहीं आएगा। उसने रघुनाथराव को कहला भेजा कि या तो यह प्रस्तावित चालीस लाख रुपए ले ले या फिर इसका परिणाम भुगतने को तैयार हो जाए। ऐसे कठिन और चिन्ताजनक समय में भी राजा सूरजमल ने अपनी विनोद-वृत्ति नहीं छोड़ी। पेशवा के भाई के नाम अपने पत्र के साथ "उसने पाँच तोप के गोले और थोड़ा-सा बारूद भेजा, जो इस बात का प्रतीक था कि जाट-प्रदेश में उसे किस प्रकार का आतिथ्य पाने की आशा रखनी चाहिए।"[2]

1. सिसरो, 'सलेक्टेड पोलिटिकल स्पीचिज़'।
2. के.आर. कानूनगो, 'हिस्ट्री ऑफ़ द जाट्स', पृ. 88

मराठे सैनिक बहुत बड़ी संख्या में कुम्हेर पर घिर आए। उन्होंने शहर पर घेरा डालकर आने-जाने के सब रास्ते बन्द कर दिए। उन्होंने कुम्हेर को घेर तो लिया, परन्तु उनके पास क़िला-तोड़ तोपें नहीं थीं, इसलिए वे सूरजमल पर कोई प्रभाव नहीं डाल सके। फिर भी, इन दक्षिणी लोगों ने आसपास के देहात में अपनी उपस्थिति का भान अवश्य करा दिया। वहाँ क्या मनुष्य, क्या पशु, क्या घर और क्या परिवार—कुछ भी सुरक्षित नहीं था। कुम्हेर से पन्द्रह-पन्द्रह मील दूर तक फ़सलें चौपट कर दी गई थीं। मार्च मास में खाँडेराव ने दिल्ली से चलकर रघुनाथराव और मल्हारराव होलकर की सहायता के लिए कुम्हेर जाते समय रास्ते में होडल पर अधिकार कर लिया। उसी समय इमाद-उल-मुल्क मथुरा से कुम्हेर की ओर बढ़ा। परन्तु जब उन्होंने कुम्हेर की अभेद्य क़िलेबन्दी को देखा, तब उनका जोश काफ़ी-कुछ ठंडा पड़ गया। मुग़लों और मराठों की सम्मिलित सेना 80,000 से अधिक थी और आमेर का राजा सदा की भाँति जानबूझकर अपनी स्थिति को अस्पष्ट बनाए हुए था—उसने कहने के लिए मल्हारराव के साथ एक छोटी-सी सेना भेज दी थी, और साथ-ही-साथ सूरजमल से भी उसका सम्पर्क क़ायम था।

कुम्हेर के घेरे के समय के वातावरण और एक सेनानायक के रूप में सूरजमल के गुणों का सही अंकन करने के लिए अब मैं फ़ादर वैंदेल के अब तक अप्रकाशित संस्करणों में से कुछ विस्तृत उद्धरण दूँगा। उसने ये संस्करण तब लिखे थे, जब कि ये घटनाएँ उसके मस्तिष्क में बिलकुल ताज़ा थीं। हम उसके वर्णन को उससे आगे शुरू करते हैं, जब खाँडेराव और इमाद-उल-मुल्क घेरा डालनेवालों में आ मिले थे—

> इसके कुछ ही समय बाद मीर बख़्शी अर्थात् सम्राट की सेनाओं का प्रधान सेनापति गाज़ीउद्दीन ख़ाँ शाही सेनाओं के साथ मराठों की सहायता के लिए आ पहुँचा। उसके सैनिकों की संख्या पच्चीस और तीस हज़ार के बीच थी। इस प्रकार जयपुर-नरेश के बाक़ी सैनिकों को मिलाकर, कुम्हेर 80,000 से भी अधिक वीरों की एक प्रचंड सेना द्वारा सब ओर से घिर गया था। ये सभी सैनिक उस समय इस देश में उपलब्ध किन्हीं भी सैनिकों से बढ़िया थे। यह बिलकुल स्पष्ट है, जाटों जैसे लोगों को भी, जो पिछले कुछ समय से विशाल संख्यक और पराक्रमी रहे थे, व्यस्त रखने और उन्हें सशक्त तथा शस्त्र- सज्जित किसान-सैनिकों की सहायता से आत्म-रक्षा के लिए विवश कर देने के वास्ते जिस सेना की आवश्यकता हुई होगी, वह संख्या में थोड़ी कदापि नहीं हो सकती थी। परन्तु इस विशाल सेना के सम्मुख भी सूरजमल

गोपाल भवन, डीग

झूला, डीग

ने हिम्मत नहीं हारी, और न यह सेना उसे उतनी जल्दी घुटने टेकने को विवश ही कर पाई, जितनी कि आशा की गई थी। कुम्हेर उस समय एक वैसा ही सामान्य-सा क़िला था, जैसे कि देश के अन्य क़िले थे। इसकी सारी अच्छाई इस एक बात में थी कि यह एक ऐसे रेतीले मैदान के बीच स्थित था, जहाँ आसपास के इलाक़े में पीने का पानी कहीं था ही नहीं। (अवश्य ही यह बात क़िले के अन्दर के लोगों तथा रक्षक सेना के लिए बहुत कष्टदायक थी। दूर-दूर तक फैले इस सारे इलाक़े में कहीं भी मीठे पानी का कुआँ नहीं है, हालाँकि युद्ध काल में, यहाँ के निवासियों के अतिरिक्त, यहाँ पचास-साठ हज़ार से भी अधिक बन्दूकची होते हैं और फिर घुड़सवार सेना भी होती है।) इसकी रक्षक दीवारें काफ़ी मोटी थीं, हालाँकि उन पर ईंटों या पत्थरों का मोहरा नहीं था। इन दीवारों में कितने ही बुर्ज बने थे; हर ज़मींदार मौज में आकर अपने देश की प्राचीन वास्तुशैली में चाहे जितने बुर्ज बनवाता गया था। खाई के और फाटकों के सामने उपदुर्ग के रूप में कुछ क़िलेबन्दी के अलावा ये बुर्ज ही इस स्थान का एकमात्र बचाव थे और यह बचाव नगण्य-सा था। दुर्ग के अन्दर सब प्रकार की युद्ध-सामग्री यथेष्ट थी और दुर्ग की प्राचीरों (परकोटों) पर तोपें थीं, जिनके मुँह उनको ढालने में लगी धातु के अनुपात में बहुत छोटे होते हैं, परन्तु जिनकी बौछार शत्रु को घायल किए बिना नहीं रहती और इसी उद्देश्य से वह की भी जाती है; क़िले के बाहर भारी जमघट होने के कारण वह किसी-न-किसी को अवश्य ही जाकर लगती थी। यह सत्य है कि सूरजमल को किसी भी युद्ध से इतने कम लाभ की आशा नहीं रही थी जितनी कि इस युद्ध से थी; फिर भी निरन्तर सतर्क रहने के कारण उसने इस प्रकार की स्थिति आ पड़ने पर बचाव के लिए सावधानियाँ बरती थीं। शासन की बागडोर पूरी तरह उसके हाथों में थी, इसलिए वह जिस किसी भी स्थान पर जाता था, वहाँ इस बात का पूरा निश्चय कर लेता था कि वहाँ रक्षा का यथेष्ट प्रबन्ध है। उसी की देख-रेख तथा लगन का यह परिणाम है कि इस समय जाटों के अधिकार में जितने भी बड़े-बड़े क़िले हैं, उन सबमें रसद प्रचुर मात्रा में विद्यमान है। इस बात को देखते हुए भी, कि युद्ध के समय इन स्थानों में बहुत अधिक लोग आ भरते हैं, यह रसद कई महीनों, यहाँ तक कि कई सालों के लिए पर्याप्त है। मैं नहीं समझता कि हिन्दुस्तान में अन्य किसी भी स्थान पर इतनी रसद विद्यमान हो, जितनी कि जाटों के गढ़ों में है। तोपें, गोलियाँ, तोपों के गोले, बारूद और इन सबको बनाने

> की सामग्री इन गढ़ों में इतनी विशाल मात्रा में विद्यमान है कि यह सोचकर आश्चर्य होता है कि इन किसानों ने इतने थोड़े-से समय में कैसे उनका संग्रह कर लिया और उनका उपयोग करना सीख लिया।[1]

उत्तर है—सूरजमल। किसी भी संकट और संग्राम के समय उसमें सैनिक दूरदर्शिता या राजनीतिक निर्णय की कमी नहीं पाई गई। काल और परिस्थिति का उपयोग करना उसे भली भाँति आता था। उसका लौह-संकल्प उसे अनेक विषम स्थितियों से पार करा देता था। सौभाग्य से उसकी एक पत्नी रानी हँसिया थी, जिसने कुम्हेर में अपने पति को मुग़ल-मराठों के शिकंजे से छुड़ाने में अत्यन्त महत्त्वपूर्ण भूमिका निबाही।

कुछ समय के लिए हम फिर फ़ादर वैंदेल के रोचक विवरण पर लौट आते हैं—

> कुम्हेर के घेरे का अब चौथा महीना चल रहा था और घिरे हुए लोगों को उस क्षति के अलावा अन्य कोई नुक़सान नहीं हुआ था, जो आसपास के देहाती इलाक़े को तब अनिवार्य रूप से सहनी ही पड़ती है जब कोई विशाल सेना उसे रौंद रही हो। जब भी कभी दिन में शत्रु का तोपख़ाना क़िले की प्राचीर को किसी जगह से तोड़ देता, तब सूरजमल और उसके जाट-खेतिहर अथक उद्योग से उसे रात में बहुत जल्दी और इतने बढ़िया ढंग से भर देते कि अगले दिन प्रातःकाल उस क्षति का कोई चिह्न तक ढूँढ़ पाना कठिन होता। इतना ही नहीं, इसके अलावा भी जाटों ने महत्त्वपूर्ण सफलता प्राप्त की; अपने तोपख़ाने की आड़ लेते हुए उन्होंने अपनी मोर्चाबन्दियों को बाहर की ओर दूर तक आगे बढ़ा लिया। परिणाम यह हुआ कि जब कुम्हेर का घेरा उठाया गया, तब तक कुम्हेर के बाहर नई मोर्चाबन्दियाँ बन चुकी थीं और क़िला उससे काफ़ी बड़ा हो गया था, जितना कि वह घेरा शुरू होने से पहले था। और मैंने उन अनेक धावों के विषय में तो कुछ कहा ही नहीं, जो साहसी जाटों ने घेरा डालनेवाली शत्रु सेनाओं की भारी बाढ़ की परवाह न करते हुए किए थे। घेरा डालनेवाले लोग जाटों की आक्रमणकारी टोलियों से आतंकित रहते थे। ये टोलियाँ इस इलाक़े को भली भाँति जानती थीं और उन्हें अब सब प्रकार के स्थानों का पता था, जहाँ आवश्यकता पड़ने पर छिपा जा सकता था। उनका कोई भी धावा निष्फल नहीं रहता था, क्योंकि काफ़िलों पर बराबर हमले होते और छापे पड़ते रहते थे; कभी वे काफ़िले भागकर अपनी जान बचाते और कभी पकड़ लिए जाते थे। इस प्रकार

1. वैंदेल, 'औार्म की पांडुलिपि'।

मल्हारराव और गाज़ीउद्दीन इमाद-उल-मुल्क अपने संग्राम की मन्द प्रगति से थककर लगभग चूर हो गए थे। साथ ही, उन्हें इस बात पर लज्जा भी थी कि उन्होंने यह घेरा शुरू तो कर दिया, पर वे इसे सन्तोषजनक रूप से पूरा नहीं कर पाए; और वे स्वयं को इस बात की बधाई तक नहीं दे सकते थे कि चलो अब यह जल्दी ही समाप्त हो जाएगा। ग्रीष्म ऋतु भी आ रही थी और पीने के पानी के अभाव में जो कष्ट था, सो तो था ही, अब सेना तपते हुए सूरज से और भी कष्ट पाने लगी थी।[1]

कुम्हेर में मल्हारराव पर एक भारी विपत्ति आ पड़ी। उसका वीर, रूपवान, मद्यप और कामुक पुत्र खाँडेराव जाटों की एक हलकी तोप के गोले से मारा गया। इस दुर्भाग्यपूर्ण दुर्घटना के कई भिन्न-भिन्न विवरण मिलते हैं—एक यह है कि एक नर्तकी उसे फुसलाकर क़िले की प्राचीर के पास ले आई थी; दूसरी यह कि वह सेना के अग्रभाग में स्थित एक तोपख़ाने का निरीक्षण करते समय यों ही छोड़ी गई एक गोली का शिकार हो गया। सम्भवतः सर जदुनाथ सरकार का उत्तर बिलकुल सही है—"खाँडेराव ने सुरंगें बनवाईं और उनके द्वारा क़िले की दीवारों के पास तक उसकी पहुँच हो गई। एक दिन (15 मार्च, 1754) वह अपनी सामान्य नशे की दशा में एक पालकी में बैठकर खन्दकों का निरीक्षण करने गया था। तभी क़िले पर से गोलाबारी होने लगी और वह एक जम्बुरक गोले से मारा गया।"[2] उसकी पत्नियों में से नौ तो उसके साथ ही चिता में जलकर सती हो गईं। प्रख्यात रानी अहिल्याबाई ने उनका साथ नहीं दिया, क्योंकि वह गर्भवती थी। वह जीवित रही और एक बड़ी रानी और साधु-स्वभाव विधवा के रूप में प्रसिद्ध हुई। खाँडेराव का पिता मल्हारराव "शोक से बिलकुल पागल-सा हो गया और उसने प्रतिज्ञा की कि वह इसका बदला जाटों का समूल नाश करके लेगा।" भारत में अठारहवीं शताब्दी भद्रता या उदारता के लिए विख्यात नहीं है, परन्तु बहुत-सी बातों में सूरजमल एक अपवाद था। उसने एक पिता के शोक में हिस्सा बँटाया और सहानुभूति में मल्हारराव और खाँडेराव के पुत्र को शोक की पोशाकें भेजीं। जहाँ खाँडेराव मरा था, वहाँ एक मन्दिर बनवाया गया।

मल्हारराव अपने वचन का पक्का निकला; उसने आक्रमणों का दबाव बढ़ाया—इतना कि वह जाटों को भी अनुभव होने लगा। सूरजमल की सहायता को कोई नहीं आया—यहाँ तक कि सफ़दरजंग भी नहीं। वह कब तक डटा रह पाएगा ? जीवन में पहली और अन्तिम बार सूरजमल को निराशा और उदासी ने

1. वैंदेल, 'और्म की पांडुलिपि'।

2. जदुनाथ सरकार, 'फ़ाल ऑफ़ द मुग़ल ऐम्पायर', खंड प्रथम, पृ. 325

आ घेरा। यहाँ तक कि प्रत्युत्पन्नमति रूपराम कटारिया भी कोई उपाय न सुझा सका। पराजय और विनाश को अब देर तक टाला नहीं जा सकता था। जब ऐसा लगने लगा कि सबकुछ नष्ट होकर ही रहेगा, तब रानी हँसिया ने "अपने पति के भग्न होते उत्साह को फिर जगाया और कहा कि मुझ पर भरोसा रखो। अपने मन से निराशा को बिलकुल निकाल दो।"[1] रानी की राजकाज में रुचि थी और वह अपने आँख-कान खोलकर रहती थी। उसे मराठा शिविर की फूट और गुटबन्दियों का पूरा पता था। मल्हारराव होलकर और जियाजीराव सिन्धिया एक-दूसरे से जलते थे। रानी हँसिया को मालूम था कि सिन्धिया उदार-चित्त और निष्कपट भाव का व्यक्ति है। उस निकृष्ट युग में भी वह वीरोचित निःस्वार्थ पराक्रमी पुरुष बना रहा। एक रात रानी हँसिया ने रूपराम के पुत्र तेजराम कटारिया को सूरजमल का एक पत्र लेकर उसके पास भेजा। उसने सहायता माँगने और मित्रता स्थापित करने के लिए सूरजमल की पगड़ी भी जियाजीराव सिन्धिया के पास भेजी; उन दिनों इसके लिए पगड़ियों के विनिमय की प्रथा प्रचलित थी। ग्वालियर के सरदार ने तुरन्त उत्साह एवं उदारता के साथ उत्तर दिया। उसने बदले में अपनी पगड़ी, उसके साथ एक उत्सावर्धक पत्र और अपनी कुलदेवी (बेल भंडार) के प्रसाद का एक बिल्व-पत्र भी भेजा, जो उसकी सत्यनिष्ठा का सबसे पक्का प्रमाण था। सिन्धिया और सिनसिनवार के मध्य हुए इस सम्पर्क का समाचार शीघ्र ही प्रकट हो गया और इसका यह अभीष्ट परिणाम हुआ कि मल्हारराव होलकर के हौसले टूट गए।

सूरजमल की हिम्मत बहुत बढ़ गई, फिर भी अभी वह निरापद और निश्चिन्त नहीं था। दिल्ली में बैठे उसके कारिन्दे उसे इन्तिज़ाम-उल-मुल्क और इमाद-उल-मुल्क के बीच विद्यमान गहरे मतभेदों की पूरी-पूरी ख़बर देते रहते थे। इमाद ने कुमुक माँगी थी, परन्तु सम्राट ने, इन्तिज़ाम की सलाह पर, वह भेजी नहीं, क्योंकि वह इमाद-मराठा मैत्री को और अधिक शक्तिशाली नहीं होने देना चाहता था। इमाद और मराठों की सेना में थोड़ी-सी भी वृद्धि हो जाने से सूरजमल का पलड़ा हलका हो जाता। यदि यह जाट हार जाता, तो उसकी विपुल सम्पत्ति और सैन्य-सामग्री इमाद के हाथ लगती। यह सम्भावना सम्राट या उसके वज़ीर के लिए हर्षजनक नहीं थी। इस प्रकार इमाद को कोई सहायता नहीं भेजी गई। इसके विपरीत, सूरजमल और इमामुद्दौला मराठों तथा गाज़ीउद्दीन के चारों ओर राजनीतिक षड्यन्त्रों का जाल बुनने में लगे थे। अहमदशाह इस षड्यन्त्र में सम्मिलित था (और इसका मूल्य उसे प्राण देकर चुकाना पड़ा); उसने आमेर के

1. के.आर. कानूनगो, 'हिस्ट्री ऑफ़ द जाट्स,' पृ. 94

राजा माधोसिंह, मारवाड़-नरेश और अपने भूतपूर्व शत्रु सफ़दरजंग को पत्र भेजे। इन सभी को मराठों के हाथों हानि उठानी पड़ी थी। इन शाही पत्रों का उत्तर स्पष्ट और दृढ़ निश्चयपूर्ण था। आक्रमण की वास्तविक योजना और समर-नीति सूरजमल को तय करनी थी। उसने यह प्रस्ताव रखा कि सम्राट शिकार-यात्रा के लिए दिल्ली से सिकन्दराबाद चला जाए और वहाँ, पहले से निर्धारित कार्यक्रम के अनुसार, सूरजमल और सफ़दरजंग उससे आ मिलेंगे। उसके बाद सम्राट सेना के साथ कूच करता हुआ आगरा पहुँचेगा। वहाँ आमेर और मारवाड़ के राजा उसके आगमन की प्रतीक्षा कर रहे होंगे। इस जटिल योजना का उद्देश्य यह था कि मराठों के बच निकलने के रास्ते को बिलकुल बन्द कर दिया जाए। सिद्धान्ततः यह योजना उचित जान पड़ती थी, परन्तु इस पर अमल करना बिलकुल अलग बात थी। न तो सम्राट और न उसके ढुलमुल वज़ीर पर ही यह भरोसा किया जा सकता था कि वे दृढ़ निश्चयपूर्वक या निपुणता से कार्य कर सकेंगे। आमेर और मारवाड़ के राजाओं के वचन पर भी भरोसा नहीं किया जा सकता था। सूरजमल अपने ही मोर्चे पर बहुत व्यस्त था। सफ़दरजंग एक क्षीणप्राय शक्ति था और कुछ ही महीनों बाद उसकी मृत्यु भी हो गई। इस प्रकार यह उद्यम विफल ही होनेवाला था।

इसका आरम्भ सम्राट के अपने समूचे दरबार, रनिवास और आश्रितों के साथ दिल्ली से प्रस्थान द्वारा हुआ। इससे अधिक अव्यवस्थित किसी वस्तु की कल्पना कर पाना कठिन है। तोपचियों ने केवल तभी चलना स्वीकार किया, जबकि उनका वेतन चुका दिया गया; हाथियों को कई दिनों से खाना नहीं मिला था और गाड़ी खींचनेवाले बैल बहुत थोड़े थे। अन्त में जब यह शाही भीड़-भाड़ चली भी, तब इसकी चाल भारतीय हिसाब से भी मन्द ही थी। कूच करते हुए अलीगढ़ जाने के बजाय अहमदशाह पहले लूनी रुका और उसके बाद सिकन्दराबाद। मल्हारराव को इसकी भनक मिल गई। अपने 2,000 फुर्तीले घुड़सवारों के साथ वह कुम्हेर से चला और उसने सम्राट के शिविर पर अचानक छापा जा मारा। जो कुछ लूटा जा सकता था, वह सभी लूट लिया गया और शाही महिलाओं को सैनिकों की काम-वासना तृप्त करनी पड़ी, जो कुम्हेर में काफ़ी तपस्या का जीवन बिता रहे थे। सम्राट हिम्मत छोड़ बैठा और स्त्री-वेश में छिपकर दिल्ली जा पहुँचा। इस बीच सूरजमल और घेरा डालनेवालों में सन्धि हो गई थी। इससे इमाद को भी मराठों के साथ जा मिलने और उनके साथ दिल्ली चले जाने की सुविधा हो गई।

इस घेरे की समाप्ति के समय सूरजमल का राज्य ज्यों-का-त्यों था और उसकी प्रतिष्ठा पहले से भी अधिक हो गई थी। उसका मुख्य लक्ष्य मराठों से पीछा छुड़ाना

था और इसमें वह पूरी तरह सफल रहा। रूपराम कटारिया के द्वारा उसने वायदा किया था कि वह उन्हें तीन साल में तीस लाख रुपए देगा। परन्तु केवल दो लाख रुपए ही चुकाए गए। रघुनाथराव जाट-प्रदेश को ख़ाली करके घर चला गया; मल्हारराव और इमाद दिल्ली चले गए; और जियाजीराव सिन्धिया पश्चिमी राजपूताना चला गया, जहाँ उसे कीर्ति और वीर-गति प्राप्त हुई। इमाद कोई बहुत बढ़िया आदमी नहीं था, फिर भी सम्राट के छल-कपट पर उसका रुष्ट होना ठीक ही था। उसका प्रतिशोध बहुत भीषण था। दिल्ली पहुँचकर पहले तो उसने सम्राट को क़ैद कर लिया; फिर उसकी आँखें फुड़वा दीं और अन्त में उसका वध करवा दिया। उसने शाहज़ादा अज़ीज़ुद्दीन को शाहआलम द्वितीय के नाम से राजगद्दी पर बिठाया और स्वयं उसका वज़ीर बन गया।

कुम्हेर में सूरजमल के कार्य की समीक्षा करते हुए फ़ादर वैंदेल कहता है—"सूरजमल की धाक इस घेरे के दिनों में और भी बढ़ गई थी और सारे हिन्दुस्तान पर छा गई थी; अब उसे यह यश और प्राप्त हो गया कि वह उन दो सरदारों से, जो अपनी-अपनी सेनाओं में उसके पद के समकक्ष थे, सौदेबाज़ी करने में और उनसे अपनी मनचाही शर्तें मनवाने में सफल हुआ।"[1]

इस घेरे से सूरजमल के सकुशल और अक्षत बच जाने में चरित्र-बल एवं सौभाग्य के साथ-साथ रानी हँसिया के साहसपूर्ण प्रयत्न और रूपराम कटारिया के सन्धिवार्ता-कौशल से भी बहुत सहायता मिली।

1. वैंदेल, 'औौर्म की पांडुलिपि'।

6

जवाहरसिंह का विद्रोह

कुम्हेर का घेरा उठ जाने से सूरजमल को कुछ चैन मिला; जिसकी उसे बहुत आवश्यकता थी। उसके साधन लगभग समाप्ति की सीमा तक पहुँच गए थे। प्रशासनिक, वित्तीय तथा सैनिक स्थिति का मूल्यांकन करने के लिए उसे कुछ देर विश्राम की आवश्यकता थी। दिल्ली की दशा जितनी आम तौर पर हुआ करती थी, उससे भी अधिक बिगड़ी हुई थी। इससे सूरजमल को मराठों से समझौता करके छोटे-मोटे लाभ उठाने का मौक़ा मिल गया। वह इस बात के लिए राज़ी हो गया कि वह उत्तर भारत के मराठों के कार्यों का विरोध नहीं करेगा और उत्तर भारत में उनके बार-बार होनेवाले धावों में बाधा नहीं डालेगा। रघुनाथराव ने सूरजमल को छूट दे दी कि वह आगरा प्रान्त के अधिकांश प्रदेश पर क़ब्ज़ा कर ले। यह प्रदेश अब तक मराठों के पास था। सूरजमल और जवाहरसिंह ने पलवल पर अधिकार कर लिया, बल्लभगढ़ वापस ले लिया और सबसे महत्त्वपूर्ण बात यह कि मार्च, 1756 में अलवर को अपने नियन्त्रण में ले लिया। परन्तु सब काम निर्विघ्न, शान्ति से नहीं चल रहा था। अब एक नए व्यक्ति ने साम्राज्य के मामलों में प्रवेश किया, जो बाद में बहुत भयावह पुरुष सिद्ध हुआ। वह था—अफ़गान रुहेला नजीब ख़ाँ। सूरजमल को इस नवागन्तुक की उपस्थिति का अनुभव तुरन्त ही करना पड़ गया। जून, 1755 में नजीब ख़ाँ नए वज़ीर—इमाद-उल-मुल्क के आदेश पर उन इलाक़ों को वापस लेने के लिए निकला, जिन पर गंगा-यमुना के दोआब में सूरजमल ने क़ब्ज़ा कर लिया था। चूँकि दोनों पक्षों में से कोई भी लम्बे सैनिक संग्राम के लिए उत्सुक नहीं था, इसलिए राजकीय भूमि के दीवान नागरमल ने एक सन्धि की रूपरेखा तैयार की। यह दोनों में से किसी भी पक्ष के लिए पूरी तरह सन्तोषजनक नहीं था। इस 'डासना की सन्धि' की शर्तें निम्न थीं—

(1) अलीगढ़ ज़िले में सूरजमल ने जिन ज़मीनों पर दख़ल किया हुआ है, वे उसी के पास रहेंगी।
(2) इन ज़मीनों पर स्थायी राजस्व छब्बीस लाख रुपए तय हुआ, जिसमें से अठारह लाख रुपए उन जागीरों के नक़द मुआवज़े के कम किए जाने थे, जो अहमदशाह के शासन-काल में खोजा जाविद ख़ाँ ने सूरजमल के नाम कर दी थीं, परन्तु उन दिनों की निरन्तर अशान्ति के कारण जिन्हें बाक़ायदा हस्तान्तरित नहीं किया जा सका था।
(3) सूरजमल सिकन्दराबाद के क़िले और ज़िले को ख़ाली कर देगा, जो मराठों ने उसे दे दिया था।
(4) बाक़ी आठ लाख रुपयों में से, जो कि शाही राजकोष को मिलने थे, सूरजमल दो लाख रुपए डासना-सन्धि पर हस्ताक्षर करते समय और बाक़ी छह लाख एक साल के अन्दर चुका देगा।

'डासना की सन्धि' बेलाग विजय तो नहीं थी, परन्तु इसे बड़ी पराजय भी नहीं कहा जा सकता। कहा जा सकता है कि जोड़ बराबरी पर छूटा, जिसमें सारे समय जाटों का पलड़ा भारी रहा।

भगवान की माया सचमुच विचित्र है। अब तक सूरजमल का भाग्य-नक्षत्र ज़ोरों से दमकता रहा था और जाटों के आकाश को अपनी दीप्ति से जगमगाता रहा था। अचानक ही दो दुखद घटनाओं ने उसके जीवन को अन्धकारमय कर दिया। पहले तो उसके पिता ठाकुर बदनसिंह का जून, 1756 में डीग में स्वर्गवास हो गया। यह अन्त बहुत अप्रत्याशित नहीं था, क्योंकि वृद्ध ठाकुर का स्वास्थ्य बहुत समय से गिरता जा रहा था। वह बिलकुल अन्धे हो चुके थे और अपने महल में ही रहते थे। यहाँ तक कि गोवर्धन, वृन्दावन और गोकुल के मन्दिरों में भी उनका जाना बहुत कम हो गया था। जब तक वह जीवित थे, तब तक सूरजमल उत्साहपूर्वक अपने काम में जुटा रह सकता था और अपने भविष्य का निर्माण कर सकता था। अगर कोई काम बिगड़ने लगे, तो वह तुरन्त अपने पिता के पास जा सकता था और वह समस्या का सही हल निकाल देते। उनकी मृत्यु से सूरजमल की चिन्ताएँ, बोझ और ज़िम्मेदारियाँ बढ़ गईं। अब वह वैधानिक तथा वास्तविक—दोनों रूपों में एक विशाल एवं सामरिक दृष्टि से महत्त्वपूर्ण राज्य का शासक था। इस राज्य को उसके पिता ने, जो किसी भी दृष्टि से देखने पर एक अत्यन्त सत्वशाली पुरुष थे, बिलकुल शून्य में से गढ़कर तैयार किया था।

अभी वह अपने पिता की मृत्यु के शोक से उबर भी नहीं पाया था कि उसके पुत्र जवाहरसिंह ने विद्रोह का झंडा खड़ा करके उस पर मर्मान्तक आघात किया।

पिता के विरुद्ध जवाहरसिंह के विद्रोह का वर्णन करने से पहले सूरजमल के घरेलू मामलों की चर्चा कर देना उपयोगी होगा, क्योंकि इनका उस झगड़े पर बहुत प्रभाव रहा, जो बढ़ते-बढ़ते चिन्ताजनक सीमा तक जा पहुँचा और उसकी शाखा-प्रशाखाएँ दूर-दूर तक फैल गईं। फ़िलिप मेसन भारतीय सेना की सराहना करते हुए अपने इतिहास में लिखता है—"उत्तरकालीन मुग़ल सम्राटों के किसी पुत्र के लिए विद्रोह बहुत कुछ वैसा ही था, जैसा कि किसी निर्वाचन-क्षेत्र को पटाना। इससे महत्त्वाकांक्षा प्रकट होती थी, साथियों की परख हो जाती थी, अनुभव प्राप्त हो जाता था और इससे राजसिंहासन तक पहुँचने का मार्ग भी साफ़ हो सकता था।"[1]

विद्रोह का रोग संक्रामक था। अफ़गान, राजपूत, मराठे, सिख और जाट भी इससे ग्रस्त हो गए थे, लेकिन इससे उनका कुछ भी भला नहीं हुआ। विद्रोह कर बैठना एक बात है और उसे सफल बना पाना बिलकुल दूसरी बात। इस विशिष्ट मनोरंजन में हताहतों का अनुपात कुछ अधिक ही रहता है।

यद्यपि इस विषय में निश्चयपूर्वक कुछ नहीं कहा जा सकता, फिर भी किंवदन्ती है कि राजा सूरजमल की चौदह पत्नियाँ थीं, जिनमें सबसे प्रसिद्ध दो हैं—रानी हँसिया और रानी किशोरी। रानी हँसिया सलीमपुर कलाँ की थी और रानी किशोरी होडल की; उसका पिता चौधरी काशीराम वहाँ का काफ़ी प्रभावशाली और धनी व्यक्ति था। विवाह को राजनीतिक साधन बनाने में सूरजमल अपने पिता के चरण-चिह्नों पर चला था। रानी हँसिया का पुत्र नाहरसिंह था, जो अच्छा आदमी नहीं था और यह एक रहस्य ही है कि सूरजमल ने उसे अपना उत्तराधिकारी बनाने का विचार भी क्यों किया ? तीसरी पत्नी थी गंगा, जिसके दो पुत्र थे—जवाहरसिंह और रतनसिंह। ठाकुर गंगासिंह ने अपने ग्रन्थ 'यदुवंश' में लिखा है कि रानी गंगा चौहान राजपूत थी, परन्तु अन्य लेखकों का कथन है कि वह गोरी राजपूत थी। कर्नल टॉड के इस कथन के समर्थन में कोई प्रमाण उपलब्ध नहीं है कि जवाहरसिंह एक कुर्मी (निम्न जाति) महिला का पुत्र था। परन्तु यह विचार-विमर्श निरर्थक है और हमें इस पर देर तक अटकने की आवश्यकता नहीं है। रानी कावरिया और रानी खेतकुमारी ने क्रमशः नवलसिंह और रणजीतसिंह को जन्म दिया। रानी किशोरी के कोई सन्तान नहीं थी; उसने जवाहरसिंह को गोद ले लिया। जवाहरसिंह के साथ अन्य चार भाइयों की कोई बराबरी थी ही नहीं। उसमें गुण तो कम नहीं थे, परन्तु उसके स्वभाव के दोष उन गुणों की अपेक्षा कहीं अधिक थे। वह क्रोधी स्वभाव का था और धैर्य तथा शान्तिपूर्ण लगन के मूल्य को नहीं समझ पाया था। अनियन्त्रित महत्त्वाकांक्षा

1. फ़िलिप मेसन, 'ए मैटर ऑफ़ ऑनर,' पृ. 92

विनाश का कारण बनती है। जवाहरसिंह में साहस इतना अधिक था कि दोष की सीमा तक पहुँच गया था। अपनी झोंक में आकर वह औरों की बुद्धिमत्ता की अवहेलना कर देता था। वह खुशामद से रीझ जाता था और आलोचना ज़रा भी नहीं सह सकता था। उसे यह ग़लतफ़हमी थी कि जो लोग नरमी से काम लेते हैं, वे यश और धन अर्जित नहीं कर पाते। उसमें न तो अपने पिता की-सी निष्कपट भावना थी, न सतर्क समझदारी। जवाहरसिंह के निरन्तर चिड़चिड़ेपन के फलस्वरूप पहले मतभेद और उसके बाद विद्रोह होना अवश्यंभावी था। छोटी-छोटी बातों पर छोटे-छोटे मतभेद प्रायः बड़े संघर्षों का कारण बन जाते हैं। किसी ज्ञानी पुरुष ने कहा है–"जो धनुष झुक सकता है, उसका बाण बहुत दूर जाता है।" जवाहरसिंह झुक ही नहीं सकता था।

कलह का आरम्भ तब हुआ, जब सूरजमल ने जवाहरसिंह की निरन्तर बढ़ती धन की माँगों को पूरा करने में आनाकानी की। सूरजमल धन के विषय में सावधान था, परन्तु उसका पुत्र नहीं। जवाहरसिंह का रहन-सहन ऐसा था कि आय और व्यय में कहीं दूर तक का कोई सम्बन्ध जोड़ने की गुंजाइश नहीं थी। सूरजमल अपने ऊपर बहुत कम ख़र्च करता था और अपने विचार से उसने अपने निरन्तर माँग करते रहनेवाले पुत्र के लिए पर्याप्त धन की व्यवस्था की हुई थी। जैसा कि सदा होता है, खुशामदी लोगों और दरबारियों ने झगड़ा खड़ा किया। जवाहर ने अपने आसपास ऐसे युवक सामन्तों का एक झुंड जमा कर लिया था जो उसकी दुर्बलताओं का लाभ उठाते थे और उसे उकसाते रहते थे। जवाहरसिंह अपने पिता के साथ कई सफल अभियानों पर गया था और दिल्ली में सम्राट के दरबार और जयपुर के दरबार में भी जा चुका था। उसे कोई कारण दिखाई न पड़ता था कि वह–हिन्दुस्तान के सबसे धनी और सबसे सशक्त कहे जा सकनेवाले शासक का पुत्र, क्यों कम ठाठ-बाट से रहे या उसे किसी भी चीज़ की कमी क्यों रहे ? सूरजमल को फ़िजूलख़र्ची बिलकुल पसन्द नहीं थी; वह उसे समझाता-बुझाता भी था, परन्तु जवाहर पर उसका कोई असर नहीं होता था। जवाहर को खुश करने के लिए उसने उसे डीग का क़िलेदार (कमांडेंट) बना दिया। इस पद और स्थान–दोनों से ही किसी भी समझदार पुरुष को सन्तुष्ट हो जाना चाहिए था, परन्तु जवाहरसिंह के जीवन में समझदारी का स्थान नहीं के बराबर था। उसके पिता ने उसे सलाह दी कि अच्छे साथियों की संगति में रहे, परन्तु उसने उस पर ध्यान नहीं दिया। अनिवार्यतः भरतपुर-दरबार गुटों में बँट गया। राजकुमारों में भी वैसी ही फूट थी, जैसी कि दरबारियों में और "एक-दूसरे के प्रति उनकी भावना भाईचारे की नहीं, अपितु भ्रातृघात की थी।"

एक गुट के नेता वयोवृद्ध बलराम और मोहनराम थे। इनमें से पहला सूरजमल का साला और सेना का अध्यक्ष तथा भरतपुर का राज्यपाल था। मोहनराम वित्त तथा राजकीय तोपख़ाने का अध्यक्ष था। वे और जवाहर एक-दूसरे को फूटी आँखों देख नहीं सकते थे। वे दोनों प्रभावशाली पुरुष थे, जिनकी बात सूरजमल और रानी हँसिया सुनते और मानते थे।

युवक सामन्त इस वृद्ध गुट की गतिविधियों को पसन्द नहीं करते थे और वे जवाहरसिंह की ओर आकर्षित हो गए। इनमें ठाकुर रतनसिंह, ठाकुर अजीतसिंह, राजकुमार रतनसिंह और रानी गंगा भी सम्मिलित थी।

तीसरे गुट की नेता थी रानी किशोरी। इसका सबसे प्रमुख सदस्य था—रूपराम कटारिया। उसने पिता और पुत्र में मेल करा देने की भरसक चेष्टा की, परन्तु विफल रहा। एक और सक्रिय सामन्त था, गाड़ोली गाँव का सरदार ठाकुर सभाराम। वह धनी था और समय-समय पर जवाहरसिंह को बड़ी-बड़ी धन-राशियाँ भेंट देता रहता था। एक बार सभाराम ने जवाहरसिंह को सात लाख रुपए दिए। जब राजा सूरजमल ने उसे डाँटा कि इस प्रकार वह जवाहर की आदत बिगाड़ देगा, तब सभाराम ने शान्तिपूर्वक उत्तर दिया—"चिड़ियों के पानी पीने से तालाब ख़ाली नहीं होता। मेरे पास बहुत रुपया है। फिर, मैं तो उसे अपना भतीजा मानता हूँ।"

ठाकुर बदनसिंह की मृत्यु के बाद स्थिति पराकाष्ठा पर पहुँच गई। अपने जीवन में पहली बार सूरजमल ने कच्ची बाज़ी खेली और यह इशारा दिया कि उसका उत्तराधिकारी नाहरसिंह बनेगा। "सूरजमल ने यह ठीक ही भाँप लिया था कि उसका पुत्र (जवाहर) जाटों के विनाश का कारण बनेगा।"[1] अपने पिता का यह निर्णय जवाहरसिंह को एकदम अमान्य था और उसने बिना कुछ हायतौबा मचाए स्वयं को स्वतन्त्र घोषित कर दिया। इसके लिए बढ़ावा उसके साथी युवक सामन्तों ने दिया। जब सूरजमल ने जवाहरसिंह को होश में लाने के सब शान्तिपूर्ण उपाय आज़माकर देख लिए और कोई लाभ न हुआ, तब उसके सम्मुख इसके सिवाय कोई विकल्प ही न रहा कि वह अपने विद्रोही पुत्र पर चढ़ाई कर दे। जवाहरसिंह ने दिखा दिया कि वह भी मिट्टी का लौंदा नहीं है। उसने कड़ा प्रतिरोध किया। उसने डीग के क़िले से बाहर निकलकर सूरजमल की सेना पर आक्रमण किया। "शहर के परकोटे के नीचे जमकर लड़ाई हुई। जिन बदमाशों ने जवाहरसिंह को इस दुष्कर्म के लिए भड़काया था, उन्हें पीछे धकेल दिया गया। परन्तु जवाहरसिंह झपटकर वहाँ जा पहुँचा जहाँ घनघोर युद्ध हो रहा था और असाधारण वीरतापूर्वक लड़ने लगा। उसे एक तलवार लगी, एक बर्छा लगा और

1. वैंदेल, 'और्म की पांडुलिपि'।

बन्दूक की एक गोली उसके पेट के निचले भाग में लगी और पार हो गई। वह बुरी तरह घायल हो गया। अपने पुत्र के घावों को देखकर सूरजमल को उससे भी अधिक व्यथा हुई, जितनी कि डीग के विनाश से हुई थी। वह बदहवास होकर अपने पुत्र को उन लोगों के हाथों से छीन लेने को झपटा, जो उसके सब निषेधों और चीख़-पुकार की परवाह न करते हुए उसका मलीदा बनाए दे रहे थे।"[1] उसके घावों को भरने में बहुत समय लगा और जवाहरसिंह के अंग कभी भी पूरी तरह ठीक नहीं हुए। वह जीवन-भर लँगड़ाता रहा।

यहाँ तक तो फ़ादर वैंदेल का विवरण प्रामाणिक जान पड़ता है, परन्तु इससे आगे उसकी उर्वर कल्पना ऊँची उड़ान भरने लगती है। वह कहता है—"यद्यपि यह बिलकुल सत्य है कि जवाहरसिंह इस अप्रिय कार्य में कुछ तो अपने स्वभाव के कारण और कुछ अपने साथियों की सलाह के कारण फँसा था, फिर भी यह सत्य है कि उसका पिता सूरजमल उससे अधिक टोका-टाकी करता था; उसकी कंजूसी के कारण जवाहरसिंह स्वयं को ग़रीब अनुभव करता था। इस कारण और जवाहरसिंह को उसके वीरतापूर्ण कार्यों के लिए धन देते रहनेवाले लोगों की दुष्टता के कारण जवाहरसिंह अन्त में वह हिंसात्मक क़दम उठाने के लिए विवश हो गया था, जिसके लिए उसे उचित ही धिक्कारा गया है। उन दोनों में मनमुटाव का एक और भी कारण था। अपनी मृत्यु से पूर्व बदनसिंह ने युवक जवाहरसिंह को (जो उसे बहुत प्रिय था और जिसे वह औरों से अधिक पसन्द करता था) एक कागज़ का पुर्ज़ा दिया था। यह समझा जाता था कि इसमें एक बहुत बड़े, छिपाकर रखे गए ख़ज़ाने की जानकारी दी गई थी। सूरजमल कागज़ के इस पुर्ज़े को प्राप्त करने के लिए बहुत बेचैन था। जो बात मैं सुनाने लगा हूँ, वह इसलिए बहुत अधिक सम्भव जान पड़ती है, क्योंकि सभी भरोसे-योग्य लोगों ने, निरपवाद रूप से मुझे इसकी सत्यता का विश्वास दिलाया है। प्रतीत होता है कि उसी दिन और उसी समय, जबकि सूरजमल के सामने ही जवाहरसिंह के घावों की मरहम-पट्टी हो रही थी, जवाहरसिंह बेहोश हो गया और बिलकुल मरने को हो गया। तब सूरजमल से रहा नहीं गया और उसने जवाहरसिंह से कई बार पूछा—बाबा ने जो कागज का पुर्ज़ा दिया था, वह कहाँ रखा है ? इस पर जवाहरसिंह ने सिर दूसरी ओर फेर लिया और हाथ से इशारा किया, जिससे सूरजमल के लोभी स्वभाव के प्रति अरुचि प्रकट होती थी, जो ऐसी दशा में अपनी आँखों के सामने मरते हुए पुत्र की अपेक्षा उस ख़ज़ाने के लिए अधिक चिन्तित जान पड़ता था।"[2]

1. वैंदेल, 'औेर्म की पांडुलिपि'।
2. वही।

यह वर्णन न केवल काल्पनिक है, अपितु बेहूदगी की सीमा तक जा पहुँचा है। क्या हम यह कल्पना कर सकते हैं कि सूरजमल एक ओर तो अपने पुत्र की जीवन-रक्षा के लिए प्रार्थना कर रहा हो और दूसरी ओर अपने मृतप्राय पुत्र से बदनसिंह के उस पुर्ज़े को माँग रहा हो, जिसका कभी कोई अस्तित्व था ही नहीं ? और वह भी सब लोगों के सामने ? इतना ही बेहूदा यह सुझाव भी है कि बदनसिंह कोई रहस्य जवाहरसिंह को तो बताने को तैयार था, किन्तु सूरजमल को नहीं, जो पिछले बीस वर्षों से राज्य का वास्तविक शासक था। यह बात सोची भी नहीं जा सकती है कि सूरजमल के पिता ने उसे विश्वासपात्र न माना हो। अतः हम वैंदेल के कथन को अमान्य कर सकते हैं, वैसे ही जैसे कि हमें उसके इस आरोप को करना होगा कि सूरजमल बदनसिंह का पुत्र नहीं था।

इस विषय में तो विवाद ही नहीं है कि इस उग्र तथा दुखद कलह से पिता और पुत्र के आपसी सम्बन्धों में कटुता आ गई। सूरजमल को भविष्य के विषय में आशंका होने लगी। इस बात का कोई भरोसा नहीं था कि उसकी मृत्यु के उपरान्त उसके पुत्रों में भ्रातृघाती युद्ध न होगा। जवाहरसिंह को लड़ने से आनन्द आता था। यह ऐसा भविष्य नहीं था, जिसे सोचकर सूरजमल को आनन्द हो सकता। उसे पता था कि बलराम और मोहनराम जवाहरसिंह को अपना शासक स्वीकार नहीं करेंगे। आवश्यकता हुई तो वे लड़कर इसका फ़ैसला करेंगे। अन्ततोगत्वा विजेता कोई न होगा और इससे हानि जाट-राष्ट्र को पहुँचेगी। कानूनगो का कथन है कि जवाहरसिंह अपने लोगों को समझ नहीं पाया था, जबकि उसका पिता समझता था—"जवाहर अभिजात-वर्गीय होने का दिखावा करता था और अपने निकटतम सम्बन्धियों तथा रिश्तेदारों को यह जताए बिना न रहता था कि वह अपने कुल के कारण उनसे बड़ा है और उन पर शासन करने का हक़दार है। हर-एक जाट को यही बात सबसे बुरी लगती है; वह अफ़ग़ानों की तरह किसी भी झूठे दावेदार को उसके मुँह पर यह कहते नहीं डरता कि 'तू ऐसा क्या है, जो मैं नहीं हूँ ? तू ऐसा क्या बन जाएगा, जो मैं नहीं बनूँगा ?' इसके अलावा, इस राजकुमार का चरित्र भी ऐसा था कि उससे अन्य लोगों में विश्वास बिलकुल उत्पन्न नहीं होता था।"[1]

सूरजमल की सभी आशंकाएँ आगे चलकर सत्य सिद्ध हुईं। जवाहरसिंह ने अपने पिता की मृत्यु के पश्चात ठीक वही कुछ किया, जिसकी उसके पिता को आशंका थी। उसके पिता और दादा ने इतने कठिन परिश्रम से जो कुछ जीता और जमा किया था, उस सबको प्रायः गँवाते और नष्ट करते उसे ज़रा देर नहीं लगी।

1. के.आर. कानूनगो, 'हिस्ट्री ऑफ़ द जाट्स', पृ. 165

7

सूरजमल बनाम अहमदशाह अब्दाली

अठारहवीं शताब्दी के हिन्दुस्तान के उथल-पुथल और अशान्ति से भरे इतिहास में अब हम ऐसे स्थल पर पहुँच गए हैं; जहाँ सत्ता के लिए जूझ रहे विभिन्न दावेदारों की अन्तिम रूप से पहचान कर पाना सम्भव है। यह थे—मराठे, अफ़ग़ान और जाट। राजपूत और रुहेले भी बीच-बीच में अपनी उपस्थिति का भान कराते रहते थे, परन्तु उनकी भूमिका गौण और सीमित थी। अन्त में सिख थे, जिन्होंने एक वीर जाट बाबा आलासिंह के नेतृत्व में सरहिन्द ज़िले में एक सुदृढ़ राज्य बना लिया था। उसके कुछ ही समय पश्चात माँझा सिखों ने पंजाब के विस्तृत प्रदेशों पर अधिकार जमा लिया। व्यवहारतः सभी प्रकार से ये लोग स्वाधीन थे, परन्तु इनमें से प्रत्येक दिल्ली के सम्राट को अपना प्रभु मानता था और उसके नाम पर ही काम करना चाहता था। नीरद चौधरी ने इस बात को बहुत बढ़िया तरीक़े से इन शब्दों में प्रस्तुत किया है—“अकबर से लेकर औरंगजेब तक, चार मुग़ल सम्राटों की शक्ति और प्रतिष्ठा जो कुछ कर पाई, वह बस इतना था कि उनके बाद यह शक्तिहीन राजवंश भारत के सब अधीनस्थ शासकों के लिए वैध प्रतिष्ठा का आधार बना रहा। हो सकता था कि वस्तुतः वे सब (अधीनस्थ शासक) स्वाधीन हों, परन्तु सम्राट से मंजूरी पाए बिना उनमें से कोई भी बाक़ायदा वैध नहीं कहला सकता था।”[1] यह हालत तब थी, जब कि आलमगीर द्वितीय जैसा निस्तेज एवं नगण्य पुरुष सम्राट था।

हमें उस चिरस्थायी सम्भ्रम और उन अशोभन कपट-जालों में भटकते रहने की ज़रूरत नहीं है, जिन्होंने जीवन को निकृष्ट बना दिया था और राजमुकुट की गरिमा को कलंकित कर दिया था। वज़ीर और बख़्शी आपस में झगड़ते थे और शासन ठप हो गया था। संक्षेप में कहें तो मुग़ल साम्राज्य एक जीवन्त अराजकता

1. नीरद सी. चौधरी, 'क्लाइव ऑफ़ इंडिया,' पृ. 19

मात्र रह गया था। उसकी सर्वांगीण दुर्बलता और जर्जरता को उघाड़कर रख देने के लिए केवल एक साहसी पुरुष की आवश्यकता थी। दो दशाब्दी पहले यह काम नादिरशाह ने किया था। इस बार उत्तर का एक साहसी योद्धा, अहमदशाह अब्दाली साम्राज्य को और भी पंगु बना देनेवाला था। 9 जून, 1747 को नादिरशाह की हत्या हो जाने के बाद अफ़ग़ानों को अहमद शाह अब्दाली के रूप में एक प्रतिभाशाली नेता मिल गया था। परन्तु अब्दाली की प्रतिभा धर्मान्ध क्रूरता की प्रवृत्ति तथा क्षुद्र लोभ से दूषित थी। वह बाबर नहीं था, बल्कि एक साहसी सट्टेबाज़ मात्र था। उसने विजय तो प्राप्त की, परन्तु निर्माण-कार्य कुछ नहीं किया; विनाश तो किया, पर बनाया कुछ नहीं। समझौता नहीं, अपितु संघर्ष उसकी प्रतिभा के अधिक अनुकूल था। वह हिन्दुस्तान के लिए कोई अपरिचित व्यक्ति नहीं था। पंजाब में वह जो धावे बोलता रहा था, वे अलक्षित नहीं रहे थे। नादिरशाह का, जिसका कि वह नौकर रह चुका था, उत्तराधिकारी बनने पर अब्दाली ने 'दुर्र-ए-दुर्रानी' (मोतियों का मोती) उपाधि धारण की। सन् 1756 में उसने पंजाब को पूरी तरह जीत लिया और वह दिल्ली की ओर बढ़ चला। "उधर महान मुग़ल और उसके महान सामन्त चुपचाप उस अफ़ग़ान के पैरों में पड़ गए। उन्होंने अपने साम्राज्य और लोगों की रक्षा के लिए, यहाँ तक कि अपने इष्ट प्रियजनों की रक्षा के लिए भी कनिकी अँगुली तक नहीं हिलाई। शाह को मराठों और जाटों में अड़ियलपन की बू अवश्य आई। उसके शस्त्रों का जो भी थोड़ा-सा विरोध हुआ, वह केवल इन्हीं लोगों की ओर से हुआ।"[1]

जब अब्दाली के तेज़ी से बढ़ते जाने की ख़बर दिल्ली पहुँची, तब अधिकांश लोगों ने अपनी स्त्रियाँ और बच्चे राजधानी से बाहर भेज दिए—मुख्य रूप से मथुरा, जो सूरजमल के अधिकार में था। इमाद नजीब का समर्थन प्राप्त करने में असफल रहा और तब उसने अपने एक प्रिय विश्वासपात्र इबादुल्ला ख़ाँ कश्मीरी से सलाह माँगी। उसने इमाद को सुझाव दिया कि वह जाटों और मराठों से सहायता माँगे। वज़ीर की ओर से तुरन्त राजा सूरजमल और दिल्ली में मराठा-प्रतिनिधि अन्ताजी मानकेश्वर को पत्र भेजे गए। वज़ीर की ओर से समझौते की चर्चा राजा नागरमल ने की। सूरजमल के मन में इमाद के प्रति कोई प्रेम नहीं था, क्योंकि इमाद नवाब सफ़दरजंग का पक्ष लेने के कारण सूरजमल का निरन्तर विरोध करता रहा था, परन्तु उसने वज़ीर की पुकार का उत्तर दिया (यहाँ हमें एक ऐसा राजमर्मज्ञ दिखाई पड़ता है, जिसकी दृष्टि अपने हित को कभी ओझल नहीं होने देती) और वह नागरमल से तिलपत में मिला। अमीर-उल-उमरा

1. गंडासिंह, 'अहमदशाह अब्दाली,' पृ. 170

नजीब ख़ाँ रुहेला भी उपस्थित था। जाट-सरदार से उसकी यह सम्भवतः पहली ही भेंट थी। ऐसा लगता है कि उनका यह आरम्भिक मिलन ठीक नहीं रहा, हालाँकि नागरमल के साथ काफ़ी लम्बी चर्चा के बाद भी फल कुछ नहीं निकला। सूरजमल का विचार था कि युद्ध का नेतृत्व वज़ीर को अपने हाथ में लेना चाहिए और रुहेलों, जाटों, राजपूतों और मुग़लों को इकट्ठा संगठित कर लेना चाहिए; वज़ीर को यह भी चाहिए कि मराठों को इस बात के लिए मना ले कि वे नर्मदा के पार लौट जाएँ और इसके बाद वह अब्दाली से निपटें। परन्तु इमाद का मत जाट-राजा से नहीं मिला, क्योंकि इस अवस्था में वह मराठों से सम्बन्ध-विच्छेद नहीं करना चाहता था; उसे नजीब की रोकथाम के लिए उनकी आवश्यकता थी। इमाद को यह भी भय था कि कहीं सूरजमल और नजीब उसके विरुद्ध मिलकर एक न हो जाएँ। इसलिए आश्चर्य नहीं कि बातचीत बीच में ही टूट गई। सूरजमल भरतपुर लौट गया, परन्तु वह अपने पुत्र जवाहरसिंह को, जो अस्थायी रूप से सुधर गया था, दिल्ली के निकट ही छोड़ गया और कह गया कि वह अपने आँख-कान खुले रखें।

अब्दाली की प्रगति तीव्र रही। इमाद केवल ज्योतिषियों से परामर्श करता रहा या "नदी के किनारे सैनिक वेशभूषा में झरोखे के नीचे खड़ा होकर घंटों तक नदी की परली पार शत्रु सैनिकों को देखता-भर रहा।" 17-18 जनवरी, 1757 की रात को नजीब ख़ाँ ने अपने इरादों को गुप्त रखने का ढोंग त्याग दिया। उसे भय था कि इमाद और मराठे आपस में मिल जाएँगे, इसलिए वह गुप-चुप अब्दाली से सम्पर्क बनाए हुए था। इस सरदी की रात में वह नदी पार करके अब्दाली के साथ जा मिला। इमाद-उल-मुल्क में जो थोड़ा-सा अभिमान बाक़ी बचा था, उसे भी वह घोलकर पी गया और उसने सूरजमल से समझौता कर लिया। इतना ही नहीं, उसने अपना परिवार भी डीग भेज दिया, जो इस समय उपद्रवशून्य शरणस्थल था। अब्दाली का प्रतिरोध केवल अन्ताजी मानकेश्वर ने 21 जनवरी को किया, परन्तु वह भी आसानी से पराजित हो गया। 27 जनवरी को अब्दाली ने दिल्ली के बाहरी अंचल में प्रवेश किया। सम्राट आलमगीर द्वितीय को वहाँ आकर मिलने के लिए उसने पहले ही कहलवा भेजा था। चुभती बात कहने और ताना देने की अब्दाली की प्रतिभा अद्‌भुत थी। उसने आलमगीर को एक सन्देश भेजा था, कृपा-भाव जताने की दृष्टि से इसका जोड़ मिलना मुश्किल ही है—"मैं हिन्दुस्तान का साम्राज्य आपको प्रदान करता हूँ। पूरी राजकीय सजधज के साथ मुझसे मिलने आइए।" 29 जनवरी को दोनों सम्राटों का एक सम्मिलित सार्वजनिक दरबार लगा। अब्दाली के नाम के सिक्के जारी किए गए। इमाद ने दीनतापूर्वक आत्मसमर्पण कर दिया; उससे वज़ीर का पद और एक

करोड़ रुपए ले लिए गए। उसके बाद दिल्ली की यातना शुरू हुई। यह सन् 1739 की पुनरावृत्ति थी। अब्दाली ने अपना धन्धा नादिरशाह से सीखा था। अधिकतम शान्त और आवेशहीन ढंग से उसने निर्दोष लोगों के क़त्लेआम का आदेश दिया। उसका दिल किसी भी बात से दहलता नहीं था। क्रूरता उसका स्वभाव थी। पूरे एक महीने तक उसने राजधानी में आतंक फैलाए रखा। 22 फ़रवरी, 1757 को "दिल्ली में अपना काम निपटाकर और आलमगीर द्वितीय को उसका राज-सिंहासन दुबारा देकर अहमदशाह दुर्रानी ने जाट-राजा से राज-कर वसूल करने के लिए दक्षिण की ओर कूच किया।"[1]

अब्दाली को सूरजमल से कई हिसाब निपटाने थे। उसे सूरजमल के धन की चाह थी। उस समय हिन्दुस्तान में सूरजमल के बराबर धन किसी के पास नहीं था, फिर उससे अधिक का तो कहना ही क्या ? जाट-राजा ने अन्ताजी मानकेश्वर और इमाद के परिवार को शरण देकर जले पर नमक और छिड़क दिया था। इससे पहले अब्दाली ने सूरजमल के पास सन्देश भिजवाया था कि वह राज-कर देने के लिए उसके पास हाज़िर हो, उसके झंडे के नीचे रहकर सेवा करे और जिन इलाक़ों को उसने हाल ही में हथियाया है, उन्हें लौटा दे। सूरजमल ने इस बुलावे की परवाह नहीं की। मथुरा की रक्षा का भार जवाहरसिंह को सौंपकर वह डीग लौट गया। लेकिन बात यहीं ख़त्म नहीं हो गई। सूरजमल ने न केवल जाने-माने शरणार्थियों को अब्दाली के हवाले करने से इंकार कर दिया, बल्कि शाह के प्रतिनिधियों के हाथ उसने जो उत्तर भेजे, वे ऐसी भाषा में थे जो किसी कूटनीतिज्ञ के लिए ईर्ष्या की वस्तु हो सकती है—"जब बड़े-बड़े ज़मींदार हुज़ूर की सेवा में हाज़िर होंगे तब यह दास भी शाही ड्योढ़ी का चुम्बन करेगा। मैं राजा नागरमल तथा अन्य लोगों को, जिन्होंने मेरे पास शरण ली है, कैसे भेज सकता हूँ ?" अन्त में जवाहरसिंह ने उतावलापन दिखाया; फ़रीदाबाद और बल्लभगढ़ के आस-पास लूटमार कर रही एक अफ़ग़ान टुकड़ी पर उसने आक्रमण किया और उसे हरा दिया। सुनकर अब्दाली गुस्से के मारे आपे से बाहर हो गया। उसने अपने वरिष्ठ सेनापति अब्दुस्समद ख़ाँ को आदेश दिया कि वह जवाहरसिंह पर घात लगाकर हमला करे। यह फँसाने की योजना लगभग सफल हो ही गई थी, परन्तु जवाहरसिंह किसी तरह सैनिकों तथा सामग्री का मामूली-सा नुक़सान उठाकर बच निकला और बल्लभगढ़ पहुँच गया। जब अब्दाली ने जाट इलाक़े की ओर प्रस्थान किया, तब सम्राट आलमगीर ने उसे विदाई दी। वह दो दिन ख़िजराबाद में रुका। 25 फ़रवरी को वह बदरपुर में था; वहाँ अब्दुस्समद ख़ाँ ने उसे बताया कि

1. जदुनाथ सरकार, 'फ़ाल ऑफ़ द मुग़ल ऐम्पायर', खंड दो, पृ. 80

जवाहरसिंह बच निकला है। अब्दाली ने बल्लभगढ़ को तुरन्त भस्मसात करने का निश्चय किया। जाटों के सैनिक ठिकानों में यह सबसे कमज़ोर था और यहाँ अहमदशाह को किसी बड़े प्रतिरोध का सामना नहीं करना पड़ा। परन्तु अभीष्ट पंछी तो उड़कर जा चुके थे। बल्लभगढ़ में अन्ताजी मानकेश्वर और शमशेर बहादुर, राजकुमार जवाहरसिंह से आ मिले थे। अब ये तीनों तीन मार्च की रात को पिछले पहर में क़िज़िलबाशों के वेश में छिपकर बच निकले। भूमि के नीचे बनी एक सुरंग में होकर वे यमुना के किनारे पहुँच गए। अब्दाली ने धावा बोलकर क़िले को जीत लिया और उसके आदेश से वहाँ किसी को ज़िन्दा नहीं छोड़ा गया। बल्लभगढ़ में उसे मिली 12,000 रुपए की तुच्छ-सी राशि, सोने-चाँदी के कुछ बरतन, चौदह घोड़े, ग्यारह ऊँट और कुछ अनाज। हिन्दुस्तान के विजेता के लिए यह बिलकुल नगण्य वस्तु थी।

अब्दाली ने निश्चय किया था कि बल्लभगढ़ के घेरे का संचालन वह स्वयं करेगा। उसने नजीबुद्दौला और जहान ख़ाँ को 20,000 सैनिकों के साथ अलग भेज दिया और उन्हें ये कुख्यात आदेश दिए–"उस अभागे जाट के राज्य में घुस जाओ; उसके हर शहर और हर ज़िले को लूटकर उजाड़ दो। मथुरा नगर हिन्दुओं का तीर्थ है। मैंने सुना है कि सूरजमल वहीं है। इस पूरे शहर को तलवार के घाट उतार दो। जहाँ तक बस चले, उसके राज्य में और आगरा तक कुछ मत रहने दो; कोई चीज़ खड़ी न रहने पाए ?"[1] उसके अत्याचारों का कहीं अन्त ही न था। उसने एक ऐलान भी किया, जिससे उसके सैनिकों को, जहाँ भी वे जाएँ, तलवार और आग का प्रयोग करने की खुली छूट मिल गई। "जो भी कुछ वे लूट लेते, वह उनका ही हो जाता। जो भी काफ़िरों के सिर काटकर लाता, वह उन्हें मुख्य मन्त्री के तम्बू के सामने डाल देता। उनका हिसाब रखा जाता और प्रत्येक सिर के लिए सरकारी कोष से पाँच रुपए दिए जाते।"[2] यह हिन्दुओं के सबसे प्रिय आराध्य देव श्रीकृष्ण और उनकी लीलामयी गोपियों की क्रीड़ाभूमि, पवित्र ब्रज प्रदेश में पूरे जोश के साथ लड़ा जा रहा धार्मिक युद्ध था।

'इंडियन ऐंटिवैरी' (प्राचीन भारत), खंड 36, के अनुसार अब्दाली ने बल्लभगढ़ में वही सब किया, जो कुछ उसने नजीब और जहान ख़ाँ को करने को कहा था। दो दिन तक क़त्ले-आम होता रहा। "आधी रात के समय छावनी के सैनिक हमले के लिए बाहर निकले। प्रबन्ध इस तरह किया गया था–एक घुड़सवार होता और वह अपने पीछे दस से बीस तक घोड़ों को एक के पीछे एक, अगले घोड़े की पूँछ

1. के.आर. कानूनगो, 'हिस्ट्री ऑफ़ द जाट्स', पृ. 99
2. वही, पृ. 100

से बाँधे उसी प्रकार ले जाता, जैसे ऊँटों की क़तार को ले जाते हैं। प्रत्येक घुड़सवार अपने सब घोड़ों को लूट के माल से लाद लेता। उस सामान के ऊपर पकड़ी गई लड़कियाँ और दास बैठाए जाते। कटे हुए सिरों को चादरों में वैसे ही बाँधा जाता जैसे गठरी में अनाज बाँधा जाता है, और ये गठरियाँ बन्दी लोगों के सिरों पर रख दी जातीं। इस प्रकार वे छावनी में लौटते। प्रतिदिन हत्या और लूट का यही क्रम चलता। कटे हुए सिरों को इकट्ठा करके उनका स्तूप बनाया जाता और उन लोगों से, जिनके सिर पर ये रक्तरंजित गठरियाँ रखवाकर लाई जाती थीं, अनाज पिसवाया जाता और उसके बाद जब हिसाब पूरा हो जाता तब उनके भी सिर काट दिए जाते। ये हरकतें अकबराबाद (आगरा) शहर पहुँचने तक सारे रास्ते जारी रहीं; इस क्षेत्र के किसी भी भाग को बख़्शा नहीं गया।"[1]

अपने स्वामी के आदेशों को कार्यान्वित करने में नजीब और जहान ख़ाँ ने असाधारण उत्साह दिखाया। परन्तु मथुरा पहुँचने से पहले उन्हें इस पवित्र नगर से आठ मील उत्तर की ओर चौमुहा में दस हजार जाटों का सामना करना पड़ा। इससे आगे का वृत्तान्त सर जदुनाथ सरकार के शब्दों में पढ़िए—"परन्तु भगवान कृष्ण का प्रसिद्ध जन्म-स्थान संघर्ष के बिना पराजित होनेवाला नहीं था। यह सत्य है कि दिल्ली-आगरा प्रदेश और यमुना के परले किनारे के दोआब को तीन बरस तक बुरी तरह चूसते रहने के बाद मराठे भाग गए थे। इन पवित्रतम वैष्णव तीर्थों की रक्षा में एक भी मराठे का खून नहीं बहा। उनकी अखिल-भारतीय सर्वोपरिता (हिन्दू पद-पादशाही) में रक्षा का कर्तव्य नहीं आता था। परन्तु जाट-किसानों ने दृढ़ निश्चय किया था कि विनाशकारी लुटेरा उनकी लाशों के ऊपर से गुज़रकर ही ब्रज की पवित्र राजधानी तक पहुँच सकेगा।"[2] चौमुहा की लड़ाई परम साहस और सहिष्णुता की वीरगाथा है। फिर भी, इसे मुश्किल से ही कभी याद किया जाता है। मुझे यह इतनी प्रेरणाप्रद और हृदयद्रावक घटना लगती है कि मैं इस उल्लेखनीय घटना पर और अधिक प्रकाश डालने के लिए नीरद सी. चौधरी जैसे महान प्रामाणिक लेखक का सहारा लूँगा।

अब्दाली के भीषण अत्याचारों ने प्रसुप्त हिन्दू भावना को जगा दिया; इसे "मुसलमानों के विरुद्ध हिन्दू-विद्रोह के रूप में उभारा गया और इसे सोच-समझकर और सफलतापूर्वक उभारा गया। अधिकांश हिन्दू-विद्रोहियों का, जिनमें सिखों को भी सम्मिलित करना चाहूँगा, यह कहना न्यायोचित ही था कि हम धर्म के लिए लड़ रहे हैं, अपनी धर्ममय जीवन-पद्धति के लिए लड़ रहे हैं। इससे प्राचीन हिन्दू

1. 'इंडियन ऐंटिक्वैरी', खंड 36 पृ. 60
2. जदुनाथ सरकार, 'फ़ाल ऑफ़ द मुग़ल ऐम्पायर,' खंड दो, पृ. 82

युद्ध-प्रेम को एक नया रूप मिल गया और इसके फलस्वरूप उस वस्तु का जन्म हुआ, जिसे हिन्दू सैन्यवाद का पुनर्जागरण कहा जा सकता है। यहाँ तक कि इसने आधुनिक भारत की कुछ सबसे प्रसिद्ध लड़ाकू जातियों को तो ऐसे वर्गों में से निकालकर एकत्र कर दिया, जो अतीत में कभी लड़ाकू नहीं रहे थे। ये थे मराठे, मथुरा के आस-पास के जाट और सिख। मैं जाटों का उदाहरण देता हूँ, जिनका इतिहास सबसे कम ज्ञात है।

"सन् 1757 में अफ़गानिस्तान के शाह अहमदशाह अब्दाली ने मथुरा पर चढ़ाई की और आदेश दिया—'मथुरा नगर हिन्दुओं का पवित्र स्थान है। इसे तलवार के घाट उतार दिया जाए। आगरा तक एक भी इमारत खड़ी न रहने पाए।' अफ़ग़ानों की शक्ति को भली भाँति जानते हुए ब्रजभूमि के किसान राजकुमार जवाहरसिंह के नेतृत्व में रास्ते में अड़ गए। मथुरा से आठ मील दूर चौमुहा में दस हज़ार जाट नौ घंटे तक लड़े जब तक कि वे पराजित न कर दिए गए।"[1]

राजपूत अपने राज्यों में ही बैठे रहे—तुनुक-मिज़ाजी और निठल्लेपन में डूबे हुए; रखैलों और सनकी लोगों से घिरे; दिन में मदिरा से मत्त और रात्रि में श्रान्त-क्लान्त। 1 मार्च को मथुरा की जो लाज लुटनी शुरू हुई, उससे उनका कोई वास्ता ही नहीं था। शान्तिपूर्ण, अहिंसक, अरक्षित और पुजारियों से भरे नगर की नींद तोपों के गर्जन की आवाज़ से खुली। होली अभी दो दिन पहले ही मनाई गई थी और मथुरा नगर हिन्दुस्तान के सभी भागों से आए तीर्थ-यात्रियों से भरा था। वे सब नजीब और जहान ख़ाँ की तोपों के शिकार हो गए। जवाहरसिंह ने चौमुहा में जहान ख़ाँ और नजीब को बहुत मुसीबत में डाल दिया था; जब वे मथुरा पहुँचे, तब वे क्रोध से भभक रहे थे। निहत्थे और असावधान नागरिकों की दूसरी बार बिना सोचे-समझे हत्या कर देने का आदेश दिया गया। एक बीभत्स और रक्तरंजित होली खेली गई और यमुना का रंग गुलाबी हो गया। यह था अफ़गान पाशविकता तथा उग्रता का पैमाना। मानो कोढ़ में खाज पैदा करने के लिए, शहर में आग लगा दी गई। "बलात्कार की शिकार हुई स्त्रियों की कराहें और जिन माताओं की गोद से शैतानी सैनिकों ने क़त्ल करने के लिए बच्चे छीन लिए थे, उनकी चीख़ें जलती हुई गलियों में गूँजने लगीं।...विकृत हो चुके वैष्णव धर्म के अनुयायियों को, जो नदी के किनारे कुंजों में रहते हुए दिव्य गोपाल की प्रेमलीलाओं के स्वप्न देखा करते थे और भाव-विभोर दशा में उसकी प्रेमातुर वीणा का राग सुना करते थे, इसका फल भुगतना पड़ा। निरीह बाबा लोगों के गले, उनके निवास-स्थानों के अन्दर, ठीक उसी तरह काट डाले गए जैसे मुसलमान कसाई

1. नीरद सी. चौधरी, 'द कॉन्टिटेंट ऑफ़ सर्स,' पृ. 101

पशु को हलाल करते हैं। हर-एक कुटिया में एक-एक बैरागी का सिर कटा पड़ा था; उसके मुँह के साथ एक मरी हुई गाय का मुँह लगाकर उसे रस्सी से उसकी गरदन में बाँध दिया गया था।"[1]

ये कष्ट केवल हिन्दुओं को ही नहीं सहने पड़े। मथुरा में जो थोड़े-से मुसलमान रहते थे, उन पर भी अफ़ग़ानों की तलवार उतने ही ज़ोर से पड़ी। 'इंडियन ऐंटिक्वैरी' में पढ़ने को मिलता है कि मुसलमानों को यह दिखाने के लिए कि उनका ख़तना हुआ है, कपड़े उतारकर नंगा होना पड़ता था। अफ़ग़ानों ने मथुरा के लोगों पर कैसे-कैसे ज़ुल्म ढाए, यह जताने के लिए यह एक ही घटना पर्याप्त होगी। क़त्ले-आम के कुछ दिन बाद एक बिलकुल नंगा आदमी मलबे में से निकला; वह अब तक भी हक्का-बक्का-सा था; वह बड़बड़ाने लगा, "मैं मुसलमान हूँ। मैं जौहरी था। मेरी दुकान बहुत बड़ी थी। क़त्ले-आम के दिन...एक घुड़सवार नंगी तलवार लिए मेरी ओर आया। उसने मुझे मारने की कोशिश की। मैंने कहा, 'मैं मुसलमान हूँ।' उसने कहा, 'अपने गुप्त अंग दिखाओ।' मैंने कपड़ा उतार दिया। वह कहने लगा, 'तुम्हारे पास जितनी नक़दी है, वह मुझे दे दो तो मैं तुम्हें छोड़ दूँ।' मैंने उसे हज़ार रुपए दिए।" लोभ किसी प्रकार की धार्मिक बाधा नहीं मानता। मथुरा नगर धराशायी हो गया था, परन्तु लुटेरे सैनिकों की हत्या-लालसा अभी तृप्त नहीं हुई थी। 6 मार्च को उन्होंने अपना रुख़ वृन्दावन की ओर किया। वृन्दावन एक सुन्दर छोटा-सा गाँव है, जिसे हिन्दू बच्चा-बच्चा कृष्ण की क्रीड़ाभूमि के रूप में जानता है। जहान ख़ाँ के सैनिक निपुण हत्यारे थे। "जिधर भी आँख उठाओ, उधर ही मृतकों के ढेर दिखाई पड़ते थे। इतनी लाशें पड़ी थीं और इतना खून बहा था कि रास्ता चलना दूभर था। एक जगह हमने लगभग दो सौ बच्चों की लाशों का एक ढेर देखा। उनमें से एक भी लाश का सिर नहीं था।...सड़ाँध, बदबू और हवा में दुर्गन्ध इतनी अधिक थी कि मुँह खोलना या साँस तक लेना कष्टदायक था।"

अपनी धार्मिक क्षुधा को तृप्त कर लेने के बाद अब्दाली की सेनाएँ आगरा की ओर बढ़ीं। "वहाँ बहुत-से धनवान लोग थे, जो उस जाट के प्रजा-जन थे।" अब्दाली की योजना यह थी कि पहले आगरा पहुँचा जाए और उसके बाद सूरजमल के क़िलों—भरतपुर, डीग या कुम्हेर—को जीतने के लिए बढ़ा जाए और सूरजमल से अच्छी बड़ी राशि भेंट के रूप में ऐंठी जाए। आगरा में उन बड़े-बड़े धनियों की भरमार थी, जो राजधानी दिल्ली से भाग आए थे। 21 मार्च को जहान ख़ाँ ने 15,000 घुड़सवारों के साथ आगरा पर धावा बोल दिया और बड़े उत्साह

1. 'इंडियन ऐंटिक्वैरी,' खंड 36, पृ. 62

के साथ, निर्दय होकर उसे लूटा। वेंदेल लिखता है, "सूरजमल कुछ ही दूर से अपने ब्रज पर, जिसे पूरी तरह भस्मसात कर दिया गया था, आई इस महाविपत्ति को देखता रहा।"[1] यहाँ पहुँचकर अहमदशाह अब्दाली का सौभाग्य-सूर्य अस्त हो गया। देवताओं ने हस्तक्षेप किया। हैज़े की महामारी फैल गई और प्रतिदिन उसके सैकड़ों सैनिक मरने लगे। वे अफ़ग़ानिस्तान लौटने के लिए आतुर हो उठे। हैज़े की वस्तुतः कोई दवाई नहीं थी; इसके लिए इमली का रस दिया जाता था, पर वह इतना महँगा था कि दो पौंड इमली ख़रीदने के लिए सौ रुपए देने पड़ते थे। अफ़ग़ान सैनिकों ने लड़ने से इंकार कर दिया। जैसे 2,300 साल पहले सिकन्दर की सेना ने सिन्ध नदी के तट के सामने खड़े होकर उससे कह दिया था कि अब हम और नहीं लड़ेंगे, वैसी ही स्थिति अब यमुना के तट पर अहमदशाह अब्दाली की हो गई थी। अपने संग्राम को बन्द करने के सिवाय उसके सम्मुख कोई विकल्प नहीं रह गया था। उसने नजीब और जहान ख़ाँ को आदेश दिया कि वे वापस दिल्ली लौटने के लिए मथुरा में उससे आ मिलें।

26 मार्च को अब्दाली ने क़लन्दर ख़ाँ को इसलिए दिल्ली भेजा कि वह आलमगीर द्वितीय को यह सूचना दे दे कि अब्दाली ने सूरजमल के विरुद्ध युद्ध-अभियान समाप्त कर दिया और वह दिल्ली लौट रहा है। इसके साथ ही, उसने दो पत्र सूरजमल को भेजे, जिनमें धमकी दी गई थी कि यदि वह कर (नज़र) देने में आनाकानी करता रहा, तो उसके परिणाम भयंकर होंगे। सूरजमल ने अब्दाली को पाँच लाख रुपए और उसके मन्त्री को दो लाख रुपए देने का "वचन दिया था"। यह छोटी-सी रक़म थी, परन्तु हैज़े की महामारी से यह बात पक्की हो गई कि यह धन भी कभी दिया नहीं जाएगा। यह अब्दाली का उतावलापन ही था कि उसने पत्र में यह संकेत किया था कि भरतपुर, डीग और कुम्हेर के क़िलों को भूमिसात कर दिया जाएगा।

सूरजमल का उत्तर पत्र-लेखन-कला का उत्कृष्ट उदाहरण है। इसमें दृढ़ता के साथ चतुराई का, अप्रतिम साहस के साथ खिझानेवाली स्पष्टवादिता का, अभिमान के साथ विनय का मिश्रण है; इनके अलावा, यह बड़ी धीरता से भरा पत्र है। इस परास्त कर देनेवाले पत्र से अब्दाली को अवश्य ही यह बात समझ आ गई होगी कि सूरजमल कोई अकर्मण्य राजा नहीं है। राजा सूरजमल ने लिखा था—

> हिन्दुस्तान के साम्राज्य में मेरी कोई महत्त्वपूर्ण स्थिति और शक्ति नहीं है। मैं रेगिस्तान में रहनेवाला एक ज़मींदार हूँ और मेरी कोई क़ीमत नहीं है, इसीलिए इस काल के किसी भी सम्राट ने मेरे मामलों में दख़ल देना अपनी

1. वैंदेल, 'औमं की पांडुलिपि'।

प्रतिष्ठा के अनुरूप नहीं समझा। अब हुजूर जैसे एक शक्तिशाली सम्राट ने युद्ध के मैदान में मुझसे मिलने और मुक़ाबला करने का दृढ़ निश्चय किया है और इस नगण्य-से व्यक्ति के विरुद्ध अपनी सेनाएँ ला खड़ी की हैं। ख़ाली यह कार्रवाई ही शाह की शान और बड़प्पन के लिए शर्मनाक होगी; इससे (लोगों की निगाहों में) मेरी स्थिति ऊँची होने में सहायता मिलेगी और मुझ जैसे तुच्छ व्यक्ति के लिए यह अभिमान की वस्तु होगी। दुनिया कहेगी कि ईरान और तूरान के शाह ने बहुत ही ज़्यादा डरकर, अपनी सेनाएँ लेकर एक कंगाल बंजारे पर चढ़ाई कर दी। केवल ये शब्द ही राजमुकुट प्रदान करनेवाले हुज़ूर के लिए कितनी शर्म की चीज़ होंगे ! फिर अन्तिम परिणाम भी अनिश्चितता से पूरी तरह रहित नहीं है। यदि, इतनी शक्ति और साज़-सामान लेकर आप मुझ जैसे कमज़ोर को बरबाद कर देने में सफल भी हो जाएँ, तो उससे आपको क्या यश मिलेगा ? मेरे बारे में लोग केवल यही कहेंगे, 'उस बेचारे की ताक़त और हैसियत ही कितनी-सी थी !' परन्तु यदि भगवान की इच्छा से, जो किसी को भी मालूम नहीं है, मामला कहीं उलट गया, तो उसका परिणाम क्या होगा ? यह सारी शक्ति और प्रभुत्व, जो हुज़ूर के बहादुर सिपाहियों ने ग्यारह बरसों में जुटाया है, पल-भर में ग़ायब हो जाएगा।

यह अचरज की बात है कि इतने बड़े दिलवाले हुज़ूर ने इस छोटी-सी बात पर विचार नहीं किया और इतनी सारी भीड़भाड़ और इतने बड़े लाव-लश्कर के साथ इस सीधे-सादे तुच्छ-से अभियान पर स्वयं आने का कष्ट उठाया। जहाँ तक मुझे और मेरे देश को क़त्ल करने और बरबाद कर देने की धमकी-भरा प्रचंड आदेश देने का प्रश्न है, वीरों को इस बात का कोई भय नहीं हुआ करता। सभी को मालूम है कि कोई भी समझदार व्यक्ति इस क्षण-भंगुर जीवन पर तनिक भी भरोसा नहीं करता। रही मेरी बात, मैं जीवन के पचास सोपानों को पहले ही पार कर चुका हूँ और अभी कितने बाक़ी हैं, यह मुझे कुछ पता नहीं। मेरे लिए इससे बढ़कर वरदान और कुछ नहीं हो सकता कि मैं बलिदान के अमृत का पान करूँ—यह देर-सबेर योद्धाओं के अखाड़े में और युद्ध के मैदान में वीर सैनिकों के साथ करना ही पड़ेगा—और काल-ग्रन्थ के पृष्ठों पर अपना और अपने पूर्वजों का नाम छोड़ जाऊँ, जिससे लोग याद करें कि एक बेज़ोर किसान ने एक ऐसे महान और शक्तिशाली सम्राट से बराबरी का दम भरा, जिसने बड़े-बड़े राजाओं को जीतकर अपना दास बना लिया था और वह किसान लड़ते-लड़ते वीर-गति को प्राप्त हुआ।

और ऐसा ही शुभ-संकल्प मेरे निष्ठावान अनुयायियों और साथियों के हृदय में भी विद्यमान है। यदि मैं चाहूँ भी कि आपके दैवी दरबार की देहरी पर उपस्थित होऊँ, तो भी मेरे मित्रों की प्रतिष्ठा मुझे ऐसा करने नहीं देगी। ऐसी दशा में, यदि न्याय के निर्झर हुज़ूर मुझे, जो कि तिनके-सा कमजोर हूँ, क्षमा करें और अपना ध्यान किन्हीं अन्य महत्त्वपूर्ण अभियानों पर लगाएँ, तो उससे आपकी प्रतिष्ठा या कीर्ति को कोई हानि न पहुँचेगी। मेरे इन तीन क़िलों (भरतपुर, डीग और कुम्हेर) के बारे में, जिन पर हुज़ूर को रोष है और जिन्हें हुज़ूर के सरदारों ने मकड़ी के जाले-सा कमज़ोर बतलाया है, सचाई की परख असली लड़ाई के बाद ही हो पाएगी। भगवान ने चाहा, तो वे सिकन्दर के गढ़ जैसे ही अजेय रहेंगे।

प्रोफ़ेसेर गंडासिंह ने अहमदशाह अब्दाली पर लिखी अपनी पुस्तक में क़ुदरतुल्लाह के ग्रन्थ 'जाम-ए-जहान-नामा' से एक प्रसंग उद्धृत किया है, जिसमें अहमदशाह अब्दाली के साथ सूरजमल से चली समझौता-वार्ता की चर्चा संक्षेप में की गई है—"धन से भरपूर राजकोष, सुदृढ़ दुर्गों, बहुत बड़ी सेना और प्रचुर मात्रा में युद्ध-सामग्री के कारण सूरजमल ने अपना स्थान नहीं छोड़ा और वह युद्ध की तैयारी करता रहा। उसने अहमदशाह के दूतों से कहा, 'अभी तक आप लोग भारत को नहीं जीत पाए हैं। यदि आपने एक अनुभव-शून्य बालक (इमाद-उल-मुल्क गाज़ीउद्दीन) को, जिसका कि दिल्ली पर अधिकार था, अपने अधीन कर लिया, तो इसमें घमंड की क्या बात है ! अगर आपमें सचमुच कुछ दम है, तो मुझ पर चढ़ाई करने में इतनी देर किसलिए ?' शाह जितना समझौते की कोशिश करता गया, उतना ही उस जाट का अभिमान और धृष्टता बढ़ती गई। उसने कहा, 'मैंने इन क़िलों पर बड़ा रुपया लगाया है। यदि शाह मुझसे लड़े, तो यह उसकी मुझ पर कृपा होगी, क्योंकि तब दुनिया भविष्य में यह याद रख सकेगी कि एक बादशाह बाहर से आया था और उसने दिल्ली जीत ली थी, पर वह एक मामूली-से ज़मींदार के मुक़ाबले में आकर लाचार हो गया।' जाटों के क़िलों की मज़बूती से डरकर शाह वापस चला गया; दिल्ली में सम्राट मुहम्मदशाह की पुत्री से अपना और सम्राट आलमगीर द्वितीय की पुत्री से अपने पुत्र का विवाह करके और नजीब को भारत में अपना सर्वोच्च प्रतिनिधि नियुक्त करके वह कन्धार लौट गया।"

इस प्रकार जाटों के विरुद्ध अब्दाली का संग्राम सैनिक दृष्टि से असफल रहा और राजनीतिक दृष्टि से उसे इससे कुछ न मिला। जिस समय अब्दाली दिल्ली की ओर काफ़ी दूर जा चुका था, उस समय भी सूरजमल को उस पर विश्वास नहीं था और उसने अपने दूतों को निर्देश दिया था कि वे उससे बातचीत और समझौते

की चर्चा जारी रखें। दस लाख रुपए देने का वायदा किया गया। जब अब्दाली दिल्ली पहुँच गया, तब यह स्पष्ट हो गया कि वह अफ़ग़ानिस्तान लौट रहा है। द्रुतगामी साँडनी-सवारों ने यह ख़बर सूरजमल को पहुँचाई। उसने शाह के दूतों को एक भी रुपया दिए बिना बेतकल्लुफ़ी से निकाल बाहर किया। सच तो यह है कि जाट-राजा ने बाज़ी जीत ली थी। उसके क़िलों को हाथ तक नहीं लगाया गया; दोआब में उसे नगण्य-से राज्य-क्षेत्र की हानि हुई। राजनयिक दृष्टि से उसने अब्दाली से अधिक सूझबूझ दिखाई। चौमुहा में उसके पुत्र ने जो वीरता दिखाई थी, वह अनदेखी नहीं रही। यह स्वीकार किया गया कि हिन्दुस्तान में केवल भरतपुर के जाट ही ऐसे लोग हैं, जो अपने धर्म-स्थानों की रक्षा के लिए प्राण देने को उद्यत रहते हैं।

अपने निष्ठुर पूर्ववर्ती नादिरशाह की भाँति अहमदशाह भी भारत को अपना स्थायी घर नहीं बनाना चाहता था; न वह मुग़ल-साम्राज्य को छिन्न-भिन्न करना ही चाहता था। फिर भी, वह इस बात का पक्का प्रबन्ध कर लेना चाहता था कि दिल्ली के सिंहासन पर ऐसा ही शासक बैठे, जिसे अपनी इच्छा के अनुसार चलाया जा सके। अपने हितों की सुरक्षा का पक्का प्रबन्ध करने के लिए अब्दाली ने नजीब ख़ाँ को मुग़ल दरबार में अपना प्रधान प्रतिनिधि नियुक्त किया। यह ग़रीब, निरक्षर उमर-खेल अफ़ग़ान किसी की सहायता के बिना ही यश और वैभव की सीढ़ी पर चढ़ता गया था। इस समय अब्दाली के संरक्षण का उसने स्वागत किया और उसे लपककर स्वीकार कर लिया।

अहमदशाह अब्दाली ख़ाली हाथ नहीं लौटा। चिर-पीड़ित दिल्ली नगर को इतना चूसा गया कि उसमें कुछ भी नहीं बचा। अब्दाली का लूट का माल हज़ारों ऊँटों, हाथियों और बैलों पर लादकर ले जाया गया। उनकी संख्याएँ इतनी बड़ी हैं कि पढ़कर दिमाग़ चकरा जाता है। "अब्दाली का अपना सामान 28,000 ऊँटों, हाथियों, खच्चरों, बैलों और गाड़ियों पर लदा था और 200 ऊँट उस सामान से लदे थे जो मुहम्मदशाह की विधवा पत्नियों की सम्पत्ति थी। ये विधवा पत्नियाँ भी अब्दाली के साथ जा रही थीं और यह सामान भी अब्दाली का ही हो गया था। 80,000 घुड़सवार और पैदल उसके अनुयायी थे और प्रत्येक व्यक्ति के पास अपना-अपना लूट का माल था। उसके घुड़सवार पैदल चल रहे थे, क्योंकि अपने घोड़ों पर तो उन्होंने लूट का माल लादा हुआ था। सामान ढोने के साधन प्राप्त करने के लिए अफ़ग़ान-नरेश ने किसी के भी घर में कोई घोड़ा या ऊँट न रहने दिया, यहाँ तक कि गधा भी नहीं। जिन तोपों को वह जाटों के क़िलों को जीतने के लिए लाया था, उन्हें उसने छोड़ दिया, क्योंकि उन्हें खींचनेवाले पशुओं पर तो

लूट का माल लादकर ले जाना था। उन तोपों को जाट-राजा सूरजमल अपने क़िले में ले गया। दिल्ली में किसी के भी पास एक तलवार तक न रही।"[1]

सभी प्राप्त वृत्तान्तों के अनुसार अब सूरजमल हिन्दुस्तान में सबसे धनी, सबसे बुद्धिमान (कुछ लोग शायद कहें कि सबसे काइयाँ) राजा था और वही एक ऐसा था, जिसने मराठों को 'चौथ' और 'सरदेशमुखी' न देते हुए भी उनसे अच्छे सम्बन्ध बनाए रखे। अब्दाली को उसने चकमा दे दिया था।

1. पेशवा के 'दफ़्तर' से लिए गए संकलन। उद्धृत—जदुनाथ सरकार, 'फ़ॉल ऑफ़ द मुग़ल ऐम्पायर,' खंड दो, पृ. 91

8

न युद्ध, न शान्ति

अपनी सुविचारित विनाश-लीला में अब्दाली को आनन्द आया। वह दिल्ली को ध्वस्त-विध्वस्त कर गया। पर इसकी पीठ फिरी नहीं कि प्रतिशोध-प्रिय षड्यन्त्रकारी इमाद की अल्प बुद्धि ने एक योजना तैयार की—लोगों का कष्ट कम करने के लिए नहीं, साम्राज्य के प्रशासन को सुधारने के लिए नहीं, व्यापार-वाणिज्य की उन्नति के लिए भी नहीं, अपितु नजीब को नीचा दिखाने के लिए। सम्राट आलमगीर द्वितीय एक धुँधली-सी छाया मात्र था और इन्तिज़ाम-उल-मुल्क प्रमादी और कुचक्री दरबारी था।

जो कुछ अब्दाली की आँख और हाथ से बचा रह गया था, उसे प्रकृति ने सहेज लिया। उसके प्रस्थान के कुछ ही समय बाद "सारे शहर में कँपकँपी देकर चढ़नेवाला बुख़ार ज़ोरों से फैला; उससे आँखों में तकलीफ़ रहने लगती थी। उसके बाद मार्च और अप्रैल के महीनों में दिमाग़ी बुख़ार की महामारी फैली। अनाज बहुत महँगा हो गया। मूँग की दाल की ऐसी कमी हुई कि वह रुपए की केवल आधा सेर ही मिलती थी। उड़द की दाल रुपए की पाँच सेर थी और गेहूँ नौ सैर[1]। मराठों की लूट-खसोट के कारण दवाइयाँ तक बहुत महँगी और दुर्लभ हो गईं।...सम्राट का प्रशासन ठप हो जाने के कारण चोरी और डकैती बहुत होने लगीं। शहर की पुलिस के मुखिया पर यह दोषारोपण किया जाता था कि वह चोरों को बचाता है और चोरी के माल में से हिस्सा लेता है।"[2] इतना ही नहीं, नवम्बर, 1757 में राजधानी में एक भीषण भूकम्प आया। "यह इतना ज़ोरदार था कि लगा बस प्रलय होनेवाली हैं।"[3]

---

1. एक सेर = 933 ग्राम।
2. 'दिल्ली क्रौनिकल'; उद्धृत—जदुनाथ सरकार, 'फ़ाल ऑफ़ द मुग़ल ऐम्पायर,' खंड दो, पृ. 107
3. वही, पृ. 108

इस विनाश और घोर दुर्दशा के बीच जीवन चलता रहा और उसके साथ ही सरकारी पदाधिकारियों के कभी समाप्त न होनेवाले क्षुद्र कलह भी। अभी अब्दाली मुश्किल से लाहौर ही पहुँचा था कि असुरक्षा अनुभव करते हुए इमाद ने मराठों को दिल्ली आने को कहा। रघुनाथराव की राह में जो भी पड़ा, उसे रौंदते हुए आकर उसने दिल्ली पर अधिकार कर लिया। रुहेल नजीब ने रघुनाथराव के साथी मराठा मल्हारराव होलकर से दया की याचना की और मल्हार को अपना 'धर्मपिता' कहा। रघुनाथराव ने पंजाब पर चढ़ाई की और अब्दाली के पुत्र तैमूर शाह को वहाँ से खदेड़कर अप्रैल 1758 में लाहौर पर क़ब्ज़ा कर लिया। यह मराठा शक्ति के उत्कर्ष का चरमबिन्दु था। ऐलफ़िस्टन लिखता है–"उत्तर में उनकी सीमाएँ सिन्ध और हिमालय तक पहुँच गई थीं और दक्षिण में प्रायद्वीप के लगभग अन्तिम छोर तक।" जब रघुनाथराव के सफल पराक्रमों की ख़बर पूना पहुँची, तब वहाँ बहुत खुशियाँ मनाई गईं और अटक की प्राचीरों पर 'भगवा झंडा' फहराने की अनर्गल बातें कही जाने लगीं। परन्तु मराठे अंडे देने से पहले ही उन्हें सेने की-सी बात कर रहे थे। न केवल भौगोलिक स्थिति उनके प्रतिकूल थी, अपितु उन्होंने उसका अध्ययन करने की भी कोशिश नहीं की थी।

रघुनाथराव की विजय अल्पकालिक रही। यह बिलकुल स्पष्ट था कि मराठों ने अपने पाँव चादर से बाहर पसार लिए हैं। उनके संचार-साधन उनकी विजय की-सी तेज़ चाल से नहीं बढ़ सके और न उनकी संभरण-व्यवस्था ही। साम्राज्य के निर्माण और उसे बनाए रखने के लिए घुड़कियों और आडम्बरपूर्ण भाषणों से बढ़कर भी कुछ वस्तु अपेक्षित थी–कोई कार्यक्रम, कोई योजना, कोई जीवन-दर्शन। अपने कार्यों द्वारा मराठों ने उत्तरी भारत के लोगों का प्रेम अर्जित नहीं किया था। रघुनाथराव की कुल उपलब्धि यह थी कि उसने पेशवा का लगभग दिवाला ही निकाल दिया था। अहमदशाह अब्दाली ने प्रत्याक्रमण किया–तेज़ी से तथा दृढ़ निश्चय के साथ। "उसका उद्देश्य उस हिन्दू शक्ति के साथ, जो उसकी विजय के मार्ग में बाधक थी, उसके मित्रों से दुर्व्यवहार करती थी और सच्चे अर्थ (इस्लाम) पर विश्वास करनेवालों से युद्ध करती थी, कलह का अन्तिम निर्णय कर डालना था।" रघुनाथराव सन् 1758 की ग्रीष्म ऋतु में दक्षिण लौट गया। उसके अभियानों के कारण पेशवा पर अस्सी लाख रुपए का ऋण हो गया। यद्यपि पंजाब पर उसका धावा कोई स्थायी उपलब्धि नहीं था, फिर भी उसने कुछ समय के लिए मराठों के गौरव और यश को पुनः स्थापित तो कर ही दिया। उसने राजा सूरजमल से एक मित्रतापूर्ण समझौता किया, जिसके अनुसार इस जाट-राजा ने जो इलाक़े अपने राज्य में मिला लिए थे, उनकी पुष्टि कर दी गई; इसके लिए सूरजमल ने

नज़राना देने का वचन दिया। रघुनाथराव को एक सफलता यह अवश्य मिली कि उसने सम्राट के दरबार में अपने 5,000 सैनिक तैनात करवा दिए, जिनके लिए तेरह लाख रुपए वार्षिक मिलने थे।

राजा सूरजमल ने युद्ध की पूरी तैयारी की हुई थी। उसकी एक सतर्क आँख मराठों पर थी और दूसरी अफ़ग़ान शाह पर। वह अपनी इस अस्पृहणीय स्थिति को ठीक सन्तुलित बनाए रख सके, इसके लिए असाधारण चातुर्य, पक्के दिल और दैवयोग की आवश्यकता थी। उसका सौभाग्य सदा तो बना नहीं रह सकता था। देर में नहीं, शायद जल्दी ही उसे दो में से एक ही चुनना होगा। सूरजमल की इस दुविधा को कानूनगो ने अद्भुत अन्तर्दृष्टि और सहज अनुभूति के साथ चित्रित किया है–"अब उसे अब्दाली और मराठों में से किसी एक को चुनना था–अपने धर्म-शत्रु और अपने अविवेकी धर्म-भाइयों में से एक को। अपने अखिल-हिन्दू- हितचिन्तक आदर्श के कारण उसका रुझान मराठों की ओर रहा, हालाँकि उनके व्यवहार से तसल्ली नहीं होती थी। परन्तु इतनी समझ उसमें थी कि उसने उनके आक्रमणकारी संग्रामों में उनका साथ नहीं दिया; वैसा करने से उसके साधन कम हो जाते और मुसलमान पड़ोसियों से दुश्मनी अलग ठन जाती। पर अनौपचारिक जाट-मराठा-मैत्री शुद्ध रूप से रक्षात्मक थी और विदेशी अफ़ग़ान आक्रमणकारी के विरोध में की गई थी। इस अवधि में अनेक अवसरों पर इस महान जाट-सरदार द्वारा अभिव्यक्त अनेक राजनीतिक विचार अत्यधिक प्रशंसनीय थे और यदि मराठा सरकार ने उनके अनुरूप आचरण किया होता, तो हिन्दुस्तान में उनकी वास्तविक प्रभुता बहुत समय तक अटल रहती।"[1]

सूरजमल अपने घर का मालिक स्वयं था और वह जो भी निर्णय ले, उस पर एतराज़ करनेवाला कोई न था। परन्तु मराठों की स्थिति ऐसी नहीं थी। सिन्धिया और होलकर घरानों में चिरकाल से मतभेद चले आ रहे थे और पूना में पेशवा के शिविर में विभिन्न हिंतों का प्रतिनिधित्व करनेवाले प्रभावशाली व्यक्तियों में खींच-तान चलती रहती थी।

सन् 1758 में, साबाजी सिन्धिया के अधीन एक छोटे-से सैन्य दल को लाहौर में छोड़कर मुख्य मराठा सेना पंजाब से चल पड़ी। इस समय सूरजमल ने यह सुझाव दिया था कि नजीबुद्दौला को अलग कर दिया जाए तथा अब्दाली के लिए पंचमार्गी के रूप में कार्य कर रहे अन्य रुहेला सरदारों का दमन कर दिया जाए। रघुनाथराव और दत्ताजी सिन्धिया सूरजमल के विचारों से सहमत थे, परन्तु मल्हारराव होलकर नहीं। सूरजमल ने यह भी प्रस्ताव रखा था कि इमाद से पिंड

1. के.आर. कानूनगो, 'हिस्ट्री ऑफ़ द जाट्स,' पृ. 108

छुड़ाकर सफ़दरजंग के पुत्र नवाब शुजाउद्दौला को वज़ीर का पद दिया जाए; वह धूर्त नजीबुद्दौला के लिए बढ़िया जोड़ रहेगा। इस बार फिर मल्हारराव ने ठीक उलटा एक प्रस्ताव ला रखा। उसे सूरजमल से बहुत प्रेम नहीं था। क्या खाँडेराव होलकर की मृत्यु कुम्हेर में जाटों के हाथों नहीं हुई थी ? मल्हार ने अपने 'धर्म-पुत्र' नजीब का समर्थन किया; उसकी सहायता से वह नवाब शुजाउद्दौला को कुचलकर अवध पर अपना नियन्त्रण स्थापित कर सकता था। इस प्रकार अब्दाली के विरुद्ध कोई संयुक्त मोर्चा नहीं बन सका। नवाब शुजाउद्दौला को मल्हार की योजनाओं की भनक मिल गई। यद्यपि वह भारत पर आक्रमण करने के लिए अब्दाली को निमन्त्रित करने के पक्ष में नहीं था, फिर भी उसने नजीब से समझौते की बातचीत शुरू कर दी।

आलमगीर द्वितीय की दशा शोचनीय थी। उसने गुप्त रूप से अब्दाली से अनुरोध किया कि वह आकर उसे इमाद के चंगुल से छुड़ाए। परन्तु अब्दाली को निमन्त्रण की कोई आवश्यकता नहीं थी। लाहौर से अपने पुत्र के निकाल दिए जाने से क्रुद्ध और क्षुब्ध होकर अगस्त, 1759 में उसने सिन्ध नदी को पार किया और साबाजी सिन्धिया को लाहौर खदेड़ दिया। जब उसने सुना कि इमाद ने आलमगीर द्वितीय और इन्तिज़ाम की नृशंसतापूर्वक हत्या करवा दी है और 29 नवम्बर, 1759 को शाहजहाँ द्वितीय को राजसिंहासन पर बिठा दिया है, तब उसने दिल्ली की ओर अपने प्रयाण की चाल और तेज़ कर दी। अब्दाली के साथ सभी रुहेले सरदार मिल गए। सबसे बड़ी बात यह कि अवध का नवाब शुजाउद्दौला भी उनमें जा मिला। अब यह गठबन्धन बहुत शक्तिशाली हो गया। अब्दाली ने 1760 में दत्ताजी सिन्धिया को बादली में हरा दिया और मार डाला। मराठे जमकर लड़े, परन्तु अब्दाली के बढ़िया नेतृत्व और रुहेलों की निर्भीकता से वे पार न पा सके। जनकोजी सिन्धिया बच तो गया, पर घायल बहुत बुरी तरह हुआ। उसे और मराठा महिलाओं को रूपराम कटारिया कुम्हेर ले गया और "उनके साथ ही हिन्दुस्तान के वज़ीर का रनिवास भी आया। वज़ीर को अपनी महिलाओं की इज़्ज़त अपने उदार शत्रु के हाथों में सौंपते कोई हिचक नहीं हुई (यों बहुत इज़्ज़त बाक़ी भी नहीं रह गई थी, क्योंकि नजीब पहले ही उन्हें बेइज़्ज़त कर चुका था)। अब तक यानी जब तक मराठों का भाग्य-नक्षत्र ऊपर चढ़ रहा था, सूरजमल सन्देहपूर्ण तटस्थता का रुख़ अपनाए रहा था। परन्तु इस संकट-काल में अब्दाली के प्रतिशोध का भय उसे आगे बढ़कर मराठों का साथ देने से रोक न सका। कुम्हेर के घेरे के दिनों में जियाजी सिन्धिया ने उसका जो उपकार किया था, उसे इस जाट ने भुलाया नहीं था और वह उसका प्रत्युपकार

करने के लिए अवसर की राह देख रहा था।"[1]

हिन्दू और मुसलमान सुरक्षा के लिए उसके राज्य में आ भरे। एक बार भी, किसी शरणार्थी को सूरजमल ने अपने घर की ड्यौढ़ी से वापस नहीं मोड़ा। यहाँ तक कि उसने अपने जाने-माने शत्रु, उस घृणित इमाद-उल-मुल्क ग़ाज़ीउद्दीन को भी शरण दी। "सम्राट की हत्या करने के बाद, वह अपने कुछ आश्रितों और कुछ सौ चुने हुए घुड़सवारों के साथ भागकर सूरजमल के पास चला गया; वहाँ उसकी स्त्रियाँ पहले से ही थीं। वह उनसे जा मिला और सूरजमल के संरक्षण में रहने लगा। इस प्रकार उसने महान मुग़लों का वज़ीर होने का अपना गौरव जाटों को अर्पित कर दिया, उसे एक ज़मींदार जाट से, एक भिखारी की तरह हाथ जोड़कर दया की भीख माँगते और उसके प्रजाजनों में शरण लेते तनिक भी लाज न आई, जब कि इससे पहले वह उससे पिंड छुड़ाने के लिए सारे हिन्दुस्तान को शस्त्र-सज्जित कर चुका था। इससे पहले कभी भी मुग़लों के गौरव को इतना बड़ा और इतना उचित आघात नहीं लगा था। इस अप्रत्याशित घटना ने उनके गौरव को घटा दिया और नष्ट कर दिया। इस समय तक भी वे इस स्थिति से उबर नहीं पाए हैं और जैसे ही लक्षण दीख पड़ते हैं, वे कभी उबर भी नहीं पाएँगे।"[2]

फ़ादर वैंदेल ने मुग़ल शरणार्थियों के आगमन के बाद भरतपुर के जाटों की जीवन-पद्धति में आए परिवर्तन का वर्णन किया है। यह एक रोचक समाज-वैज्ञानिक प्रेक्षण है, जो भारतीय लेखकों ने नहीं किया है। यह कल्पना करना स्वाभाविक ही है कि जाटों को, और सबसे बढ़कर सूरजमल को इस घटना से बहुत ही गर्व अनुभव हुआ होगा। "...यद्यपि मुझे मालूम है कि यश से उसे उतना आनन्द नहीं मिलता जितना कि लाभ से, फिर भी उससे कई बार अपनी तारीफ़ किए बिना रहा नहीं गया। उसने कहा कि मैं राजा नहीं बन पाया और न मैं राजा होने का आडम्बर ही करता हूँ, फिर भी मुझे यह सौभाग्य प्राप्त हुआ है कि मैंने साम्राज्य के वज़ीर को अपने घर में आश्रय दिया है और उसे शरण माँगते देखा है—उसी को, जिसने पहले मेरे विरुद्ध क्रूरतम युद्ध छेड़ने में इतनी जल्दबाज़ी दिखाई थी। यद्यपि मेरे पास अपने वंशजों के लिए छोड़ जाने को कोई अन्य गौरव नहीं है, फिर भी यह अकेली घटना ही उन्हें इस देश के इतिहास में सदा यशस्वी एवं सम्मानित बनाए रखने के लिए काफ़ी रहेगी। यह बात बिलकुल सही थी। इससे भी बड़ी बात यह है कि इस समय के बाद जाट-लोग (या तो दिल्ली की दुनिया के साथ सम्पर्क के कारण, कि जिसके वे आदी नहीं थे और जिसका इनसे

1. के.आर. कानूनगो, 'हिस्ट्री ऑफ़ द जाट्स,' पृ. 112
2. वैंदेल, 'औम की पांडुलिपि'।

पहले उनके लिए कोई उपयोग नहीं था) पहले से अधिक सुसंस्कृत लगने लगे, या इसे कुछ दूसरे ढंग से कहें तो, वे अनुभव करने लगे कि एक धनी किसान और एक परिष्कृत नगर-वासी में कुछ अन्तर है; और यह कि धन के, केवल सीधा-सादा भोजन ख़रीदने और बाक़ी को ज़मीन में गाड़ देने के अलावा कुछ और भी उपयोग हैं। इससे पहले, उनमें से केवल अत्यन्त प्रभावशाली लोग ही आगरा और दिल्ली को (यद्यपि ये स्थान इतने निकट थे) जानते थे और इन लोगों को बहुत लम्बे समय से बड़े शहरों के क़ायदों का, या कहना चाहिए कि दुर्गुणों का ज्ञान था और वे उनका अनुकरण करते थे। परन्तु अब इस समय तो डीग, कुम्हेर और भरतपुर के अन्दर ही दिल्ली दिखाई पड़ती थी; धीरे-धीरे लोग इन तौर-तरीक़ों के अभ्यस्त हो गए और उनका पालन करने लगे। मैं जाटों की गढ़ियों में इन शरणार्थियों के बीच उपस्थित था और मैं कह सकता हूँ कि इन नए लोगों के, जो तब से इन इलाक़ों में बस गए हैं, आगमन से जाटों का पहरावा, हवेलियों की बनावट, भाषा—लगभग हर-एक चीज़ ही बदल गई है।"[1] इसमें सन्देह नहीं कि मुस्लिम संस्कृति ने हिन्दुओं पर गहरा और स्थायी प्रभाव डाला है। यह बात जितनी जाटों के इलाक़ों के बारे में सत्य है, उतनी अन्यत्र कहीं नहीं। वस्त्रों की सिलाई, पाक-कला तथा भाषा की दृष्टि से इस्लाम ने भारत को समृद्ध बनाया। परन्तु बस इतना ही। अन्तर-धार्मिक विवाह विरले ही होते थे। कोई हिन्दू 'क़ुरान' नहीं पढ़ता था, न मुसलमान 'गीता'। वे पृथक-पृथक खंडों में साथ-साथ रहते थे।

अब हमारे लिए अपने इतिहास की मुख्य धारा पर लौट आना उचित होगा। जिस समय सूरजमल इन भयातुर शरणार्थियों का आतिथ्य कर रहा था, उस समय भी उसका मन निश्चिन्त नहीं था। अहमदशाह की अशुभ छाया पड़ रही थी। सूरजमल को मालूम था कि अब्दाली जिन लोगों को दंड देना और सीधा करना चाहता है और जिन लोगों का राज-कर (नज़राना) बहुत समय से बक़ाया है, उनकी सूची में उनका नाम बहुत ऊपर ही है। जब अब्दाली इससे पहले यहाँ आया था, तब सूरजमल ने उसे एक भी रुपया नहीं दिया था। अतः उसकी यह आशंका ठीक ही थी कि इस बार कुल्हाड़ा उस पर अवश्य पड़ेगा।

जनवरी, 1760 के प्रथम सप्ताह में अहमदशाह अब्दाली दिल्ली पहुँच गया और सम्राट-शून्य तथा वज़ीर-शून्य राजधानी का मालिक बन बैठा। उसने शासन के काम-काज के लिए कामचलाऊ प्रबन्ध करने के आदेश दिए। वह सूरजमल को दबोचने के लिए बेचैन था। 14 जनवरी को उसने ख़िजराबाद (दिल्ली के दक्षिण में) से सूरजमल तथा राजपूताना के अन्य राजाओं को पत्र भेजे, जिनमें उनसे

1. वैंदेल, 'औंर्म की पांडुलिपि'।

राज-कर देने और अपने सामने पेश होने को कहा गया था। सूरजमल से एक करोड़ रुपए की राशि माँगी गई थी, जो मामूली नहीं थी। सदा की भाँति, सूरजमल मुहलत माँगता रहा। "उसने उन लोगों की मुट्ठियाँ गरम कर दीं, जिन्हें अब्दाली ने उस पर राज-कर चुका देने के वास्ते दबाव डालने के लिए भेजा था। अब्दाली राज-कर मिलने की प्रतीक्षा कर रहा था। इन लोगों को सूरजमल से उससे अधिक प्राप्ति हो गई जितनी कि अब्दाली से हो पाती। उन्होंने अपने स्वामी को उसी मुद्रा में भुगतान कर दिया, जिसमें कि इस जाट ने किया था, अर्थात कोरे बढ़िया वायदों में।"[1] टालमटोल की इन चालों के लिए अब्दाली में धीरज नहीं था। 27 मार्च, 1760 को उसने नजीब को साथ लेकर सूरजमल पर चढ़ाई के लिए कूच कर दिया। फ़रवरी के शुरू में, न जाने किस कारण उसने आधे मन से डीग पर आक्रमण किया और उसके बाद अपना ध्यान मराठों की ओर फेर लिया।

इस बार फिर भगवान की कृपा ने सूरजमल की रक्षा की। ज्यों ही अब्दाली ने मुँह मोड़ा, त्यों ही सूरजमल अपने राज्य से निकला और दोआब में धावे मारने चला गया। उसने कोइल पर अचानक धावा बोलकर अधिकार कर लिया। जाट और मराठे—दोनों ही अब्दाली के विरुद्ध छापामार संग्राम करते रहे और उन्हें मामूली-सी सफलता भी मिली। जो अप्रत्याशित विपत्तियाँ उस पर आ सकती थीं और जो जोखिम वह उठा रहा था, उनका सूरजमल को भली भाँति ज्ञान था। परन्तु जोखिम उठाए बिना लाभ भी नहीं मिलता। दोनों का साँझा हित इसमें था कि मल्हारराव होलकर और वह आपसी मतभेदों को भुला दें। मल्हारराव होलकर ने प्रस्ताव किया कि अब्दाली से भिड़ा जाए, परन्तु सूरजमल ने यह कहकर उसे अस्वीकार कर दिया कि जब तक उसे पूना से कुमुक नहीं भेजी जाती, तब तक वह अब्दाली से लड़ना नहीं चाहेगा। मल्हारराव होलकर को अब्दाली ने सिकन्दरा में बुरी तरह हरा दिया था, और उसे भागकर जान बचानी पड़ी थी। अब सभी रास्ते भरतपुर जाते प्रतीत होते थे। मल्हारराव ने भी वही रास्ता पकड़ा। पुरुषोत्तम हिंगने[2] ने सभी दरबारियों की-सी शैली में इस घटना का उल्लेख किया है—"हाफ़िज़ ने आकर हमारे सरदार से मिलने और अब्दाली को वापसी के रास्ते पर चला देने का प्रस्ताव रखा है। उसके बाद वह नजीब को हराने के लिए अपने सैनिकों के साथ हमसे आ मिलेगा। वह वचन देता है कि कभी भी नजीब की सहायता नहीं करेगा। हमारा सरदार राज़ी हो गया है कि वह उसकी राह में रोड़े नहीं अटकाएगा और न उसके राज्य क्षेत्र से छेड़ख़ानी करेगा। इस बात की शपथ दोनों पक्षों ने

1. वैंदेल, 'औरमं की पांडुलिपि'।
2. दिल्ली में मराठों के प्रतिनिधि पुरुषोत्तम हिंगने द्वारा पूना में पेशवा को भेजी गई एक रिपोर्ट से उद्धृत।

ली है।...जब मल्हार भरतपुर के तीस मील पास तक आ पहुँचा तब सूरजमल आकर उससे मिला। बिल्व-पत्र और गंगा-जल से शपथ लेकर उसे मित्रता और रक्षा का आश्वासन दिया गया। उसके बाद राजा को सम्मानसूचक पोशाक देकर भरतपुर के लिए विदा किया गया।"[1] मल्हार सूरजमल को विदा करने की स्थिति में नहीं था। सिकन्दरा से भागते समय जो कपड़े उसने पहने हुए थे, बस वे ही उसके पास थे। बहुत सम्भव यह है कि सूरजमल ने ही उसे वे पोशाकें उधार दी हों, जिन्हे उसने, तत्कालीन प्रथा के अनुसार, सूरजमल को भेंट किया हो।

हिन्दुस्तान में इन मराठे सैनिक और सरदारों से उतनी ही घृणा थी, जितनी कि अब्दाली से। इस बात को समझते हुए अब्दाली ने उन हिन्दू तथा मुस्लिम शासकों से समझौता करने का यत्न किया था जिन्हें इन 'दक्षिणी डाकुओं' के हाथों बहुत हानि उठानी पड़ी थी। उसने उन्हें भरोसा दिलाया था कि वह उन्हें अपने अधीन करने नहीं आया, अपितु उन्हें इन मराठों की लूटमार और दासता से बचाने आया है। ये मराठे हम सबके दुश्मन हैं, इसलिए उन्हें कुचल देने, हराने और नष्ट कर देने के लिए हम सबको मिलकर प्रयत्न करना चाहिए। अब्दाली अपने हिन्दुस्तान को भली भाँति जानता था, इसलिए उसने सबसे पहले उस आदमी से बातचीत चलाई जिसका सबसे अधिक महत्त्व था, यानी—सूरजमल से, और उसके द्वारा इमाद-उल-मुल्क ग़ाज़ीउद्दीन से, जो उदार-हृदय तथा क्षमाशील जाट-नरेश के वैभवपूर्ण तथा लगभग असीम आतिथ्य का उपभोग कर रहा था। आश्चर्य की बात नहीं कि सूरजमल ने अब्दाली का साथ देना अस्वीकार कर दिया। उसने इमाद को कार्य करने की पूरी स्वतन्त्रता दी। इमाद, अब्दाली से मिल गया और उसने समुचित पुरस्कार देकर उसे वज़ीर बना दिया।

सूरजमल अपने भाग्य को गढ़ने, अपने राज्य की रक्षा करने और इस बात का पक्का प्रबन्ध करने के लिए कि उस समय कार्यशील राजनीतिक शक्तियों के कारण अफ़ग़ान-नरेश का पलड़ा भारी न होने पाए, बिलकुल अकेला रह गया। अकेला रह जाने का यह उसका पहला ही अवसर नहीं था। सूरजमल ने बड़ी दूरदर्शिता तथा बुद्धिमत्ता से कार्य किया। इस घोर संकट के समय उसने जो आचरण किया, उसे निर्धारित करने में जयाजीराव सिन्धिया के प्रति कृतज्ञता की भावना ही एकमात्र कारण नहीं थी। उसे लगता था कि मराठों के प्रति वर्ष होनेवाले धावे एक नए राजवंश—दुर्रानी राजवंश—के अधीन स्थापित हुए सशक्त मुस्लिम साम्राज्य की अपेक्षा कम बुरे हैं। "उसके विचार से उत्तर भारत में मराठों की उपस्थिति एक बड़ी राजनीतिक आवश्यकता थी, जिससे सब विदेशी

1. वैंदेल, 'औौर्म की पांडुलिपि'।

आक्रान्ताओं को परे रखा जा सके और हिन्दू और मुस्लिम शक्तियों में सन्तुलन बना रहे। वह बहुत व्यावहारिक राजमर्मज्ञ था, इसीलिए वह अदूरदर्शी भाऊ की भाँति दूसरों का बहिष्कार करनेवाले और असहिष्णु हिन्दू स्वराज्य की बात कभी नहीं सोचता था। नवोदित हिन्दू तथा मुस्लिम छोटे-छोटे राज्यों के बीच आकर्षण के एकमात्र केन्द्र तथा एकमात्र जोड़नेवाली शक्ति के रूप में मुग़ल-राजसिंहासन के गौरव को अक्षुण्ण रखने को जितना महत्त्व वह देता था, उतना अन्य कोई नहीं—यह हम आगे चलकर देखेंगे। अपने पड़ोसियों के प्रति उसके रुख़ से जहाँ तक हम अनुमान कर सकते हैं, उसका मुग़ल सम्राट की अध्यक्षता में, अनेक व्यवहारतः स्वायत्तशासी राज्यों का एक ऐसा राज्य-मंडल (कन्फ़ेडरेशन) बनाना था जिसमें इसके सिवाय कोई बाध्यता न हो कि साँझे संकट के समय सब राज्य सम्राट के झंडे के नीचे इकट्ठे हो जाएँ। वह मुग़ल साम्राज्य को नया आयुष्य तो देने को तैयार था, परन्तु वर्चस्व नहीं। उस परम्परा को पुनरुज्जीवित करने का विचार उसे प्रिय नहीं था जो अकबर और औरंगज़ेब के दिनों में रही थी, जब उन्नति के इच्छुक छोटे-छोटे राष्ट्र दिल्ली के निरंकुश साम्राज्यवाद के बोझ-तले निर्दयतापूर्वक कुचल दिए जाते थे। उसे पूरी तरह मालूम था कि उस दिशा में कोई भी प्रयत्न केवल जाट-शक्ति के विनाश से ही शुरू हो सकता है।"[1]

सूरजमल ने एक योजना को कार्यान्वित करने का प्रयत्न किया था, जिसमें सम्राट केवल नाम का ही राजा होता और शासन की वास्तविक शक्ति वज़ीर के हाथों में रहती; परन्तु यह शक्ति कभी भी इतनी अधिक न होती कि सम्राट को अपदस्थ कर सके, या राज्य-मंडल के राज्यों की उपेक्षा कर सके। सम्राट और वज़ीर का भाग्य अन्ततोगत्वा इन राज्यों पर टिका रहना था। सूरजमल ने वज़ीर-पद के लिए अपने भूतपूर्व संरक्षक सफ़दरजंग के पुत्र नवाब शुजाउद्दौला को चुना था। परन्तु, जैसा कि हम देख चुके हैं, यह होना नहीं था। होलकर की राज्य-क्षेत्र-लोलुपता ने शुजा को भयभीत कर दिया था और पुराना विरोध होते हुए भी वह अहमदशाह अब्दाली से मिल गया।

सूरजमल का सन् 1760 का वर्ष व्यस्तता और चिन्ता में बीता और हिन्दुस्तान ने दिल्ली की सैनिक अक्षमता तथा राजनीतिक भूलों को साफ़-साफ़ देखा। सदा की भाँति, मराठों की कोई दीर्घकालीन नीति नहीं थी। सम्राट पूरी तरह निष्क्रिय था। मराठों को अब्दाली के हाथों जो पराजय सहनी पड़ी थी, उस पर राजपूत खुशियाँ मना रहे थे। क्या मराठे अपने विवेकहीन चौथ वसूलने के वार्षिक धावों द्वारा राजपूताना में विध्वंस नहीं मचाते रहे थे ? सूरजमल राजनयिक तथा

1. के.आर. कानूनगो, 'हिस्ट्री ऑफ़ द जाट्स,' पृ. 116-17

राजनीतिक मोर्चों पर सक्रिय था। अहमदशाह भारत पर प्रभुत्व जमाने के लिए "अपने और मराठों के बीच मुग़ल साम्राज्य की लाश पर एक बीभत्स कलह छेड़ने की भरसक कोशिश कर रहा था। अफ़ग़ान राजनयिक गतिविधि के इस उद्देश्य को विफल कर देने का श्रेय राजा सूरजमल को है।" परन्तु तूफ़ान के बादल घुमड़ रहे थे। पेशवा ने उस अफ़ग़ान को भारत-भूमि से खदेड़ देने के लिए एक विशाल सेना का नेतृत्व सदाशिवराव भाऊ को सौंप दिया था।

9

सूरजमल और पानीपत की तीसरी लड़ाई

उत्तर में मराठों को अवश्य बड़ी पराजयों का मुँह देखना पड़ा, परन्तु दक्षिण में उनका भाग्य-नक्षत्र चढ़ती पर ही था। निज़ाम के विरुद्ध पेशवा ने जो संग्राम छेड़ा था, उसमें उसे शानदार विजय मिली। महान निज़ाम-उल-मुल्क के एक आश्रित आज़ाद बिलग्रामी के शब्दों में—"आसफ़जाह के वंशजों के पास हैदराबाद के सूबे, बीजापुर-प्रान्त के कुछ भागों और बीदर के थोड़े-से हिस्से के अलावा और कुछ बचा ही नहीं, और यह भी इस शर्त पर कि वे अपने राजस्व का चौथाई भाग मराठों को देते रहेंगे।" इस संग्राम में सदाशिव भाऊ ने बहुत महत्त्वपूर्ण भूमिका निबाही थी और मराठा सेनाओं का नेतृत्व करते हुए उदयगिरि में उन्हें निर्णायक विजय दिलाई थी। पूना में बड़ा उल्लास और आनन्द मनाया गया, पेशवा के खुशामदी उसकी तुलना सिकन्दर महान से करते हुए कह रहे थे कि उनका जन्म भी ठीक 'इसी नक्षत्र में' हुआ था। सन्तुलन या मध्यमार्ग का अवलम्बन करना भारतीयों को आसानी से नहीं आता।

सबसे महत्त्वपूर्ण आगामी उत्तरी संग्राम में अपनी सेना का नेतृत्व करने के लिए पेशवा ने भाऊ को नियुक्त किया। रघुनाथराव की सैनिक तथा वित्तीय असफलताओं के कारण उसकी नियुक्ति का तो प्रश्न ही नहीं उठता था। पेशवा की दशा ऐसी नहीं थी कि वह स्वयं नेतृत्व कर सकता। प्रचलित प्रथा के अनुसार उसने अपने युवक उत्तराधिकारी सत्रह-वर्षीय विश्वासराव को नाममात्र का अध्यक्ष और भाऊ को उसका संरक्षक और प्रधान सेनापति बनाकर भेजा। "10 मार्च, 1760 को दक्षिण में पाटदीर से जिस सेना ने प्रस्थान किया, वह ऐसी शानदार थी कि वैसी मराठों ने इससे पहले कभी किसी युद्ध में नहीं भेजी थी। उसमें बीस हज़ार विख्यात मराठा घुड़सवार थे...।"[1]

1. 'द कैम्ब्रिज हिस्ट्री ऑफ़ इंडिया,' खंड चार, पृ. 417

वह शानदार थी, इसमें कोई सन्देह नहीं, परन्तु वह युद्ध लड़ने या लड़ाइयाँ जीतने का बढ़िया साधन नहीं थी। "किसी भी अनुभवी प्रेक्षक को इस भारी-भरकम व्यूह-रचना में ऐसे लक्षण अवश्य दीख पड़ते, जिनसे उसे बेचैनी ही होती। शिवाजी की सफलता का कारण यह था कि उनके सैनिक गाड़ियों के बिना चलते थे। उनके घोड़े की काठी पर चबैने की एक थैली रहती थी, वे उससे और आस-पास के इलाक़े से लिए गए चारे से गुज़ारा करते थे। और उस महान सेनानायक ने शिविर में स्त्रियों को लाना एक अपराध घोषित कर दिया था, जिसकी सज़ा मृत्यु थी। परन्तु भाऊ साहब तो भारी साज़-सामान और हज़ारों अनुचरों के साथ चले थे। उनके पीछे चलते थे कई हाथी, जिन पर ऊँचे रेशमी तम्बू लदे होते थे। प्रमुख सामन्तों की पत्नियाँ उनके साथ थीं और उनके ढेरों नौकर-चाकर थे, अफ़सर लोग ज़रीदार कपड़ों में जगमगा रहे होते थे।"[1] कोई अचरज नहीं कि भाऊ और उसकी भारी-भरकम सेना को चम्बल तक पहुँचने में अठहत्तर दिन लग गए।

जब सदाशिवराव भाऊ चम्बल के तट पर धौलपुर पहुँचा, तब राजा सूरजमल को आकर उससे मिलने के लिए निमन्त्रण भेजा गया। एक कुशल तथा अनुभवी योद्धा और एक तीस-वर्षीय मलिन पुरुष के बीच इस उच्चस्तरीय जाट-मराठा मिलन के लिए भूमि मल्हारराव होलकर सिन्धिया ने तैयार कर दी थी। इस यात्रा में भाऊ के पास इतना काफ़ी समय था कि वह सुन-सीखकर उत्तरी भारत के मामलों के विषय में, उसने राजनीतिक तथा सैनिक नेताओं एवं शासकों के विषय में अपने अज्ञान को कम कर सकता था; और सबसे महत्त्वपूर्ण बात यह कि वह अब्दाली की युद्ध की चालों और राजनीतिक जोड़-तोड़ों का अध्ययन कर सकता था। पर उसने यह किया नहीं। उसे इस विषय में भी संशय था कि वह दिल्ली कौन-से रास्ते से जाए। फिर भी सूरजमल के राज्य-क्षेत्र के पास पहुँच जाने पर उसने इतनी समझदारी अवश्य दिखाई कि उसने अपने लोगों को अनुदेश दे दिया कि वे अपना बरताव ठीक रखें और कोई ऐसा काम न करें जो जाटों को बुरा लगे। यह बुद्धिमत्ता की पहली और अन्तिम झलक थी, जो भाऊ में दिखाई दी।

निमन्त्रण के उत्तर में सूरजमल ने मराठा सेना के लिए तुरन्त बहुत बड़ी मात्रा में खाद्य-सामग्री तथा अन्य सामान जुटा दिया। दो महीने से भी अधिक लगातार कूच के बाद मराठों ने एक महीने तक चैन किया। सूरजमल राजनयिक क्षेत्र में निष्क्रिय नहीं बैठा रहा। वह और मल्हारराव होलकर का दीवान गंगाधर यशवन्त समझौते का कोई मार्ग ढूँढ़ निकालने के लिए अब्दाली के दूत हाफ़िज़ रहमान से

1. 'द कैम्ब्रिज हिस्ट्री ऑफ इंडिया,' खंड चार, पृ 417

भरतपुर का किला

मुराल – सूरजमल की छत्री

सूरजमल की छत्री, गोवर्धन

मिले, परन्तु बात कुछ बनी नहीं, क्योंकि मराठों की माँगें बहुत अधिक थीं। दूसरी ओर, नजीब ने अवध के नवाब शुजाउद्दौला को अब्दाली का साथ देने के लिए राज़ी कर लिया था। इससे अफ़गानों का हौसला बढ़ गया था। भाऊ के मार्ग में एक और बाधा उसके अपने सहधर्मियों की ओर से पड़ी। पेशवा ने राजपूताना के प्रत्येक प्रमुख शासक के पास दूत भेजे। परन्तु सभी राजपूत राजाओं ने टालमटोल के उत्तर दिए और यह तय किया कि "वे तटस्थ रहकर दोनों पक्षों का खेल तब तक देखते रहें, जब तक कि किसी बड़ी लड़ाई से यह सिद्ध न हो जाए कि दोनों शक्तियों में से कौन-सी निश्चित रूप से अधिक प्रबल है।"[1]

राजा सूरजमल की गहरी सूक्ष्म दृष्टि ने कभी उसका साथ नहीं छोड़ा। होलकर और सिन्धिया ने उसे उसकी सुरक्षा का पूरा आश्वासन दे दिया (उसे भाऊ के चिड़चिड़ेपन, अहंकार और हेकड़ी का पता था), तो वह भाऊ से मिलने मराठा-शिविर में गया। वहाँ उसका शिष्टता एवं सम्मान सहित स्वागत हुआ। आगरा से मथुरा तक वे साथ ही आए। वहाँ भाऊ की दृष्टि एक मस्जिद पर पड़ी और वह अपनी झल्लाहट को क़ाबू में न रख सका। उसने सूरजमल को ताना दिया—"आप हिन्दू होने का दम भरते हैं, फिर आपने इस मस्जिद को इतनी देर खड़ा क्यों रहने दिया ?" किसी छिछले मूढ़ व्यक्ति के सिवाय और कौन ऐसी नासमझी का प्रश्न कर सकता है ? उसे अवश्य ही पता होगा कि थोड़े ही समय पहले अब्दाली के धर्मान्ध सैनिकों से मथुरा की रक्षा करने के लिए हज़ारों जाटों ने प्राण दे दिए थे। उस समय उस मराठा सरदार ने क्या किया था ? क्या चौमुहा का युद्ध व्यर्थ ही गया ? और क्या सूरजमल ब्रजराज नहीं था ? सूरजमल व्यावहारिक और परिपक्व राजमर्मज्ञ था; उसने भाऊ के अशिष्ट आचरण और लगभग अनछिपे धमकी-भरे शत्रु-भाव को अनदेखा कर दिया। नपे-तुले शब्दों में उसने तटस्थ, किन्तु सौम्य शिष्टाचारपूर्वक उत्तर दिया, जो एक ऐसे अतिथि के उपयुक्त था जो अचानक ही किसी अभद्र और अविवेकी मेज़बान के यहाँ जा फँसा हो। परन्तु सूरजमल की सूक्ष्म अर्थगर्भित विनम्रता बगुले के पंखों पर पानी के समान थी। सूरजमल ने सदाशिवराव भाऊ से कहा—"बहुत समय से हिन्दुस्तान की राजलक्ष्मी वेश्या की भाँति बहुत चंचल रही है। आज रात वह किसी की बाँहों में है, तो कल किसी और के आलिंगन में बँधी होती है। यदि मुझे यह पक्का भरोसा होता कि मैं जीवन-भर इन प्रदेशों का स्वामी बना रहूँगा, तो मैंने इस मस्जिद को कभी का मिट्टी में मिला दिया होता। पर यदि मैं आज इस मस्जिद को ढहा दूँ और कल मुसलमान आकर बड़े-बड़े मन्दिरों को तोड़ें और इस एक की जगह चार

1. जदुनाथ सरकार, 'फ़ाल ऑफ़ द मुग़ल ऐम्पायर,' खंड दो, पृ. 171

मस्जिदें बना दें, तो उसका क्या लाभ ? अब आप हुज़ूर इस ओर आए हैं, तो यह मामला आपके ही हाथों में है।" भाऊ ने डींग हाँकते हुए कहा–"इन अफ़ग़ानों को हराने के बाद मैं सब जगह मस्जिदों के खँडहरों पर एक-एक मन्दिर बनवा दूँगा।"

इस ज़रा कठोर-सी कहा-सुनी के सिवाय जाट-मराठा-सम्बन्ध मित्रतापूर्ण बने रहे, परन्तु यह मित्रता थोड़ी ही देर के लिए थी। सूरजमल सामन्त युग के राजाओं की भाँति सदा चलता-फिरता रहता था और उसका दरबार दो संग्रामों के बीच एक रैन-बसेरा मात्र था। अनुभव से उसने हलके-फुलके यात्रा करना सीख लिया था। उसकी सैनिक सफलताओं का एक रहस्य यह भी था। जब उसने मराठों की सेना देखी, तब उसका दिल बैठ गया। सेनाओं और लड़ाइयों के संचालन का अध्ययन करने में उसने अनेक वर्ष खपाए थे। उसकी सेना का सामान्य गठन मुग़ल-पद्धति पर ही था, परन्तु उसका विचार था कि गतिशीलता बढ़ाने के लिए यदि संख्या की बलि करनी पड़े, तो कर देनी चाहिए।

सूरजमल का मन तथा सैनिक उद्देश्य अत्यन्त स्पष्ट था। भाऊ को तुच्छ-से-तुच्छ सामरिक कला का भी ज्ञान नहीं था। भारत में सैन्य कौशल और युद्ध-विज्ञान में पिछले लगभग दो हज़ार वर्षों से कोई भी प्रगति नहीं हुई। जो कुछ 'अर्थशास्त्र' में प्रतिपादित कर दिया गया, उसे निःसंकोच स्वीकार कर लिया गया और उसी का अनुसरण किया गया। इसके परिणाम विनाशकारी हुए। भारत की भूमि पर विदेशी सेना की पराजय केवल एक बार हुई है–ईसा पूर्व सन् 303 में, जब चन्द्रगुप्त मौर्य ने यूनानी सेनापति सैल्यूकस निकाटोर को हराया था। एक महत्त्वपूर्ण अपवाद अवश्य है–शिवाजी। शिवाजी ने सेना की युद्ध-क्षमता को सुधारने और उसे आधुनिकतम बनाने के विषय में गम्भीरतापूर्वक चिन्तन किया था। उनकी सेना में कठोर अनुशासन था। उनके शिविर में कोई स्त्री नहीं जा सकती थी। उनकी सेना हलकी-फुलकी यात्रा करती थी। इसके परिणाम आश्चर्यजनक थे। खेद की बात है कि उनका यह आदर्श संक्रामक सिद्ध नहीं हुआ। उनका कठोर अनुशासन सन् 1680 में हुई उनकी मृत्यु के बाद पचास वर्ष भी नहीं चल पाया। उनका पौत्र शाहजी "उसी काल के मुग़ल सम्राट की भाँति यात्रा करता था।" जो कुछ औरंगज़ेब की सेना के बारे में कहा गया है, वही अठारहवीं शताब्दी के मध्य की मराठा सेना के बारे में भी कहा जा सकता था। दोनों ही रण-कुशल सैनिक दल के बजाय चलते-फिरते शहर अधिक जान पड़ती थीं।

"सबसे पहले आते थे ऊँट, जिन पर ख़ज़ाना होता था–सौ सोने के लदे और

दो सौ चाँदी से। सम्राट का शिकार विभाग था, जिसमें बाज़ और चीते होते थे; फिर, ऐसे सरकारी अभिलेखों को, जिन्हें कभी भी सम्राट से अलग नहीं किया जा सकता था, ढोने के लिए 80 ऊँट, 30 हाथी और 20 गाड़ियाँ होती थीं। 50 ऊँट सम्राट की पाकशाला के लिए पानी ढोते थे और इनके अलावा 50 ऊँट रसोई के बरतनों तथा रसद के लिए थे; पचास दुधारू गाएँ थीं और 100 रसोइए थे, जिनमें से हर कोई एक-एक भोज्य वस्तु को पकाने का विशेषज्ञ था। 50 ऊँट और सौ गाड़ियाँ सम्राट और उसकी स्त्रियों के वस्त्र लेकर चलती थीं; 30 हाथियों पर महिलाओं के गहने और सफलता पानेवाले सेनानायकों के लिए उपहार रहते थे। उसके बाद आता था विशाल घुड़सवार दल, जो सेना की मुख्य शक्ति था। दो हज़ार आदमी बेलचे लिए भूमि को समतल करने के लिए उसके आगे-आगे चलते थे और एक हज़ार पीछे। उसके बाद सम्राट और उसकी स्त्रियों के हाथी आते थे। पैदल सैनिकों का एक पृष्ठ-रक्षक दल होता था। इस प्रकार मुग़ल सेनाओं में लगभग प्रत्येक सैनिक दुर्गुण का समावेश था। उनमें अनुशासन था ही नहीं; शत्रु से सामना होने पर वे फुर्ती से आ-जा नहीं सकती थीं और न दाँवघात ही कर सकती थीं; उनकी संभरण की व्यवस्था लूट-मार पर आधारित और अपर्याप्त थी; और सबसे बड़ी बात यह कि उन्हें एकजुट रखने के लिए न कोई भावना थी और न कोई संगठन।"[1] भाऊ की सेना की दशा इससे भी बुरी थी। वह उत्तर भारत में ग्रीष्म ऋतु के मध्य में पहुँची थी। मराठे सैनिक गरमी से कुम्हला रहे थे और पानी की कमी सदा बनी रहती थी; शिविर की सफ़ाई की व्यवस्था शोचनीय थी; और भाऊ अपने सैनिकों को वेतन नहीं दे पा रहा था, क्योंकि पेशवा के पास इतना पैसा था ही नहीं। अन्तिम बात यह कि मराठा सैनिकों के शस्त्रास्त्र पुराने पड़ गए थे और उनमें अनुशासन बिलकुल नहीं था।

सूरजमल की पैनी दृष्टि ने यह सबकुछ देख लिया और भाऊ द्वारा बुलाई गई युद्ध-परिषद में उसने इस विषय में अपने परिपक्व विचार प्रस्तुत किए कि अब्दाली के विरुद्ध संग्राम किस रीति से चलाया जाना चाहिए। सदा की भाँति उसने अपना दृष्टिकोण विनम्र, शान्त, किन्तु दृढ़ रीति से प्रस्तुत किया। "मैं ख़ाली एक ज़मींदार हूँ और आप एक बड़े राजा हैं। हर-एक व्यक्ति अपनी क्षमता के अनुसार अपनी योजना बनाता है। मेरे विचार से जो उचित प्रतीत होता है, वह मैं आपके सम्मुख प्रस्तुत करता हूँ। यह युद्ध एक महान सम्राट के विरुद्ध है, जिसकी सहायता इस्लाम के सभी सरदार कर रहे हैं। यद्यपि शह्न-ए-शाह भारत में चार दिन का मेहमान है, परन्तु उसके अनुयायी सब इसी देश के निवासी हैं

1. फ़िलिप मेसन, 'ए मैटर ऑफ़ ओनर,' पृ. 45-49

और बड़ी-बड़ी जागीरों के स्वामी हैं। आप चतुर हैं, तो आपका शत्रु आपसे भी चतुर है। इसमें ज़रा भी सन्देह नहीं कि यह बहुत ज़रूरी है कि इस युद्ध संचालन में आप खूब सावधानी और सोच-विचार से काम करें। यदि विजय का पवन झोंका आपके झंडे पर अंकित गाय की पूँछ को सहला देता है, तो समझना चाहिए कि वह भाग्य की लेखनी ने ही आपके पवित्र मस्तक पर लिख रखा है। परन्तु युद्ध तो क़िस्मत का खेल है जिसमें सदा विकल्प रहते हैं। समझदारी इसी में है कि आदमी अपने ऊपर आवश्यकता से अधिक भरोसा करके बहुत निश्चिन्त होकर न बैठ जाए। यह उचित जान पड़ता है कि आपकी महिलाएँ, अनावश्यक सामान और बड़ी तोपें, जो इस लड़ाई में कुछ काम न देंगी, चम्बल के पार ग्वालियर और झाँसी के क़िलों में भेज दी जाएँ और आप स्वयं हलके शस्त्रों से सज्जित रणकुशल सैनिकों को लेकर शाह की सेना का मुक़ाबला करें। यदि हमारी जीत हुई, तो शत्रु का बहुत-सा माल हमारे हाथ लगेगा; यदि कहीं मामला उलट गया, तो (स्त्रियों तथा अन्य बाधाओं से मुक्त रहकर) हमारे पास भागने के लिए अपनी टाँगें तो होंगी। यदि आपको उन्हें इतनी दूर भेजने की बात पसन्द न हो, या आप इसे व्यावहारिक न समझते हों तो मैं अपने लोहे के-से मज़बूत किलों में से, जिसे भी आप पसन्द करें, एक को ख़ाली कराए देता हूँ; वहाँ आप अपनी महिलाओं को और सामान को सुरक्षित रख सकते हैं। उस क़िले में सब आवश्यक सामग्री मैं यथेष्ट मात्रा में जमा करवा दूँगा। इससे होगा यह कि निर्णायक कार्रवाई का समय आने पर अपनी महिलाओं के सम्मान की चिन्ता से आपका मन बोझिल और हाथ जकड़े न रहेंगे। और दुर्भिक्ष के समय में, अनाज आने के मार्ग को खुला रखना आवश्यक है, जिससे अनाज की कमी के कारण सेना को कोई कठिनाई न हो। अपने सैनिकों के साथ मैं आपकी सेवा में रहूँगा। क्योंकि मेरा राज्य लूटमार से बचा रहा है, इसलिए आवश्यक सामग्री वहाँ से प्राप्त हो सकती है।"[1] सूरजमल शिष्टाचार का उल्लंघन भी कभी नहीं करता था और दरबारी शिष्टता का पालन करने में भी कभी नहीं चूकता था।

इसके बाद वह अपने कथन के असली और सबसे महत्त्वपूर्ण अंश पर आया। यदि भाऊ ने उसकी सलाह को माना होता, तो न केवल उनकी जान बच जाती, अपितु 17 जनवरी, 1761 को हुई पानीपत की तीसरी लड़ाई का परिणाम भी कुछ और ही हुआ होता और उसके फलस्वरूप हिन्दुस्तान के इतिहास ने कुछ दूसरा मोड़ लिया होता।

सूरजमल ने अपना कथन जारी रखा—"अच्छा यह होगा कि शाह के विरुद्ध

1. एस.जी.ए. नक़वी, 'इमाद-उस-सादात,' पृ. 179-80

हलकी घुड़सवार सेना द्वारा अनियमित (छापामार) युद्ध–जंग-ए-क़ज़्ज़ाक़ुना–किया जाए, और राजाओं तथा सम्राटों के ढंग से उसके साथ जमकर लड़ाई–जंग-ए-सुलतानी–न लड़ी जाए। जब बरसात आएगी, तब दोनों ही पक्ष अपनी जगह से हिलने-डुलने में असमर्थ होंगे। शाह की स्थिति अधिक असुविधाजनक होगी और अन्त में वह परेशान होकर खुद ही अपने देश लौट जाएगा। इस प्रकार हिम्मत हारकर, अफ़गान लोग आपके आगे घुटने टेक देंगे।"[1] सूरजमल ने मराठा सरदार को एक और चतुर सुझाव दिया था। उसने सलाह दी थी कि उसकी सेना का एक भाग पूर्व की ओर और एक भाग लाहौर की ओर भेज दिया जाए–"जिससे उन इलाक़ों को उजाड़कर दुर्रानी की फ़ौज को मिलनेवाले अनाज को रोका जा सके।" सूरजमल का पक्का विश्वास था कि मराठा सैन्य दल को सिखों की सहायता अवश्य प्राप्त होगी, क्योंकि उन्हें अब्दाली के हाथों बहुत कष्ट सहना पड़ा था। पूर्व में, अर्थात अवध में मराठों को बनारस के राजा से सहायता मिल सकती थी। बनारस का राजा बलवन्तसिंह अवध के नवाब शुजाउद्दौला का कट्टर शत्रु था।

क्योंकि सूरजमल की योजना बहुत ही बुद्धिमत्तापूर्ण एवं व्यावहारिक थी, इसलिए मराठा सेना के सभी सेनाध्यक्षों ने इसका समर्थन किया। "हम स्वयं छापामार योद्धा (कज़्ज़ाक़) हैं, इसलिए इस प्रकार की लड़ाई से हमारे सिर कोई कलंक नहीं आता। हमारा कौशल तो भाग जाने में ही है। यदि शत्रु को कौशल से जीता जा सकता हो, तो विकट स्थिति में फँसना और स्वयं विनाश के मुँह में कूदना कोई अक़्लमन्दी नहीं है।"

भाऊ साहब का लड़ाकूपन सूरजमल की धीरता से ठीक उलटा था। सदाशिवराव भाऊ यह सब नहीं चलने देगा। वह मल्हारराव को तो सठियाया हुआ और भरोसे के अयोग्य मानता था और सूरजमल को नया रईस। यह युद्ध-परिषद अव्यवस्था और गड़बड़ी में समाप्त हुई, परन्तु वह भंग नहीं हुई, क्योंकि मराठा नेताओं ने भाऊ साहब को साफ़-साफ़ बता दिया था कि सूरजमल को अपने साथ रखना परम आवश्यक है और उसे नाराज़ करने से कोई लाभ नहीं है। उसके बिना सफलता मिलने में सन्देह है।

सूरजमल एकाएक जल्दबाज़ी में कोई काम नहीं करना चाहता था और उसकी इच्छा थी कि भाऊ से सम्बन्ध टूटे नहीं। इसलिए वह और उनका प्रतिष्ठित अतिथि ग़ाज़ीउद्दीन इमाद-उल-मुल्क सन् 1760 के जुलाई मास के अन्तिम दिनों में अपने आठ हज़ार मँजे हुए घुड़सवारों को लेकर भाऊ के साथ दिल्ली की ओर

1. एस.जी.ए. नक़वी, 'इमाद-उस-सादात,' पृ. 179-80

चले। उस व्यथित और नेताविहीन नगर पर 3 अगस्त को अधिकार कर लिया गया। मराठे और इमाद पूरे जोश के साथ राजधानी को लूटने में जुट गए। "उनके हाथ लूट का इतना माल लगा कि उनमें कोई भी ग़रीब न रहा।" ग़ाज़ीउद्दीन को फिर वज़ीर बना दिया गया और उसने औरंगज़ेब के प्रपौत्र मुही-उल-मिल्लत को शाहजहाँ द्वितीय की उपाधि देकर राजसिंहासन पर बिठा दिया।

भाऊ न केवल अयोग्य सेनानायक था, अपितु राजनीतिक मामलों पर भी वह सही ढंग से विचार नहीं कर पाता था। उसने ऐलान कर दिया कि वह इमाद को नया वज़ीर नहीं मानेगा। इससे सभी का जोश ठंडा पड़ गया। इस पद पर उसने नारोशंकर को नियुक्त किया। यह बात राजा सूरजमल के लिए असह्य थी। उसने इमाद की रक्षा करने और उसे फिर वज़ीर के आसन पर बिठाने के लिए बड़ा जोखिम उठाया था। भाऊ को यह पता था, फिर भी उसने न जाने कहाँ से नारोशंकर को ला खड़ा किया। सूरजमल, होलकर और सिन्धिया—सबने समझाया-बुझाया, पर कोई लाभ न हुआ। भाऊ को किसी अनिष्ट की आशंका नहीं थी; उसे अपनी मनमानी करनी थी। संस्कृत की उक्ति कि 'विनाशकाले विपरीत बुद्धिः'—भगवान जिसे नष्ट करना चाहता है, उसे पहले उलटी बुद्धि दे देता है—अगर किसी पर पूरी तरह सही बैठती थी, तो भाऊ पर।

राजा सूरजमल ने अपने विलक्षण एवं दूरदर्शी सलाहकार रूपराम कटारिया को एकान्त में बुलाकर अपनी चिन्ता और खिन्नता प्रकट की। रूपराम को भी रंग-ढंग कुछ भले नहीं दीख रहे थे। "हमारा यहाँ टिकना ठीक नहीं। अक़्लमन्दी यहाँ से निकल जाने में ही है।" परन्तु निकल भागना आसान नहीं था, क्योंकि होलकर और सिन्धिया के शिविर सूरजमल के शिविर के साथ सटे हुए थे।

जब हम सदाशिवराव के इससे बाद के व्यवहार पर दृष्टि डालते हैं तो यह स्पष्ट हो जाता है कि वह अस्थिर और लापरवाह युवक था। उसे सदा पैसे की तंगी रहती थी। "उसका मासिक ख़र्च पहले साढ़े चार महीनों में साढ़े पाँच लाख रुपए, उसके बाद के ढाई महीनों में सात लाख रुपए और अन्तिम तीन महीनों में दस लाख रुपए था—कुल मिलाकर बहत्तर लाख रुपए, उसकी आय के तिगुने से भी अधिक; और वह ऐसे समय और देश में था, जहाँ उसका एक भी मित्र नहीं था और न कोई ऐसा महाजन ही था, जो उसे उधार देने को राज़ी होता।"[1]

जो एक पुरुष उसे इस विपत्ति से उबार सकता था, उसके साथ उसने ऐसी उजड्डता और हेकड़ी दिखाई। उसे पटाने के बजाय अपनी आर्थिक दुर्दशा से उबरने का उसने एक नया और बर्बर उपाय सोचा। दिल्ली के लाल क़िले में दीवान-ए-आम

1. जदुनाथ सरकार, 'फ़ाल ऑफ़ द मुग़ल ऐम्पायर,' खंड दो, पृ. 185

की शानदार और रत्नजटित छत पर भाऊ की आँख जा गड़ी। इसके आगे की घटनाओं का वर्णन प्रोफ़ेसर कानूनगो ने बड़ी सजीव यथार्थता के साथ किया है—"उसने अपने मन में सोचा, 'यह रही यह छत, मैं इसे उखड़वाकर पिघलवा लूँगा, उससे अपने सैनिकों को वेतन दे दूँगा, और इसकी जगह लकड़ी की छत लगवा दूँगा।' इस प्रकार पहले निश्चय कर लेने के बाद, उसने सिन्धिया, होलकर और राजा सूरजमल को इस विषय में उनकी राय जानने के लिए बुलवाया। सूरजमल ने साम्राज्य की गरिमा के इस अन्तिम अवशेष को बचा रखने के लिए भाऊ से जो निम्नलिखित मर्मस्पर्शी अनुरोध किया था, वह उसके हृदय की गरिमा का सर्वोत्तम परिचायक है। उसने कहा था, 'भाऊ साहब, सम्राट के राजसिंहासन का यह कक्ष सम्मान एवं आदर का स्थान है। नादिरशाह और अहमदशाह दुर्रानी ने शाही महल की अनेक बहुमूल्य वस्तुओं को तो हथियाया, परन्तु उन्होंने भी इस छत को छोड़ दिया। इस समय सम्राट और अमीर लोग आपके बस में हैं। हम अपनी आँखों से इस स्थान के सौन्दर्य को नष्ट होते नहीं देखेंगे। इससे हमें कोई वाहवाही नहीं मिलेगी, बल्कि ग़द्दारी की बदनामी ही प्राप्त होगी। मेरी आज की इस विनम्र प्रार्थना पर आप कृपा करके उचित विचार करें। यदि आपको धन की कमी है, तो आप मुझे हुक्म कर दीजिए। उनकी इस छत को बचाने के लिए मैं पाँच लाख रुपए देने को तैयार हूँ।'[1] परन्तु इस समय भाऊ ने जो रुख़ दिखलाया, वह असाधारण अपरिपक्वता का पक्का लक्षण है—सभी सनकों और इच्छाओं को तत्काल पूरा करने का प्रबल आग्रह। सूरजमल ने जो कुछ कहा, उसकी परवाह न करके उसने छत को तुड़वा डाला और उसकी चाँदी निकलवा ली। जब यह चाँदी पिघला ली गई, तो वह कुल तीन लाख रुपए की निकली।

धैर्यशाली होते हुए भी सूरजमल आपा खो बैठा और उसने भाऊ से बिलकुल साफ़-साफ़ कहा—"भाऊ साहब, आपने मेरे यहाँ रहते राजसिंहासन की मर्यादा को नष्ट कर दिया है और इससे मुझ पर भी कलंक लगाया है। जब भी किसी मामले में मैं आपसे कोई अनुरोध करता हूँ, आप उसे अनसुना और अस्वीकार कर देते हैं। दिल से हम हिन्दू हैं। आपने मुझसे मित्रता करते समय सत्यनिष्ठा के प्रमाण के रूप में जो यमुना-जल का स्पर्श किया था, उसे क्या आप बस इतना ही महत्त्व देते हैं ?"

प्रतिदिन भाऊ की विवेकहीनता के उदाहरण उसके सामने आते और वह अब इस अस्थिर ब्राह्मण के विवेकहीन व्यवहार को सहने के लिए तैयार नहीं था। उसने अपना गौरव बनाए रखा और शान्त रहकर अपना दृढ़ मन्तव्य बिलकुल सुस्पष्ट

1. के.आर. कानूनगो, 'हिस्ट्री ऑफ़ द जाट्स', पृ. 131-132

शब्दों में प्रस्तुत किया—“आपने हम लोगों की इच्छा के विरुद्ध इस छत को उखड़वा दिया है। इसे दुबारा लगवाए। इमाद को उसका वज़ीर-पद वापस दीजिए; उस पर उसका हक़ है। इसके कारण सिन्धिया, होलकर और मैं स्वयं सब परेशान हो गए हैं और इससे हमारी इज़्ज़त और हमारे नाम को बट्टा लगा है। अब से आगे, अच्छा यह होगा कि हम लोग जो कुछ कहें, उसका आप ज़्यादा लिहाज़ करें। यदि आप ऐसा करेंगे तो आप मुझे और मेरे सब साधनों को अपनी सेवा में तत्पर समझ सकते हैं। मैं पहले की भाँति आपकी सहायता करता रहूँगा और आपको रसद पहुँचाता रहूँगा। आपको दिल्ली छोड़कर नहीं जाना चाहिए। अपनी योजनाओं को यहीं रहकर पक्का कीजिए।” यह बिलकुल सही सलाह थी। यह एक ऐसे व्यक्ति द्वारा दी गई थी, जिसे अपने विषय का पूरा ज्ञान था और जिसमें अनेक अवसरों पर सही और न्यायोचित बात कहने का विलक्षण कौशल विद्यमान था। कोई भी समझदार व्यक्ति इस प्रकार की बुद्धिमत्तापूर्ण सलाह का स्वागत करता। परन्तु सूरजमल की स्पष्टवादिता कटे पर नमक छिड़कने जैसी थी। भाऊ तैश में आ गया—“क्या ! मैं क्या दक्षिण से तुम्हारे बल-बूते पर आया हूँ ? मेरी जो मर्ज़ी होगी, करूँगा। तुम चाहो तो यहाँ रहो, या चाहो तो अपने घर लौट जाओ। ग़लीज़ अब्दाली को पटकी देने के बाद मैं तुमसे निपट लूँगा।”

राजा सूरजमल जैसा उत्कृष्ट शासक एक कुख्यात और अनुभवशून्य मूर्ख युवक से वाग्युद्ध में कहाँ उलझनेवाला था ! उसकी तीव्र इच्छा थी कि किसी प्रकार उसके राज्य में शान्ति और सुरक्षा बनी रहे। इसलिए वह समझता था कि अब्दाली या पेशवा—किसी को भी रुष्ट करना बुद्धिमत्ता नहीं है। परन्तु वह आत्म-सम्मान गँवाकर शान्ति और सुरक्षा पाने को राज़ी नहीं था। जाटों को इज़्ज़त बहुत प्यारी होती है और उसके लिए वे दुनिया-भर से टक्कर ले सकते हैं।

राजा सूरजमल ने देखा कि भाग्य ने उसे एक ऐसे घटना-चक्र में फँसा दिया है, जिससे बाहर रहने के लिए वह बहुत-कुछ दे डालता। वह पछता रहा था कि वह भाऊ के साथ दिल्ली क्यों आया ! यद्यपि मल्हारराव और सिन्धिया ने उसकी सुरक्षा का वचन दिया था, फिर भी सूरजमल का चिन्तित होना स्वाभाविक था, क्योंकि वह देख रहा था कि भाऊ उस पर नज़र रख रहा है। उन दोनों मराठा सरदारों को यह डर था कि कहीं उनका विवेकहीन सरदार यहाँ तक न बढ़ जाए कि वह सूरजमल को उसकी इच्छा के विरुद्ध दिल्ली में रोक रखने की चेष्टा करे। क्योंकि उन्होंने उसे दिल्ली तक साथ चलने के लिए मनाया था, इसलिए वे अनुभव करते थे कि उसे बच निकलने में सहायता देना उनका नैतिक कर्तव्य है। उन्होंने रूपराम कटारिया को बुलवाया और बहुत ही गोपनीय रूप से यह

सुझाव दिया कि "जैसे भी हो, सूरजमल को आज दिल्ली से निकल जाना चाहिए। भाऊ साहब का डेरा कुछ दूर है। उसे पता न चले, इस प्रकार चुपचाप खिसक जाइए। हमने जो आपको वचन दिया है, वह इस प्रकार हमने निबाह दिया। इसके बाद हमें कुछ न कहिएगा।" यह कहते हुए उन दोनों ने "पछतावे के तौर पर अपने कान पकड़े और यह मौन शपथ ली कि वे फिर कभी इस प्रकार ऐसे घमंडी और निष्ठाहीन स्वामी के लिए अपनी इज़्ज़त को ख़तरे में नहीं डालेंगे और न स्वयं ही कभी ऐसी विषम स्थिति में उलझेंगे।"[1]

रूपराम कभी उत्तेजित होता ही नहीं था। उसने आकर अपने स्वामी को वह सब बता दिया, जो होलकर और सिन्धिया ने कहा था। सूरजमल ने गहरे सोच-विचार के बाद अब्दाली के विरुद्ध मराठों से मिलने का निश्चय किया था। अब वह स्वयं को एक विकट स्थिति में फँसा पा रहा था। इस समय उसने अपने मन की बात अपने मुख्य राजनीतिक सलाहकार और संकट-मोचन रूपराम के सामने रखी—"यदि हम सौभाग्य से आज रात बचकर भाग सकें, तो भाऊ हमारा शत्रु बन जाएगा। यदि दैवयोग से वह दुर्रानी को हराने में सफल हो गया तो मेरा नाश सुनिश्चित है। यदि उसने हठ ठान लिया, तो मुझे कहीं शरण नहीं मिलेगी और कोई भी मुझे बचा नहीं सकेगा। लेकिन यदि भविष्य के इस ख़तरे के डर से मैं यहीं टिका रहता हूँ, तो मैं लगभग क़ैद में रहूँगा। दोनों ही रास्ते ख़तरनाक हैं। अब क्या किया जाए ?" रूपराम कटारिया मानो टोडरमल और वूल्ज़े का मिश्रित रूप था। उसने उत्तर दिया—"महाराज, आपको तो कहावत मालूम ही है—यदि लग्न-कुंडली का एक अशुभ ग्रह टल जाए, तो आदमी की ज़िन्दगी बारह बरस बढ़ जाती है। भाऊ और दुर्रानी—दोनों ही एक-से विकट शत्रु हैं। क्या मालूम कि उनमें से सफलता किसे मिले ? तब तक हम अपनी जगह दम साधे चुपचाप बैठेंगे। भगवान ने जो कुछ हमारे भाग्य में लिखा है, वह भला ही होगा। भविष्य का क्या पता ? उसके बारे में सोच-सोचकर आप परेशान क्यों होते हैं ? बाद में जो होना हो सो हो, पर आज रात तो हमें भाग ही निकलना है।" शान्त चित्त से दी गई इस प्रकार की युक्तियुक्त सलाह की उपेक्षा नहीं की जा सकती थी। सूरजमल की दुविधा—जो कभी विरले ही होती थी—जाती रही और वह बल्लभगढ़ के लिए रवाना हो गया, जो दिल्ली के सबसे निकट जाटों का गढ़ था। होलकर और सिन्धिया ने उसके निकल भागने की ख़बर भाऊ को काफ़ी समय बाद दी। भाऊ ने बहुत क्रुद्ध होकर कहा, "यदि भगवान ने चाहा और दुर्रानी हार गया, तो इस जाट को सीधा करते क्या देर लगेगी ?"

1. के.आर. कानूनगो, 'हिस्ट्री ऑफ़ द जाट्स,' पृ. 139

अब हम ज़रा यह भी देख लें कि सूरजमल के इस 'दल-बदल' के विषय में डॉ. सरदेसाई क्या कहते हैं। भाऊ से राजा सूरजमल के अलग होने के उन्होंने चार मुख्य कारण बताए हैं–(1) मराठों के परिवार ग्वालियर नहीं भेजे गए; (2) ग़ाज़ीउद्दीन इमाद-उल-मुल्क को वज़ीर-पद नहीं दिया गया; (3) दीवान-ए-ख़ास से चाँदी की छत को हटाया गया; और (4) दिल्ली का शासन-प्रबन्ध उसे नहीं सौंपा गया। प्रो. कानूनगो ने इनमें से प्रत्येक कारण की मीमांसा की है। "पहली बात तो निर्विवाद सत्य है। दूसरी बात सुस्पष्ट रूप से केवल मराठा इतिहास-लेखों में मिलती है, फ़ारसी इतिहासों में वह नहीं है। परन्तु जैसा कि हम आगे देखेंगे, उनमें कुछ-एक वक्तव्य ऐसे हैं, जिनसे इसकी पुष्टि होती है। जहाँ तक तीसरी बात का सम्बन्ध है, 'सियर' का लेखक कहता है–"जाट-राजा को जिस बात से इतना धक्का लगा, वह यह थी कि मराठों ने शाही दीवान-ए-आम की तख़्ताबन्दी को, जो चाँदी की थी, और जिस पर बहुत ही बढ़िया मीनाकारी थी, उखड़वाकर टकसाल में भिजवा दिया था, और मानव-जाति द्वारा पवित्र मानी जानेवाली वस्तुओं का ज़रा भी ध्यान रखे बिना, उन्होंने पवित्र चरण-चिह्नों के स्मारक में और सन्त निज़ामुद्दीन के मक़बरे में काम आनेवाले सोने-चाँदी के पात्रों पर अपने अधर्मी हाथ डाले, उन्होंने मुहम्मदशाह के मक़बरे को भी नहीं छोड़ा और वहाँ से उन्होंने धूपदान, दीपदान, दीपक तथा अन्य पात्र, जो सब-के-सब ठोस सोने के थे, हटा लिए और टकसाल में भेज दिए।" अन्तिम बात के विषय में, जो सूरजमल के विरुद्ध जाती है, डॉ. सरदेसाई ने कोई प्रमाण नहीं दिया और वह भाऊ के उस विश्वासघाती कपट-जाल को चुपचाप टाल गए हैं, जिसका फ़ारसी इतिहासकारों और मराठा भाखरों ने भी उस पर आरोप लगाया है। 'इमाद-उस-सादात' के लेखक का कथन है कि "भाऊ ने सूरजमल से दो करोड़ रुपए माँगे थे और उसे सन्देहजनक पहरे में रख दिया था। जाट-राजा ने अपने छुटकारे का श्रेय मल्हारराव को दिया।"[1]

हमें इमाद के प्रति तो आदर प्रदर्शित करना ही चाहिए, परन्तु मल्हारराव को राजा सूरजमल का उपकारकर्ता मान पाना सम्भव नहीं है। मल्हारराव की निष्ठा अवसर के अनुसार बदल जाती थी; सूरजमल की नहीं।

इस प्रकार भाऊ पानीपत की लड़ाई में देश के सबसे शक्तिशाली, भरोसे-योग्य तथा अनुभवी हिन्दू राजा के समर्थन के बिना ही उतरा। हर क़दम पर उसने सूरजमल की बुद्धिमत्तापूर्ण सलाह को अनसुना किया और अपने उजड्ड बरताव द्वारा उसे अत्यधिक रुष्ट कर दिया। उदार-हृदय जाट-सरदार ने अपने

1. 'भाऊ साहब ची भाखर'; उद्धृत–के.आर. कानूनगो, 'हिस्ट्री ऑफ़ द जाट्स,' पृ. 114-21

सैनिक तथा आर्थिक साधन भाऊ की सेवा में प्रस्तुत कर दिए थे, परन्तु उन्हें ग्रहण करने के बजाय उसने उनके प्रति अप्रच्छन्न तिरस्कार दिखाया। ज्यों ही सूरजमल दिल्ली से चला गया, त्यों ही वास्तविकता भाऊ के सामने आ गई—अनाज की क़ीमतें एकदम बढ़ गईं, जो साम्राज्य में शीघ्र ही होनेवाली गड़बड़ी का सुनिश्चित संकेत थीं। दिल्ली के पास-पड़ोस के क्षेत्र में गत दशाब्दी में लगातार लूट-मार होती रही थी और वहाँ से अब कुछ नहीं मिल सकता था। अहमदशाह को रसद रूहेला प्रदेश से प्राप्त हो रही थी और भाऊ की सेना के लिए भोजन-सामग्री सूरजमल देता रहा था। "भाऊ की नासमझी और विश्वासघात के कारण यह अक्षय स्रोत अब सूख गया। अतः कोई आश्चर्य नहीं कि मराठों को पानीपत में ख़ाली पेट रहकर लड़ना पड़ा।"

राजा सूरजमल का राज्य आर्यावर्त के केन्द्र में था। जाट बढ़िया किसान थे और साथ ही वीर तथा युद्ध के लिए सदा-तैयार रहनेवाले योद्धा थे। उसकी धाक, सैनिक कुशाग्र बुद्धि, और धन के कारण उसका तटस्थ बने रहना भी एक महत्त्वपूर्ण तत्त्व था। अहमदशाह ने भी उस जाट को मनाकर अपने पक्ष में करने का प्रयत्न किया। उसने सोचा कि यदि उसे अपने पक्ष में न भी किया जा सके, तो भी कम-से-कम यह तो निश्चित हो जाए कि वह तटस्थ बना रहेगा। इस बात को पक्का करने के लिए अब्दाली ने शुजाउद्दौला को बीच में डाला और उसने एक ऐसा क़रार करवा दिया, जो दोनों पक्षों को स्वीकार था। "इस सन्धि का व्यावहारिक परिणाम केवल सूरजमल की तटस्थता को सुनिश्चित करना था, न कि अफ़गान पक्ष के लिए उसकी सक्रिय सहायता प्राप्त करना। भाऊ के कठोर व्यवहार के बाद भी सूरजमल की सहानुभूति मराठों के साथ बनी रही। उसने अब्दाली से यह मैत्री-सन्धि केवल किसी संकट-काल में बचाव के विचार से की थी, क्योंकि उस समय विद्यमान भारत की राजनीतिक दशा में किसी भी राज्य के लिए बिलकुल अलग-थलग पड़ जाना बहुत ही ख़तरनाक था।"[1] यह राजमर्मज्ञता का कार्य था, न कि विश्वासघात का। अपने प्रजाजनों की सुरक्षा और भलाई के लिए इसे करना सूरजमल का कर्तव्य था। उसका यह लक्ष्य सिद्ध हो गया।

जब सदाशिवराव भाऊ पानीपत के युद्ध-क्षेत्र में उतरा, तब उसके पक्ष में एक भी ग़ैर-मराठा हिन्दू राजा या जागीरदार नहीं था। वह और उसकी सेना 14 जनवरी, 1761 को नष्ट हो गई। यह पूरी पराजय थी और युद्ध से बचे हुए एक लाख मराठे बिना शस्त्र, बिना वस्त्र और बिना भोजन सूरजमल के राज्य-क्षेत्र में

1. 'भाऊ साहब ची भाखर'; उद्धृत—के.आर. कानूनगो, 'हिस्ट्री ऑफ़ द जाट्स', पृ. 114-21

पहुँचे। सूरजमल और रानी किशोरी ने प्रेम और उत्साह से उन्हें ठहराया और उनका आतिथ्य किया। हर मराठे सैनिक या अनुचर को मुफ़्त खाद्य सामग्री दी गई। घायलों की तब तक शुश्रूषा की गई, जब तक कि वे आगे यात्रा करने योग्य न हो गए।

सर जदुनाथ सरकार ने शरणार्थियों की संख्या 50,000 लिखी है, परन्तु वैंदेल की लिखी संख्या 1,00,000 अधिक यथार्थ है। यदि प्रत्येक मराठे पर प्रतिदिन एक रुपया ख़र्च हुआ हो, तो सूरजमल और रानी किशोरी ने अपने इन बीमार और घायल अतिथियों पर तीस लाख से कम रुपए ख़र्च नहीं किए होंगे। सूरजमल पर कंजूस होने का जो आरोप बहुधा लगाया जाता है, उसे मिथ्या सिद्ध करने के लिए यह अकेली घटना ही यथेष्ट है। ग्रांट डफ़ ने मराठे शरणार्थियों के साथ सूरजमल के बरताव के बारे में इस प्रकार लिखा है—"जो भी भगोड़े उसके राज्य में आए, उनके साथ सूरजमल ने अत्यन्त दयालुता का बरताव किया और मराठे उस अवसर पर किए गए जाटों के व्यवहार को आज भी कृतज्ञता तथा आदर के साथ याद करते हैं।"[1]

नना फड़नवीस ने एक पत्र में लिखा है—"सूरजमल के व्यवहार से पेशवा के चित्त को बड़ी सान्त्वना मिली।" वैंदेल कहता है—"जाटों के मन में मराठों के प्रति इतनी दया थी कि उन्होंने उनकी सहायता की; यह तब जब कि उनकी शक्ति सचमुच इतनी थी कि यदि सूरजमल चाहता, तो एक भी मराठा लौटकर दक्षिण नहीं जा सकता था। लोग शायद कहें कि भाग्य को इस जाट पर असाधारण कृपा करने में आनन्द आता था। मैं अंशतः इससे सहमत हूँ। परन्तु कोई भी उससे इंकार नहीं कर सकता कि विषम-से-विषम स्थिति पर क़ाबू पा लेने की उसमें विपुल क्षमता थी। शासन की कला का उसे एक प्रकार का स्वतःस्फुरित ज्ञान था; यह विशेषता इसके समकालीन अन्य सभी शासकों में थी और मैं कह सकता हूँ कि इसमें वह उन सबसे बढ़कर थी। जब हिन्दुस्तान के नवाब तथा अन्य शक्तिशाली मुस्लिम शासक उनके अपने ही इलाक़ों को लूटने और उजाड़ने के लिए अब्दाली के मनमौजी संग्रामों में (अपने ख़र्च पर) सम्मिलित होने को विवश हुए थे, तब भी सूरजमल को अपने घर में बैठे यह पता था कि ऐसे प्रचंड शत्रु से अपने राज्य-क्षेत्र की रक्षा कैसे करनी है; उन सब कठिनाइयों के बीच, जिनमें उसके पड़ोसी फँसे थे, किस प्रकार चैन से बैठना है; जब सभी गिर रहे थे, तब भी किस प्रकार अपनी शक्ति को और बढ़ाना है; एक शब्द में कहना हो, तो साम्राज्य की जीर्णता का लाभ किस प्रकार उठाना है। अपने-आपको संकट में डाले

1. ग्रांट डफ़, 'ए हिस्ट्री ऑफ़ द मराठाज़', पृ. 30

बिना और जेब का पैसा ख़र्च किए बिना ही वह उन लोगों से पीछा छुड़ा लेने का उपाय निकाल लेता था, जो पराजय और विनाश लेकर आते थे। पूरे हिन्दुस्तान में मुझे ऐसे अन्य लोग दिखाई नहीं पड़े, जो यह सब कर सकते हों। कारण यह है कि कौन यह सोच सकता था कि मराठों को इतनी बुरी तरह हराने के बाद शाह तुरन्त जाटों पर नहीं टूट पड़ेगा...?"[1]

पानीपत की लड़ाई के परिणामस्वरूप "सूरजमल उन अनेक महत्त्वपूर्ण स्थानों का स्वामी बन गया, जो इससे पहले पूरी तरह मराठों के प्रभाव-क्षेत्र में थे। चम्बल के इस ओर उसके सिवाय अन्य किसी का शासन नहीं था और गंगा की ओर भी लगभग यही स्थिति थी।"[2] अब्दाली तो शाहआलम को राज-सिंहासन पर बिठाकर चला गया था, परन्तु वास्तविक शक्ति नजीबुद्दौला था, जो मीर-बख़्शी और दिल्ली का राज्यपाल बन गया था। शाहआलम केवल कहने को शासक था, जिसका राज्य-क्षेत्र दिल्ली से पालम (राजधानी से पाँच मील दूर एक गाँव) तक ही था। किसी फ़ारसी रसिक कवि ने कहा भी था—

सल्तनत-ए-शाहआलम
अज़ दिल्ली तो पालम।

महान (?) शक्तिशालियों का कितना अधःपतन हो गया था !

---

1. फ़ादर वैंदेल, 'और्म की पांडुलिपि'।
2. वही।

10

आगरा पर अधिकार और हरियाणा-विजय

सन् 1761 राजा सूरजमल के लिए अच्छा वर्ष रहा; सम्भवतः उसके राज्य-काल का सबसे फलदायक और सन्तोषप्रद वर्ष। पानीपत के महाविनाश ने हिन्दुस्तान की लगभग प्रत्येक महत्त्वपूर्ण शक्ति को नष्ट कर डाला था। पीड़ित और पराजित अपने घावों को सहला रहे थे और नुक़सान का हिसाब लगा रहे थे। सूरजमल इसका एकमात्र अपवाद था। अब्दाली के सामने उसने न तो सिर झुकाया, न घुटने टेके। वह किसी मुग़ल या मराठे का अनुचर सामन्त नहीं था। राजपूत और रुहेले उसका आदर करते थे; राजपूत तो पानीपत से बिलकुल अलग ही रहे थे; उनकी दशा "उन विलुप्त डायनासोरों की-सी थी, जो किसी ग़लत भू-वैज्ञानिक युग में बेतुके ढंग से विचरण कर रहे हों।" उनकी शक्ति समाप्त हो चुकी थी। अतीत का भावुकतापूर्ण स्मरण ही उनका प्रधान मनोरंजन था। रुहेले पानीपत से लौटे, तो काफ़ी-कुछ सीधे हो गए थे और थकान से चूर थे। नवाब शुजाउद्दौला अवध चला गया था। उसे एक आँख सम्राट शाहआलम पर रखनी थी और दूसरी अंग्रेज़ों पर, जो उसके राज्य-क्षेत्रों के पास पैर पसारते जा रहे थे, हालाँकि यह आश्चर्य की बात है कि पलासी की लड़ाई (सन् 1757) का हिन्दुस्तान पर कोई प्रभाव नहीं पड़ा था।

नजीब ने अहमदशाह का तो विश्वास प्राप्त कर लिया था, परन्तु अभी उसे दिल्ली पर अधिकार जमाना और पुराने सरदारों पर अपना प्रभुत्व स्थापित करना था। ये सरदार उससे डरते कम और घृणा अधिक करते थे। अपनी स्थिति को सुदृढ़ करने और हिन्दुस्तान का प्रभावी शासक बनने के लिए आवश्यक था कि वह या तो सूरजमल से समझौता कर ले, या फिर उसे नष्ट कर दे। इसका विलोम सूरजमल पर लागू होता है। पानीपन की लड़ाई के बाद के हिन्दुस्तान में इतने सशक्त और तेजस्वी दो पुरुषों के लिए यथेष्ट स्थान नहीं था। शेख़ सादी शीराज़ी

ने इसे बहुत सुन्दर ढंग से प्रस्तुत किया है—"दस ग़रीब आदमी एक कम्बल में आराम से सो सकते हैं, लेकिन दो राजा एक राज्य में नहीं रह सकते।"

फ़िलहाल समय और परिस्थितियाँ राजा सूरजमल के अनुकूल थीं। उसने दोनों से लाभ उठाया। उसके घर के निकट ही एक अच्छा-ख़ासा पुरस्कार मानो उसकी प्रतीक्षा ही कर रहा था। आगरा भरतपुर से केवल तीस मील पूर्व की ओर था। किसी समय इसने बहुत अच्छे दिन देखे थे और यह साम्राज्य का सर्वप्रथम नगर रहा था। सन् 1761 में यह ऐसा प्रतीत होता था जैसे रखे-रखे कुछ मैला हो गया हो, फिर भी यह साम्राज्य का दूसरे नम्बर का शहर था और काफ़ी हद तक दिल्ली के-से दुर्भाग्य से बचा हुआ था। नादिरशाह ने तो इसे बख़्श दिया था, परन्तु अब्दाली ने नहीं। दिल्ली के अनेक समृद्ध परिवार आगरा चले गए थे और वहाँ उन्होंने अपनी इज़्ज़त और क़िस्मत जाटों के हाथों में सौंप दी थी। वाणिज्य की दृष्टि से यह नगर बहुत अच्छी जगह पर बसा था। किसी भी साहसी व्यक्ति को लुभाने के लिए वहाँ पर्याप्त धन बाक़ी था।

मौक़े को पहचानना सूरजमल को खूब आता था। और साथ ही, वह उस युग की आधारभूत भावनाओं को भी भली भाँति समझता था। उसे मालूम था कि मुग़ल सम्राट के पास शासन करने के लिए सबसे आवश्यक वस्तु, शक्ति के साधनों का अभाव है। इस निश्चिन्तता के साथ कि कोई भी उसके मार्ग में बाधक न बनेगा, सूरजमल एक विशाल सेना लेकर आगरा की ओर बढ़ा। उसे अपने इस अभियान के विषय में कोई शंका नहीं थी। उसका विरोध न के बराबर ही हुआ। आगरा सूबे के सब जाट-सरदार उससे आ मिले। सूरजमल का लक्ष्य लाल क़िला था, जो सचमुच ही दुर्जेय और शानदार इमारत है। किसी समय यह मुग़लों की शक्ति और समृद्धि का प्रतीक था। क़िलेदार काज़िल ख़ाँ इस विशाल गढ़ का अध्यक्ष था। यद्यपि उसका पद सीधा सम्राट के अधीन था, परन्तु उसके दिन बुरे चल रहे थे। उसे और उसके सैनिकों को, सन्तरियों, सेवकों, मालियों और भिश्तियों को दो बरस से वेतन नहीं मिला था और वे शाही क़ीमती बरतनों, साज़-सामान तथा पोशाकों को बेच-बेचकर अपना काम चला रहे थे। सूरजमल का मुक़ाबला करने की या उसकी आर्थिक तथा सैनिक शक्ति का कुछ भी देर प्रतिरोध करने की न उनकी स्थिति थी और न इच्छा ही। तीस दिन के घेरे के बाद 22 जून को आगरे का लाल क़िला जाटों के हाथ आ गया। काज़िल ख़ाँ ने केवल दिखावे के लिए मुक़ाबला किया था। उसे अच्छा इनाम मिला—एक लाख रुपए और पाँच गाँव। द्वार-रक्षक मूसा ख़ाँ को तीन लाख रुपए देने का वायदा किया था, परन्तु उसे यह राशि कभी दी नहीं गई। जाटों ने लूट-लूटकर क़िले को

बिलकुल साफ़ कर दिया। एक करोड़ रुपया नक़द हाथियों और ऊँटों पर लादकर भेजा गया; बहुत बड़ी मात्रा में तोपख़ाना, गोला-बारूद, बन्दूकें, सोने और चाँदी के हौदे और रत्न डीग और भरतपुर पहुँचा दिए गए। जाट-सरदारों ने अलग-अलग भी खूब माल मारा।

आगरा पर अधिकार हो जाने से सूरजमल को नई शक्ति और प्रभुत्व प्राप्त हो गया। अब वह यमुना के इलाक़े का एक-छत्र स्वामी था। जाटों के लिए आगरा पर अधिकार एक गहरी भावुकता का अवसर था। लगभग 90 वर्ष पहले इस क़िले के फाटक से कुछ ही दूर गोकला की बोटी-बोटी काटकर फेंकी गई थी। अब उसका बदला ले लिया गया था।

नजीब ने पहले तो सूरजमल को दंड देने के लिए कुछ कार्रवाई करने की बात सोची, परन्तु अन्त में उसने जाटों को भड़काने या ताजमहल के नगर पर सूरजमल की विजय को चुनौती देने के लिए कुछ भी नहीं किया। किंवदन्ती है कि एक ज़्यादा ही उत्साही राजपुरोहित ने सुझाव दिया था कि ताजमहल को एक मन्दिर बना दिया जाए। इस मूर्खतापूर्ण सुझाव को सूरजमल ने तुरन्त अस्वीकृत कर दिया।

आगरा पर सूरजमल का अधिकार हो जाने के कई परिणाम हुए। उनमें सबसे महत्त्वपूर्ण यह था कि इससे हिन्दुओं में फिर आत्मविश्वास जाग उठा और इस्लाम को रक्षात्मक रुख़ अपनाना पड़ गया। अगले डेढ़-सौ वर्षों में हिन्द के मामलों में मुहम्मद के अनुयायियों की भूमिका गौण ही रहनी थी।

आगरा हरियाणा-विजय का पूर्वाभ्यास मात्र था। हरियाणा में जाट सबसे प्रमुख समुदाय थे, परन्तु वहाँ उनका कोई प्रभावशाली नेता नहीं हुआ था। सूरजमल का हरियाणा को अपने राज्य में मिलाना, दोआब में मराठों की जागीरों पर क़ब्ज़ा करना, अलीगढ़ और बुलन्दशहर को फिर छीन लेना, आगरा तथा मेंडू के बहादुरिया राजपूतों का विनाश, और मुरसान के जाटों का दमन—ये सब एक विशाल योजना के अंग थे; यह नहीं कि इन अधिकतर-प्रदर्शनों का यश-प्राप्ति के अलावा कोई प्रयोजन ही न रहा हो। वह यश और कीर्ति के प्रति उदासीन नहीं था, परन्तु वे उसे किसी कार्य के लिए प्रेरित करनेवाले मुख्य कारण नहीं होते थे। अपने हरियाणा-संग्राम में वह एक लाभदायक कार्य में व्यस्त रह सकता था। आगे की सोचते हुए, सूरजमल की योजना थी कि उस धनी, महत्त्वपूर्ण और सामरिक महत्त्व के प्रदेश का शासन-प्रबन्ध जवाहर को सौंप दिया जाए।

अठारहवीं शताब्दी का भारत इससे पहली शताब्दी के ठीक विपरीत, स्पष्ट रूप से एक अशान्त देश बना रहा, जिसमें अपने अन्दर ही फूट पड़ी हुई थी।

घोड़े पर सवार अहमद शाह दुर्रानी

नजीब खान (बीच में) - नवाब शुजाउद्दौला (नीचे बायें कोने में)

भरतपुर के राजवंश

आदर्शों तथा ऊर्जा से रहित पिछले मुग़ल निराश, यहाँ तक कि शोचनीय लोग थे। उन्हें शक्ति से मोह था, परन्तु उसका प्रयोग करने के वे बिलकुल अयोग्य थे। वे और उनके सामन्त साम्राज्य को लूट तो रहे थे, पर उसका काम कुछ नहीं करते थे। साम्राज्य की कभी भी कोई घोषित नीति थी ही नहीं, केवल एक रहस्यमय प्रभाव था, और अब वह भी जाता रहा। दिल्ली में जो दशा थी, उसका सूरजमल को रत्ती-रत्ती ज्ञान था। मराठे कुछ समय के लिए अक्षम हो गए थे और किसी प्रकार का नेतृत्व नहीं कर सकते थे, अतः बिखरे सूत्रों को जोड़ने का काम सूरजमल के सिर पड़ा। यदि इसे भारतीय राज्य-व्यवस्था में कोई चिरस्थायी तथा उपयोगी योगदान करना हो, तो उसे ऐसी नीति बनानी पड़ेगी जो न केवल उसके अपने अनुकूल हो, अपितु जिसे अन्य लोगों का भी अनुमोदन तथा समर्थन प्राप्त हो। उसकी महत्त्वाकांक्षा यह थी कि "अब्दाली और रूहेलों के मध्य, रावी से यमुना तक फैला हुआ जाट-राज्य संघ का एक अखंड प्रदेश बनाया जाए;"[1] और दूसरी बात यह कि नजीब की शक्ति कम करके उसका प्रभाव बहुत घटा दिया जाए। यह तभी हो सकता था जब सूरजमल वज़ीर के पद पर किसी अपने आदमी को रखवा सके और उसके द्वारा साम्राज्य के कार्यों का संचालन वस्तुतः वह स्वयं करे।

सूरजमल का स्वप्न था कि ब्रज तथा यमुना प्रदेश के जाटों को पंजाब के जाटों से मिलाकर एक कर दिया जाए। यदि हरियाणा उसके राज्य का अंग बन जाए, तो यह स्वप्न सत्य हो सकता है। दक्षिण की ओर वह आगरा और धौलपुर से आगे नहीं जा सकता था, पश्चिम में आमेर का घराना था और पूर्व की ओर रुहेले थे। रूहेलों का दिल्ली को अपने चंगुल में ले लेना सूरजमल के हितों के लिए घातक होता। उस दशा में वे मेवात में रहनेवाले अपने सहधर्मियों को भड़काते– मेवात और अलवर सूरजमल के राज्य का अंग थे–और वे एक कन्नी की तरह दो जाट-क्षेत्रों के बीच घुसकर उन्हें अलग किए रहते। इसलिए उसने एक साथ दो दिशाओं में आक्रमण का निश्चय किया। हरियाणा और दोआब की ओर जानेवाली सेनाओं की कमान उसने क्रमशः जवाहरसिंह और नाहरसिंह को सौंपी। जवाहरसिंह को बहुत जल्दी सफलता मिली। रिवाड़ी, झज्झर और रोहतक, एक के बाद एक तेज़ी से उसके अधिकार में आते गए। फ़र्रुख़नगर में मसावी ख़ाँ बलोच ने उसका तगड़ा मुक़ाबला किया। सूरजमल अपने पुत्र को सहायता देने के लिए स्वयं वहाँ गया और तब इस क़स्बे पर अधिकार किया जा सका। मसावी ख़ाँ पकड़ा गया और उसे भरतपुर भेज दिया गया।

---

1. के.आर. कानूनगो, 'हिस्ट्री ऑफ़ द जाट्स,' पृ. 146

शाही राजधानी के इतने निकट जाट जो प्रदेशों को दबाते जा रहे थे, उसे नजीबुद्दौला बहुत ध्यान से देख रहा था। उसे सूरजमल की शक्ति का पता था और वह इस दुर्जय शत्रु से तब तक भिड़ना नहीं चाहता था जब तक उसे अब्दाली के हिन्दुस्तान लौट आने का पक्का भरोसा न हो जाए। अतः वह समय पाने के लिए मामले को टालता रहा और सूरजमल से समझौता करने की कोशिश करता रहा। समझौते की ये चर्चाएँ रूपराम कटारिया और नजीब के प्रतिनिधि दिलेरसिंह ने कीं। सूरजमल ने हरियाणा में जिन नए प्रदेशों पर क़ब्ज़ा किया था, उन्हें बाक़ायदा स्वीकार कर लिया गया और पुष्ट कर दिया गया। इसके बाद सूरजमल द्वारा सम्राट को नाममात्र का राज-कर (नज़राना) दिया जाना था, जिसके लिए ज़मानत राजा नागरमल सेठ ने दी। फिर भी, सन्देह बने रहे। जब नजीब ने ईमानदारी से क़सम खाकर सूरजमल की सुरक्षा का वचन दे दिया, उसके बाद ही जाट-राजा ने उससे भेंट करना स्वीकार किया। "इन दो सरदारों की सेनाएँ दनकौर घाट पर यमुना के आमने-सामने के तटों पर आ उतरीं। नजीब ने अपनी सारी सेना को नदी के किनारे छोड़ दिया और स्वयं केवल कुछ-एक सेवकों के साथ एक छोटी-सी नाव में बैठकर सूरजमल की ओर गया।...सूरजमल ने उसके साथ बड़े निर्मल हृदय से बरताव किया।"[1] परन्तु इस सारे सौहार्द का कोई ठोस परिणाम न निकला।

नजीब अपने स्वामी अहमदशाह अब्दाली के दिल्ली आने की प्रतीक्षा करता रहा, जो निष्फल रही। पंजाब के सिखों ने उसे उलझाया हुआ था। राजा सूरजमल भी तब तक अपना हाथ रोके रहा जब तक कि उसे यह निश्चय न हो गया कि अब्दाली के बिना नजीब, सूरजमल के विरुद्ध आसानी से कोई सैनिक कार्रवाई नहीं कर सकता। नजीब की यह सावधानी सूरजमल के लिए सुअवसर थी। "जाट-राजा ने नजीब के सावधानी-भरे व्यवहार से समझ लिया कि वह युद्ध से डर रहा है, तब वह और भी दबंग हो गया और उसने माँग की कि राजधानी के आस-पास के ज़िलों की फ़ौजदारी उसे दी जाए।"[2]

फ़र्रुख़नगर में मसावी ख़ाँ की हार और उसके बाद उसे भरतपुर में क़ैद किए जाने से मामला पराकाष्ठा पर पहुँच गया। राजा सूरजमल हमें पहली बार आक्रामक रुख़ अपनाता दिखाई पड़ता है। उसके जीवन के इस अन्तिम दौर में सुविचारित सावधानी और अभ्यास द्वारा अर्जित लचीलापन ग़ायब हो गया। इस समय वह अपनी शक्ति और प्रभाव के चरम शिखर पर था। उसका एकमात्र समर्थ प्रतिद्वन्द्वी नजीब था और वह भी सूरजमल से शंकित था। सूरजमल और

1. 'नूर' 56; 'दिल्ली क्रौनिकल' एवं जदुनाथ सरकार के ग्रन्थ, खंड दो, पृ. 320 भी देखिए।
2. 'सियर-उल-मुतख़्ख़रीन,' IV, 30

रूपराम कटारिया ने हिसाब लगाया कि अब और देर करना तो नजीब को अपने विदेशी मालिक, अब्दाली से सहायता पाने के लिए समय देने जैसा होगा और इस बीच वह छोटी-मोटी रियायतें देकर जाटों को ख़ुश करने का यत्न करेगा। परन्तु जब सूरजमल ने दिल्ली के आस-पास के ज़िलों पर, जो नजीब की जागीर थे, अधिकार कर लिया, तब नजीब चुप बैठा नहीं रह सकता था। मेवातियों और बलोचों ने उससे सहायता माँगी। यद्यपि उस समय नजीब नजीबाबाद में बीमार पड़ा था, फिर भी फ़र्रुख़नगर के पतन के बाद उसने सूरजमल को लिखा, "जो हो गया, सो हो गया। क़िले पर आपने क़ब्ज़ा कर लिया है, उसे आप अपने पास रख सकते हैं। परन्तु मसावी ख़ाँ और उसके परिवार को क़ैद में रखना ठीक नहीं हुआ। मेरे साथ जो आपकी मित्रता है, उसको देखते हुए आपके लिए उचित होगा कि आप उन्हें छोड़ दें।" यह कोई आपत्तिजनक पत्र नहीं था। सूरजमल का उत्तर स्पष्ट था और उसमें गौरव का अभाव नहीं था—"ये लोग मेरे दुश्मन हैं। आपके और मेरे बीच समझौता है और दोस्ती है। (फ़र्रुख़नगर पर मेरे घेरे के समय) आप नजीबाबाद से दिल्ली पर चढ़ आए, इसका उस दोस्ती से किस तरह मेल बैठता है ? यह बात सबको मालूम हो गई थी कि आप अपनी सेना मेरे विरुद्ध ला रहे हैं। इस बीच यदि मैंने क़िले पर अधिकार न कर लिया होता, तो आप मेरे विरोध में मसावी ख़ाँ से जा मिलते। यह विचार आपके मन में था। इस प्रकार आपके और मेरे बीच जो मैत्री थी, उसे आपने पहले ही भंग कर दिया है। आपने विश्वासघात किया है।"

सूरजमल को दोआब में भी सफलता मिली, जहाँ उसके सबसे छोटे पुत्र नाहरसिंह और सूरजमल के साले ठाकुर बलरामसिंह ने मुग़ल सरदारों पर उल्लेखनीय विजयें प्राप्त कीं। नजीब का राजकोष ख़ाली था; उसके सैनिक थकान से चूर थे और वह स्वयं बीमार था। उसने सूरजमल से समझौता करने का एक बार फिर प्रयत्न किया और उसके पास एक शान्ति-दूत भेजा। शाह वली ख़ाँ (अब्दाली के वज़ीर) के सम्बन्धी याक़ूब अली ख़ाँ से नजीब ने कहा था कि वह भरतपुर के राजा को शान्त करने की भरसक कोशिश करे। वह राजा के लिए यथोचित भेंटें भी ले गया था, जिनमें अन्य वस्तुओं के साथ-साथ 'पीले और गुलाबी रंग के बढ़िया मुल्तानी छींट के दो थान' थी थे। ये भेंट आदर सहित स्वीकार की गईं, परन्तु दूत को साफ़-साफ़ बता दिया गया कि उसके स्वामी ने धमकी-भरे ढंग से नजीबाबाद आकर अपने वचन को भंग किया है। समझौते की बातचीत का समय बीत चुका था। याक़ूब अली ख़ाँ चार दिन बाद 23 दिसम्बर, 1763 को वापस लौटा और उसने सारा हाल नजीब को बताया।

अब नजीब के सामने सूरजमल को चुनौती देने के सिवाय अन्य कोई विकल्प नहीं बचा था। उसमें अन्य चाहे जो कोई भी कमियाँ रही हों या न रही हों, परन्तु स्वाभाविक साहस की कमी नहीं थी। अपर्याप्त सेना—पन्द्रह हज़ार से अधिक नहीं—लेकर वह हिन्दुस्तान के सबसे भयावह राजा का मुक़ाबला करने चल पड़ा। इस 'घमंडी काफ़िर' से लड़ने के लिए यमुना को पार करते समय उसके साथ उसके पुत्र अफ़ज़ल ख़ाँ और जबीना ख़ाँ तथा रूहेला सरदार महमूद ख़ाँ बंगश भी था।

11

अन्तिम लड़ाई और मृत्यु

जवाहरसिंह को फ़र्रुख़नगर में छोड़कर सूरजमल दक्षिण दिल्ली पहुँच गया था। उसका सामना करने के लिए नजीब ने 24 दिसम्बर, 1763 को यमुना पार की। दोनों सेनाओं ने हिंडन (यमुना की एक सहायक नदी) के किनारों पर मोर्चे जमा लिए। शुरू की झड़प में जाटों का पलड़ा भारी रहा। सूरजमल की सेना दक्ष एवं द्रुतगामी थी और उसके सभी सेनानायक सरदार मोहनराम, बलराम, मनसाराम, काशीराम (होडलवाले), बनचेरी के रामकिशन, बचमढ़ी के ठाकुर माधसिंह और सिनसिनी के ठाकुर भगवानसिंह जैसे अनुभवी एवं रणकुशल योद्धा थे। सरदार सीताराम ने हरियाणा-संग्राम में अमरता प्राप्त की। राजा सूरजमल अपने संग्रामों में तोपें खींचने या सामान ढोने के लिए हाथियों का प्रयोग बहुत ही कम करता था। हाथियों के कारण सेना की चाल धीमी पड़ जाती थी, हाथियों को खिलाना-पिलाना और उनकी देखभाल करना महँगा पड़ता था और उसमें समय भी बहुत ख़र्च होता था। वह घोड़ों का अधिकतम उपयोग करता था। तबतबाई अपनी पुस्तक 'सियर' में कहता है कि सूरजमल की "घुड़सालों में बारह हज़ार घोड़े थे; उन पर इतने ही चुने हुए सैनिक सवार होते थे। सूरजमल ने स्वयं उनको इस प्रकार का अभ्यास करवाया था कि वे घोड़े की पीठ पर बैठे-बैठे लक्ष्य पर गोली दाग़ते थे, और उसके बाद गोलाई में घूम जाते थे, जिससे आड़ में होकर अपनी बन्दूकों को दुबारा भर सकें। निरन्तर तथा दैनिक अभ्यास द्वारा ये लोग इतने फुरतीले और इतने ख़तरनाक निशानेबाज और साथ ही अपनी चक्राकार गति में इतने प्रवीण हो गए थे कि भारत में ऐसे कोई सैनिक थे ही नहीं जो रणभूमि में उनका मुक़ाबला करने का साहस कर सकें। ऐसे राजा के साथ युद्ध लड़कर कोई लाभ पा सकना असम्भव माना जाता था।"[1]

1. 'सियर-उल-मुतख़्ख़रीन, IV, 28; कानूनगो की पुस्तक, पृ. 169 भी देखिए।

अपने हरियाणा-संग्राम में उसने हाथियों का प्रयोग अवश्य किया। गढ़ी हरसरू में सूरजमल का हाथी क़िले के विशाल फाटक पर टक्कर मारते हुए झिझका—किवाड़ों पर फ़ौलाद की दस इंची पैनी नोकदार कीलें आगे को उभरी हुई थीं। यह देखते हुए कि हाथी की हरकत से पूरी लड़ाई पर निर्णायक प्रभाव पड़ सकता है, सरदार सीताराम अपने घोड़े से उतरा और हाथी को पुचकारकर फाटक तक ले गया। उसके बाद उसने अपने कुल्हाड़े से फाटक का थोड़ा-सा हिस्सा तोड़ दिया, जिससे अन्दर जाने का रास्ता बन गया।

25 दिसम्बर, 1763 को अपराह्न में लगभग तीन बजे राजा सूरजमल ने शाहदरे के पास हिंडन को पार किया; उसके साथ छह हज़ार घुड़सवार थे, जिनका नेतृत्व वह स्वयं कर रहा था। उसने नजीब की सेना के पृष्ठ भाग पर आक्रमण किया। "कुछ देर तक भयंकर लड़ाई होती रही; आक्रमण और प्रत्याक्रमण होते रहे ओर दोनों पक्षों के कुल मिलाकर लगभग एक हज़ार सैनिक हताहत हुए।"[1] यहाँ पहुँचकर हम विभ्रम और गड़बड़झाले में पड़ जाते हैं। कानूनगो ने, जो तथ्यों के विषय में अत्यन्त सतर्क रहते हैं, इस जाट-राजा की मृत्यु का वर्णन करने के लिए 'वाक़ा' को उद्धृत किया है। "युद्ध की गरमागरमी में, सूरजमल जाट केवल तीस घुड़सवारों को लेकर मुग़लों और बलोचों के केन्द्रीय भाग पर टूट पड़ा और मारा गया।"[2] सियर-उल-मुतख़्ख़रीन में सैयद गुलामहुसैन तबतबाई कहता है, "जाट सेना का अनुशासन इतना बढ़िया था कि यद्यपि सूरजमल की मृत्यु की ख़बर सैनिकों में फैल गई थी, फिर भी एक भी सैनिक विचलित नहीं हुआ। वे अपनी जगह ऐसे जने रहे, जैसे कुछ हुआ ही नहीं है। उधर मुसलमान फ़ौज छिन्न-भिन्न होकर अपने शिविर की ओर भाग खड़ी हुई। इसके बाद जाट-सेना विजेताओं की-सी प्रभुता के साथ रणक्षेत्र से लौटी।"[3]

'बयान-ए-वाक़ाई' में ख़्वाजा अब्दुलकरीम कश्मीरी लिखता है, "उसका शव उनके हाथ नहीं आया। उसकी मृत्यु की ख़बर की पुष्टि उस समय नहीं हो सकी। नजीब ख़ाँ अपनी सेना की सुरक्षा के लिए सारी रात अपने मोर्चे पर डटा रहा। आधी रात के समय जाट-सेना हिंडन के परले किनारे पर वापस लौट चली। जाट सेना का कोई निशान तक न मिला और केवल तभी सूरजमल की मृत्यु की ख़बर पर विश्वास किया गया।"[4] कहा जाता है कि नजीब ने अपनी यह विख्यात उक्ति

1. जदुनाथ सरकार, 'फ़ाल ऑफ़ द मुग़ल ऐम्पायर,' खंड दो, पृ. 232
2. 'वाक़ा-ए-शाह आलम सानी,' पृ. 199
3. 'सियर-उल-मुतख़्ख़रीन,' IV, 32
4. ए.के. कश्मीरी, 'बयान-ए-वाक़ाई', पृ. 303

इसी समय कही थी कि "जाट मरा तब जानिए जब तेरहीं (श्राद्ध) हो जाए।"

सर जदुनाथ सरकार ने अपना एक अलग वृत्तान्त दिया है, जो वैंदेल, बयान, सियर और चहर गुलज़ार के उपलब्ध विवरणों पर आधारित है। "परन्तु नदी के बहाव से बने एक नाले को पार करते हुए वह (सूरजमल) घात लगाकर बैठे अफ़ग़ानों के बीच जा फँसा। उसे और उसके अधिकांश साथियों को झाऊ की झाड़ियों में छिपकर बैठे रूहेला बन्दूकचियों ने मार गिराया। उस टुकड़ी का शेष भाग छिन्न-भिन्न होकर अपने घोड़ों को लुटने के लिए छोड़कर जंगल में भाग गया। विजयी रुहेले घात की जगह से निकलकर आगे झपटे। उनमें से एक, सैयद मुहम्मद ख़ाँ ने, जिसे लोग 'सैयदु' कहकर पुकारते थे, सूरजमल को पहचान लिया। बदले का प्यासा वह घोड़े से उतरा और उसने अपना खंज़र दो-तीन बार उस राजा के पेट में भोंका। उसके दो-तीन घुड़सवारों ने भी अपनी तलवारों से राजा के शरीर पर वार किए। तब उसने आदेश दिया कि सिर काट लिया जाए। पाँच-छह आदमियों ने अपनी तलवारें उसके सिर पर चलाईं और उसके टुकड़े-टुकड़े कर डाले गए। एक तलवार भी टूट गई। उसके बाद सैयदु उस जगह से लौट आया।"[1] इसके बाद सर जदुनाथ ने कुछ और भी विस्तृत विवरण दिए हैं, जो अस्पष्ट हैं और उनसे इस विषय पर कुछ भी प्रकाश नहीं पड़ता। वह लिखते हैं, 'नजीब के मुक़ाबले में खड़ी जाट-सेना गोलियाँ चलाती रही, उसके हाथी पर झंडा सीधा खड़ा रहा और उसके नगाड़े बजते रहे। जब सैयदु आया और उसने शेख़ी बघारी कि मैंने सूरजमल को मार डाला, तब किसी ने उसकी बात पर विश्वास ही नहीं किया, क्योंकि सारी-की-सारी जाट-सेना ठीक पहले की ही तरह मज़बूती से मोर्चों पर डटी थी। सूर्यास्त के तीन घंटे बाद दोनों सेनाएँ पीछे हटकर अपने डेरों की ओर चली गईं। अगले दिन पौ फटने पर भेदियों ने आकर ख़बर दी कि तीस मील तक जाट-सेना का कहीं कोई निशान ही नहीं मिला। नजीब ने सूरजमल की मृत्यु का प्रमाण माँगा। सैयदु ने सूरजमल के शव से एक बाँह काट ली और लाकर नजीब को दिखाई। रूहेला सरदार के दूतों, सागरमल खत्री और करीमुल्ला ने, जो लड़ाई से एक दिन पहले सूरजमल से मिले थे, उसके शव को उसकी पोशाक की छींट के डिज़ाइन से और उस रक्षा-कवच के निशान से तुरन्त पहचान लिया, जिसे जाट-राजा कई वर्षों से अपनी बाँह पर बाँधे रहता था। इस प्रकार सबको विश्वास हो गया कि सूरजमल मारा गया है।"[2]

---

1. जदुनाथ सरकार, 'फ़ाल ऑफ़ द मुग़ल ऐम्पायर,' खंड दो, पृ. 323-24
2. वही।

कर्नल टॉड और श्री ग्राउज़ के इन काल्पनिक निष्कर्षों की, कि सूरजमल को नजीब के आदमियों ने उस समय घात लगाकर मार डाला—“जिस समय वह शाहदरा के निकट सम्राट के लिए सुरक्षित इलाक़े में नियमों की अवहेलना करके शिकार खेल रहा था,” हम उपेक्षा कर सकते हैं। ‘वाक़ा-ए-शाह आलम सानी’ में एक समकालीन विवरण दिया गया है, जो सर जदुनाथ सरकार के शब्दों में—“अमूल्य महत्त्व का है और इस काल के आलोचनात्मक इतिहासकारों के लिए सर्वाधिक मूल्यवान अभिलेख है। इसमें हमें दिल्ली की घटनाओं और अफ़वाहों का बिलकुल समकालीन वृत्तान्त प्राप्त होता है, जो इसी नगर के निवासी द्वारा इन घटनाओं के तुरन्त बाद, परवर्ती काल की रचनाओं में पाए जानेवाले बनाव-सजाव, अपनी मनपसन्द घटनाओं के चयन, या कृत्रिम विन्यास के बिना लिखा गया है...”[1]

‘वाक़ा’ में दिया गया वृत्तान्त यह है—“सैयद मुहम्मद ख़ाँ बलोच ने उस जाट के शव से सिर और एक हाथ काट लिया। उसने उन्हें लाकर अपने यहाँ दो दिन तक रखा। उसके बाद इन्हें नवाब नजीबुद्दौला के सामने ले जाया गया। इसके बाद ही उसे विश्वास हो पाया कि सूरजमल मर गया है।” ‘सियर-उल-मुतख़्ख़रीन’ में वर्णन कुछ अधिक विस्तार से है, जो पूरी तरह विश्वास-योग्य नहीं है—“राजा सूरजमल युद्ध-क्षेत्र की पड़ताल करने और अपनी पसन्द की जगह चुनने के लिए घोड़े पर सवार इधर-उधर दौड़ लगा रहा था। इसके बाद वह विचार करने के लिए ज़रा देर रुका। जब वह इस प्रकार खड़ा था, तब वहाँ से अफ़ज़ल ख़ाँ के कुछ सैनिक गुज़रे, जिन्हें सूरजमल की हरावल के सेनाध्यक्ष मनसाराम जाट ने हराकर खदेड़ दिया था। जो कुछ-एक लोग सूरजमल के साथ थे, उन्होंने उससे कहा कि आपका केवल थोड़े-से मित्रों (?) के साथ शत्रु के इतने निकट रहना ठीक नहीं है; और करीमुल्ला तथा मिर्ज़ा सैफ़ुल्ला ने वापस लौट चलने के लिए विनयपूर्वक आग्रह किया। उन्होंने जो कुछ कहा, उस पर उसने ध्यान नहीं दिया, क्योंकि वह शत्रु की चालों पर विचार करने में मग्न प्रतीत होता था। उन दोनों ने अपना अनुरोध फिर दुहराया; उसने कोई उत्तर न दिया; परन्तु उसने एक और घोड़ा मँगवाया और उस पर चढ़कर उसी आरक्षित स्थान पर देखाभाली करता रहा। जब वह घोड़े पर चढ़ रहा था, तभी ऐसा हुआ कि सैयद मुहम्मद ख़ाँ बलोच, जो ‘सैयदु’ के नाम से अधिक प्रसिद्ध था, अपने लगभग चालीस या पचास सैनिकों के साथ उसके बिलकुल पास से तेज़ी से गुज़र रहा था। तभी उनमें से एक ने मुड़कर देखा और सूरजमल की शक्ल-सूरत को पहचान लिया। वह सैयदु की ओर बढ़ा

1. भारतीय ऐतिहासिक अभिलेख आयोग की तीसरी बैठक (बम्बई) में सर जदुनाथ सरकार का भाषण।

और चिल्लाया, 'ठाकुर साहब वहाँ खड़े हैं।' सैयदु ने ये शब्द सुने तो वह तुरन्त वापस लौटा और सूरजमल पर टूट पड़ा। उसके एक सैनिक ने जाट-राजा को लक्ष्य कर उस पर तलवार का वार किया और उसकी बाँह काट दी। वह बाँह बेकार हो गई और वस्तुतः फँस गई। अभी वह बाँह गिर ही रही थी कि दो अन्य सैनिक एक साथ उससे भिड़ गए। उन्होंने उसे और साथ ही मिर्ज़ा सैफ़ुल्ला, राजा अमरसिंह तथा अन्य दो-तीन आदमियों को मार डाला। बाक़ी सब अपने लोगों की ओर भाग गए। परन्तु सैयदु के एक सैनिक ने उस कटी हुई बाँह को उठा लिया, उसे अपने झंडे के भाले पर लगा लिया और नजीबुद्दौला के पास ले गया। नजीब को यह विश्वास ही न होता था कि वह बाँह सूरजमल की है और वह पूरे दो दिन तक इस विषय में सन्देह करता रहा। परन्तु जाट-सेना में किसी को सन्देह नहीं रहा था और यह दुर्धर्ष रूप धारण किए हुए ही पीछे हट गई थी। दूसरे दिन, याक़ूब ख़ाँ नजीब से मिलने आया; तब नजीब ने उसे वह बाँह दिखलाई। उसने तुरन्त कहा कि यह सूरजमल की ही है; उस पर जो कमीज़ की बाँह थी, वह ठीक उसी मुल्तानी छींट के कपड़े की थी, जिसे सूरजमल ने उसके सामने ही पहना था। इसके बाद मृत्यु का पूरा निश्चय हो गया और सबको उसकी ख़बर मिल गई।"

वैंदेल ने भी एक विवरण दिया है—"एक दिन सूरजमल को ख़बर मिली कि शत्रु का एक बड़ा दल नाहरसिंह (उसके पुत्र और उत्तराधिकारी) पर आक्रमण करने आ रहा है, जो उस युद्ध-अभियान में गया हुआ था। सूरजमल जल्दी से कुछ हज़ार घुड़सवारों को लेकर उसकी सहायता के लिए चला। दुर्भाग्यवश, हिंडन नदी के प्रवाह से बने एक नाले को पार करते समय उसने दोनों किनारों पर खड़े रूहेला पैदल सैनिकों के एक दल ने उस पर अचानक हमला कर दिया। ये रुहेले उसकी घात में वहाँ छिपकर रखे गए थे। अपनी बन्दूकों की एक ज़ोरदार बाढ़ से...उन्होंने सूरजमल और उसके सभी अनुचरों को धराशायी कर दिया; वे मृत या घायल उस मैदान में पड़े रहे।"[1]

इन विवरणों में से कोई भी वस्तुतः सत्य नहीं जान पड़ता। इनमें से कोई भी पूरी तरह विश्वासजनक नहीं है। एक भी तो लेखक सूरजमल के शव के ग़ायब हो जाने का कोई कारण नहीं बताता। इस बात पर तो अधिकांश लेखक सहमत हैं कि उसकी मृत्यु 25 दिसम्बर, 1763 को शाहदरा में हुई (दो-एक लेखकों ने 25 दिसम्बर, 1764 लिखा है, परन्तु वह बिलकुल ग़लत है), परन्तु मृत्यु हुई किस प्रकार, वह बिलकुल स्पष्ट नहीं है। सचाई कहाँ है ? ए.जी.पी. टेलर ने इतिहासकार की इस दुविधा को हल करने का यत्न किया है। वह कहता

1. वैंदेल, 'औरम की पांडुलिपि'।

है—“निश्चय ही, हम अनुमान करते हैं। हम घटनाओं की एक ऐसी उलझन को, जो किसी निश्चित प्रादर्श पर नहीं बनी, एक वृत्तान्त का रूप देने के लिए लिखते हैं।...जहाँ ठोस प्रमाण समाप्त हो जाते हैं, वहाँ बात को स्पष्ट करने का एक ही उपाय होता है—अनुमान।”[1]

सामान्यतया हमें 'वाक़ा' की बात सच मान लेनी चाहिए; पर क्या हम मान सकते हैं ? यदि हमसे इस तथ्य को स्वीकार कर लेने को कहा जाए कि सैयद मुहम्मद ख़ाँ बलोच राजा सूरजमल के सिर को दो दिन तक अपने घर में रखे रहा, तो यह हमारी विश्वासशीलता पर अत्याचार होगा। उलटे वह तो अपना अमूल्य विजय-चिह्न दिखलाने के लिए दौड़कर अपने मालिक नजीब के पास जाता और इस प्रकार उसकी कृपा, पदोन्नति और इनाम प्राप्त करता। 'सियर' भी यथेष्ट प्रकाश नहीं डालता। याक़ूब ख़ाँ ने मुल्तानी छींट 23 दिसम्बर को भेंट की थी। यह बहुत ही अविश्वसनीय है कि राजा सूरजमल ने चटपट उस छींट की पोशाक सिलवाई हो, और सिलवा लेने के बाद उसे 25 दिसम्बर को युद्ध में जाने के लिए पहना हो। हमें मालूम है कि सूरजमल के पास कपड़ों की सिलाई जैसे विषयों पर ध्यान देने के लिए समय नहीं था। याक़ूब ख़ाँ का यह दावा भी कि उसने जाट राजा को 'वह मुल्तानी वस्त्र' पहनते देखा, दूर की कौड़ी है।

उनकी भेंट सफल नहीं रही थी। सूरजमल की-सी स्थितिवाले किसी भी व्यक्ति के लिए अपने अवांछित अतिथियों की उपस्थिति में उस मुल्तानी छींट की पोशाक को पहनकर देखना भी उसके स्वभाव के प्रतिकूल होगा। यदि हम इस विवरण को सही मान लें, तो हमें यह भी मानना पड़ेगा कि भरतपुर के राजा ने अड़तालीस घंटे तक अपने वस्त्र बदले ही नहीं। यदि यह मान भी लिया जाए कि उन दिनों सरदी अपने पूरे ज़ोर पर थी और जल्दी-जल्दी पोशाक बदलने की इच्छा न होती थी, तो भी उससे पहले के कुछ दिनों में राजा सूरजमल कई छोटी-मोटी लड़ाइयाँ लड़ता रहा था और यह मान लेना युक्तियुक्त होगा कि एक अच्छा हिन्दू होने के नाते उसने अवश्य ही शाम को स्नान किया होगा, पूजा की होगी और वस्त्र बदले होंगे। 25 दिसम्बर को प्रातःकाल उसने अपनी युद्ध की पोशाक पहनी होगी और इस बात की सम्भावना कम ही है कि नजीब से लड़ने के लिए वह उसी के भेजे हुए कपड़े से बने वस्त्र (यदि हम यह मान भी लें कि ये वस्त्र संग्राम के उस समय में सिल भी सके होंगे) पहनकर निकला हो। सूरजमल किसी सन्धि-परिषद के लिए नहीं, अपितु अपने शत्रु को समाप्त कर देने के लिए लड़ने जा रहा था। अतः हमें 'वाक़ा' और 'सियर' पर सन्देह

1. ए.जी.पी. टेलर, 'ऐस्सेज़ इन इंग्लिश हिस्ट्री'।

करना ही पड़ेगा।[1]

सबसे अधिक बुद्धि को चकरा देनेवाला रहस्य है, सूरजमल के शव का ग़ायब हो जाना। वह कभी मिला ही नहीं। यह सम्भव है कि लड़ाई के आवेश में वह इतना क्षत-विक्षत हो गया हो कि पहचाना नहीं जा सका हो और उस समय मारे गए अन्य सैकड़ों लोगों के शवों के साथ ही उसका भी दाह कर दिया गया हो। लड़ाइयों के बाद सामूहिक दाह-संस्कार कोई अनजानी बात नहीं थी।

ठाकुर गंगासिंह ने इस मत के समर्थन में कि महाराजा के शव की बोटी-बोटी काट दी गई थी, समकालीन कवि जुलकरण को उद्धृत किया है–

'तलवारों से लाश की बोटी-बोटी काट दी गई।'[2]

इस प्रकार क्रिसमस के दिन, राजधानी की छाँह तले, पवित्र नदी के तीर पर "जाट-जाति की आँख और ज्योति–गत पन्द्रह वर्षों से हिन्दुस्तान का सबसे दुर्धर्ष राजा अपने काम को अधूरा छोड़कर जीवन के रंगमंच से लुप्त हो गया। वह एक महान व्यक्तित्व और एक लोकोत्तर प्रतिभाशाली पुरुष था, जिसे अठारहवीं शताब्दी के प्रत्येक इतिहासकार ने श्रद्धांजलि अर्पित की है।"[3]

अपराजित, नेताविहीन, भग्नहृदय जाट-सेना असाधारण व्यवस्थित रूप से रणभूमि से लौट आई। अग्रिम टुकड़ियाँ दिल्ली से 90 मील दक्षिण-पश्चिम में स्थित डीग में छत्तीस घंटे बाद ही पहुँच गईं। राजकुमार नाहरसिंह, नवलसिंह और रणजीतसिंह तथा विधवा महारानियाँ–सब उस शोकग्रस्त नगर में एकत्र हुए, जो दिवंगत शासक को इतना प्रिय था। जवाहरसिंह अभी तक फ़र्रुख़नगर में था। बलरामसिंह और मोहनराम ने, जो प्रमुख सरदार थे, यह प्रकट कर दिया कि वे महाराजा सूरजमल की इच्छा का पालन करेंगे और नाहरसिंह को 'गद्दी' पर बिठाएँगे; और यह काम अभी तुरन्त होगा। परन्तु उनका जवाहरसिंह की कार्यक्षमता का अन्दाज़ा कम रहा। उसने विद्युद्वेग से कार्यवाही की। एक तीव्रगामी साँडनी-सवार के हाथ उसने एक पत्र डीग भिजवाया। उसमें उसने जाट-सरदारों की भर्त्सना की थी कि उन्होंने कायरतापूर्वक अपने स्वामी का साथ छोड़ दिया और पहले उसकी मृत्यु का बदला लिए बिना ही वे उसके उत्तराधिकारी के चुनाव के बारे में अनुचित विचार-विमर्श कर रहे हैं। उसने यह भी लिखा कि वह अकेला ही नजीब से लड़ने जाएगा और उत्तराधिकर की बात बाद में सोचेगा।

जवाहरसिंह की दिलेरी और ललकार से महारानियों, राजकुमारों और सरदारों

1. परिशिष्ट-4 देखिए।

2. गंगासिंह, 'यदुवंश' पृ. 249

3. के.आर. कानूनगो, 'हिस्ट्री ऑफ़ द जाट्स,' पृ. 153

में संशय, फूट और भय उत्पन्न हो गए। सूरजमल द्वारा चुना गया उत्तराधिकारी नाहरसिंह काग़ज़ी शेर था। जवाहरसिंह से टक्कर लेने का उसका कोई इरादा न था। उसने समझदारी दिखाई और भागकर पहले कुम्हेर और उसके बाद जयपुर चला गया। इस समय तक जवाहरसिंह रूपराम कटारिया के साथ डीग पहुँच गया था। उसके आगमन से लोगों की मनोदशा में आश्चर्यजनक परिवर्तन हो गया। अब कोई आलोचक और विरोधी रहा ही नहीं। परन्तु जवाहर ने उनके नाम ध्यान में रख लिए थे और उसे बाद में उनसे भीषण बदला लेना था। अपने पिता की प्रतीकात्मक अन्त्येष्टि के पश्चात वह 'गद्दी' पर बैठा। क्योंकि दाह के लिए शव तो था ही नहीं, अतः रानी ने भूतपूर्व शासक के दो दाँत ढूँढ़ निकाले। राजपंडितों को हिन्दुओं के धर्मशास्त्र तथा श्रद्धालुता की खींचतान करने में कोई कठिनाई नहीं हुई और उन्होंने कहा कि दाँत भी शव के समान ही हैं। अतः कृष्ण की पवित्रभूमि गोवर्धन में अन्त्येष्टि-समारोह सम्पन्न हुआ। बाद में खुदाई करके वहाँ कुसुम सरोवर ताल बनाया गया और उसके पूर्वी किनारे पर एक छतरी (स्मारक) बनाई गई जो जाट वास्तु-कला का एक अविस्मरणीय सुन्दर नमूना है।

12

महाराजा सूरजमल की उपलब्धियाँ

उसकी मृत्यु लगभग निरन्तर विजय की जीवन-यात्रा के बीच ही हो गई—ठीक उस समय जबकि वह एक ऐसे पुरुष के रूप में उभर रहा था जिसका प्रभाव हिन्दुस्तान के मामलों में निर्णायक बनता जा रहा था। छप्पन वर्ष की आयु में हुई उसकी मृत्यु से जाटों से उनका सबसे महान राजमर्मज्ञ, कूटनीतिज्ञ तथा सैनिक नेता छिन गया।

भारतीय राज्यव्यवस्था में सूरजमल का योगदान सैद्धान्तिक या बौद्धिक नहीं, अपितु रचनात्मक तथा व्यावहारिक था। जाट-राष्ट्र का सृजन एवं पोषण एक आश्चर्यजनक सीमा तक इस असाधारण योग्य पुरुष का ही कार्य था। मुसलमानों, मराठों या राजपूतों से गठबन्धन का शिकार हुए बिना ही उसने अपने युग पर एक जादू-सा फेर दिया था। राजनीतिक तथा सैनिक दृष्टि से वह शायद ही कभी पथभ्रान्त हुआ हो। कई बार उसके हाथ में बहुत काम के पत्ते नहीं होते थे, फिर भी वह ग़लत या कमज़ोर चाल नहीं चलता था। नवजात जाट-राज्य की रक्षा करने और उसे सुरक्षित बचाए रखने के लिए साहस तथा सूझबूझ के उत्कृष्टतम गुणों की आवश्यकता थी। उसने न केवल इन दोनों लक्ष्यों को सिद्ध कर लिया, अपितु वह उस चिर-अव्यवस्था के काल में अपने लोगों को सुव्यवस्था और जीवन तथा सम्पत्ति की सुरक्षा से सुनिश्चित तथा अति-आकांक्षित वरदान देने में भी सफल रहा। उसने जाटों को प्रतिष्ठा तथा स्वाभिमान प्रदान किया। इस पुरुष की बहुमुखी प्रतिभा तथा अतिमानवीय शक्ति ने उन पर गहरा प्रभाव डाला। विस्मय एवं सराहना के साथ वे उसे एक के बाद एक सफलता प्राप्त करते, संग्राम छेड़ते, घेरे डालते और जीवन के सन्ध्या-काल में पुनः संचित शक्ति एवं शान्ति के साथ उभरते देखते रहे।

अठारहवीं शताब्दी के सभी इतिहासकारों तथा वृत्तान्त-लेखकों ने उसकी

उत्साहदायिनी योग्यता, प्रतिभा तथा चरित्र की दृढ़ता को स्वीकार किया है। सैयद गुलाम अली नक़वी अपने ग्रन्थ 'इमाद-उस-सादात' में लिखता है—"नीतिज्ञता में और राजस्व तथा दीवानी मामलों में प्रबन्ध की निपुणता तथा योग्यता में हिन्दुस्तान के उच्च-पदस्थ लोगों में से, आसफ़जाह बहादुर, निज़ाम के सिवाय कोई भी उसकी बराबरी नहीं कर सकता था। उसमें अपनी जाति के सभी श्रेष्ठ गुण—ऊर्जा, साहस, चतुराई, निष्ठा और कभी पराजय स्वीकार न करनेवाली अदम्य भावना—सबसे बढ़कर विद्यमान थे। परन्तु किसी भी उत्तेजनापूर्ण खेल में, चाहे वह युद्ध हो या राजनय, वह कपटी मुग़लों और चालाक मराठों को समान रूप से मात देता था। संक्षेप में कहें तो वह एक ऐसा होशियार पंछी था, जो हर-एक जाल में से दाना तो चुग लेता था, पर उसमें फँसता नहीं था।"[1]

यह ठीक है कि वह अपने युग की उपज था और बहुत निष्ठुर तथा कठोर बन सकता था, और अपने उद्‌देश्य को सिद्ध करने के लिए 'अर्थशास्त्र' में दी गई प्रत्येक चालाकी का प्रयोग कर सकता था, फिर भी वह क्षुद्र, बेईमान और अविश्वसनीय नहीं था। वह अठारहवीं शताब्दी के हिन्दुस्तान में व्याप्त उन पतनकारी दुर्गुणों से पूर्णतः मुक्त था जिन्होंने बड़े-बड़े राजपूत घरानों को बरबाद कर दिया, स्वास्थ्य और बल को नष्ट कर दिया और बुद्धि को क्षीण कर दिया। वह अत्यन्त धर्मपरायण था और 'ब्रजराज' के रूप में अपने कर्तव्यों का पालन इतनी गम्भीरता से करता था कि वह भक्ति की सीमा तक पहुँच जाता था। उस काल में जितना धर्म-निरपेक्ष हो पाना सम्भव था, उतना वह था। उसने मस्जिदें नहीं तोड़ीं और मुसलमानों को ऊँचे पदों पर नियुक्त किया। वह विवादों का फ़ैसला बातचीत और समझौते के द्वारा करना पसन्द करता था, न कि इस बात से कि किसकी 'तलवार ज़्यादा लम्बी' है। उसने जाटों के रक्त एवं धन का न्यूनतम व्यय करके एक विशाल राज्य खड़ा कर दिया।

उसका शासन एकतन्त्रीय वैयक्तिक था। उसकी प्रभुता एकछत्र थी। केवल जवाहरसिंह ने इसे चुनौती दी थी और वह भी केवल एक बार। शासन चलाने में अपनी सहायता के लिए वह अच्छे और योग्य व्यक्तियों का चयन करता था। रूपराम कटारिया और मोहनराम बरसानिया किसी भी युग के किसी मन्त्रिमंडल की प्रतिष्ठा ही बढ़ाते।

वह सदा सावधान रहता, हर बात पर नज़र रखता, सतर्क रहता और हर बात को भली-भाँति सुनता, परन्तु जब तक नितान्त आवश्यक न हो तब तक अपने मन की बात किसी से नहीं कहता था। संक्षेप में कहें तो, उस पुरुष में गुरुत्व था।

1. सैयद गुलाम नक़वी, 'इमाद-उस-सादात'।

जैसा कि हम देख चुके हैं, सूरजमल और उसके पिता शुरू में सिनसिनी और थून के मामूली ज़मींदार थे। जिस समय सूरजमल की मृत्यु हुई, उस समय उसके राज्य में आगरा, अलीगढ़, बल्लभगढ़, फ़र्रुख़नगर, मेवात और रिवाड़ी सम्मिलित थे। इस राज्य की लम्बाई 200 मील और चौड़ाई 100 मील थी। सूरजमल का प्रशासन मुग़ल-पद्धति का था। उसका दरबार प्रतिदिन लगता था, जिसमें वह अपने उच्च-पदस्थ लोगों से मिलता और याचिकाएँ सुनता था। उसकी राजसभा लगभग हमेशा ही उसके साथ रहती थी। दीवान, नाज़िम, मुंसिफ़, कोतवाल, नम्बरदार और पटवारी दीवानी मामलों को देखते थे। सुरक्षा, प्रतिरक्षा और गुप्तचर विभाग उसके अपने अधीन थे। भेदियों और गुप्तचरों का काफ़ी बड़ा जाल बिछा हुआ था और वे सूरजमल को सूचना देते रहते थे कि उसके राज्य में कहाँ क्या हो रहा है। कोतवाल के कर्तव्य वही थे, जो 'आईन-ए-अकबरी' में बताए गए हैं—(1) चोरों का पता लगाना; (2) क़ीमतों और मापों का नियमन; (3) रात के समय नगर में चौकीदारी और गश्त का प्रबन्ध; (4) मकानों का एक रजिस्टर रखना और नवागन्तुकों के आवागमन पर नज़र रखना; (5) आवारा लोगों के बीच अपने गुप्तचर नियुक्त करना, पास-पड़ोस के गाँवों के और विभिन्न श्रेणियों के लोगों की आय तथा व्यय के बारे में जानकारी प्राप्त करना; (6) जिन लोगों का कोई उत्तराधिकारी न हो, उनकी सम्पत्ति की सूची बनाना और उसे अपने अधिकार में लेना; और (7) बैलों, भैंसों और ऊँटों के वध को रोकना।

बैंकों और सहकारी समितियों जैसी वित्तीय तथा ऋण देनेवाली संस्थाएँ तब थीं ही नहीं। व्यापार अल्पकालीन उधारों और ऋणों की एक पुरानी चली आ रही और परिष्कृत व्यवस्था द्वारा चलता था, जो 'हुंडियाँ देने और उन्हें सकारने पर आधारित थी। हुंडी एक लिखित प्रलेख या बचत-पत्र होती थी। यह बैंक के ड्राफ़्ट जैसी ही होती थी। करना केवल यह होता था कि व्यक्ति सर्राफ़ (बनिया-महाजन) के पास जाए; वह सर्राफ़ धनराशि ले लेता था और उसकी हुंडी दे देता था। यह व्यवस्था आश्चर्यजनक रूप से कारगर थी और, कुल मिलाकर, दुरुपयोग से बची हुई थी। सूरजमल ने अपने सिक्के नहीं चलाए। सन् 1835 तक मुग़ल-मुद्रा ही सारे हिन्दुस्तान में वैध मुद्रा मानी जाती रही। यद्यपि "प्रशासन के लिए कोई नए सिद्धान्त प्रस्तुत नहीं किए गए, फिर भी जाट-राज्य के उत्थान का उत्तरी भारत की राज्य-व्यवस्था पर एक सुनिश्चित प्रभाव पड़ा और उसका असर काफ़ी बड़े क्षेत्र में भूमि-धारण तथा सामाजिक विकास पर पड़ा।"[1]

1. 'गज़ेटियर ऑफ़ इंडिया'।

ब्रज-मंडल के विषय में स्वप्न-लोक की सी मधुर कल्पनाएँ करने का प्रलोभन तो होता है, परन्तु सूरजमल के समय भी यह कोई दूध और मधु का देश, या कोई ऐसा अलौकिक देश नहीं था, जहाँ रामराज्य हो। बीमारियाँ, बाढ़ें और दुर्भिक्ष आए दिन आते रहते थे और वैसे ही चोर और लुटेरे भी। फिर भी, मोटे तौर पर, किसान और व्यापारी, चमार और बढ़ई, कुम्हार और जुलाहे, लुहार और भिश्ती काफ़ी कुछ सुरक्षा की तपस्यामय सादगी में जीवनयापन करते थे। दैनिक उपयोग की आवश्यक वस्तुएँ साधारण समय में, सस्ती होती थीं, परन्तु मराठों और अफ़ग़ानों की चढ़ाइयों के समय दाम बहुत चढ़ जाते थे। अब्दाली की अन्तिम चढ़ाई के समय, दिल्ली में धनी लोग अपना सोना दस रुपए तोले बेच रहे थे, जबकि गेहूँ की क़ीमत कूदकर एक सौ बीस रुपए प्रतिमन अर्थात तीन रुपए सेर हो गई थी।

यह विश्वासपूर्वक कहा जा सकता है कि अठारहवीं शताब्दी में ग्रामीण जीवन की दो सबसे प्रमुख विशेषताएँ थीं–लगभग पूर्ण आत्म-निर्भरता तथा बाक़ी दुनिया से अलगाव। यहाँ तक कि युद्ध तथा विजय के दिनों में भी गाँव, यदि वह मुख्य राजमार्ग के निकट ही न हो तो, बहुत-कुछ निरुपद्रव ही रहता था। पंचायत का प्रभुत्व था और वह जीवन का नियमन करती थी। गाँव के वयोवृद्ध लोगों का वचन क़ानून के समान था। पंच लोग वाद-विषयों पर विमर्श और निश्चय करते थे, निर्णय सुनते थे और दंड देते थे। उनकी लोक-विश्रुत बुद्धिमत्ता, उनकी कुशाग्र लोक-बुद्धि और उनकी खरी भाषा उन्हें ब्राह्मणों के बौद्धिक तथा आध्यात्मिक सूक्ष्म-विवेचन के जंजालों से बचाए रखती थी।

कर्म-सिद्धान्त, प्रथाओं, परम्पराओं तथा अन्ध-विश्वासों का बोलबाला था। लोगों के ज्ञान तथा रुचियों की सीमा थोड़ी ही थी, और यही हाल उन्नति के अवसरों का था। बाहरी दुनिया की केवल हलकी-सी गूँज ही कभी-कभार उन तक पहुँच पाती थी। शिक्षा लगभग पूर्णतः ब्राह्मणों, बनियों और कायस्थों तक ही सीमित थी। इनमें से पहले तो अत्यावश्यक आध्यात्मिक ज्ञान वितरित करते थे; दूसरे अत्यधिक ब्याज पर ऋण देते थे, और तीसरे मुंशी अर्थात लिपिक थे। स्त्रियों का हाल बुरा था। लड़कियाँ अधिकतर जन्मते ही मार दी जाती थीं और जो बच जाती थीं, वे बारह-तेरह बरस की होने से पहले ब्याह दी जाती थीं। यात्रा कभी-कभार ही की जाती थी और संकटास्पद होती थी। जो कुछ बटमारों और पेशेवर चोरों से बच जाता था, उसे देहात में शिकार की टोह में फिरनेवाले जंगली हिंस्र पशु दबोच लेते थे। लोग टोलियाँ बनाकर यात्रा किया करते थे और यात्राएँ विवाहों, त्यौहारों और तीर्थ-दर्शन के लिए होती थीं। फलित ज्योतिषियों, तपस्वी

साधुओं, हस्तरेखा देखनेवालों, कठवैद्यों, औरताराविदों की भरमार थी। जिज्ञासा की भावना, जो वैज्ञानिक स्वभाव की गौण उपज है, बिलकुल थी ही नहीं। अज्ञान के सहारे अन्ध-विश्वास फल-फूल रहा था; और ईश्वर के कार्यों तथा प्राकृतिक कारणों में कोई भेद नहीं किया जाता था। ग्रामीण व्यक्ति में कुछ नया अन्वेषण करने की उत्सुकता और परिवर्तन की कामना बिलकुल थी ही नहीं। स्थिति जैसी है, उसे ज्यों-का-त्यों स्वीकार कर लेने की भाग्यवादी प्रवृत्ति के कारण कुछ नया काम करने की इच्छा या गुंजाइश कम ही बचती थी।

जीवन सुगम और उल्लासमय नहीं था; कभी-कभी तो एकरस और परिमित-सी दिनचर्या के कारण जीवन बेचैनी और सुस्ती से भर जाता होगा। फिर भी गाँव गीत, नृत्य और कविता से एकदम शून्य नहीं था। कीर्तन तथा भजनमंडलियाँ नीरसता और उकताहट को काफ़ी हद तक कम कर देती थीं। तुलसीदास की 'रामायण' का पाठ जगह-जगह होता था और लगभग हर-एक बच्चे को 'महाभारत' की कहानियाँ आती थीं। मेलों में नट्ट, पहलवान और बनजारे तमाशे दिखाते थे और जन्माष्टमी, दशहरा, दिवाली और होली जैसे त्यौहार बड़े उत्साह और मस्ती से मनाए जाते थे। हिन्दुओं के इस सबसे हुड़दंगपूर्ण रंगीन त्यौहार में तो उच्च-पदस्थ मुसलमान भी भाग लेते थे।

अभिजात वर्ग के लोग शिकार पर जाते, शतरंज खेलते, सुँघनी लेते, कई-कई बार विवाह करते, हाथियों और मुर्गों की लड़ाइयाँ देखते, पहलवानों की कुश्तियाँ देखते, नियमित रूप से घुड़सवारी करते, मन्दिर और धर्मशालाएँ बनवाते, हुक्का पीते और शासक से उलझने से बचते। मद्यपान सर्वसाधारण नहीं था, परन्तु निरामिष भोजन सर्वसाधारण था। उच्च-पदस्थ लोगों में बहुत-से लोग सनकी भी थे, जो बहुत भाँग पीते, बहुधा आवेश और उन्माद के बालसुलभ भावावेगों के वशीभूत हो जाते, कविता लिखते और जवानी में ही चल बसते; उनके लिए न कोई गीत गाता न विलाप करता। राजसभा में यदि हीनता-भरी दासता का नहीं, तो भी खुशामद और विनती, चापलूसी का वातावरण तो निःसन्देह था ही। यह आज तक भी, विभिन्न रूपों में, बना हुआ है; केवल चेहरे बदल गए हैं।

एक ओर तो राजाओं, उच्चपदस्थ लोगों, पुराहितों, उच्च सैनिक तथा असैनिक पदाधिकारियों के और दूसरी ओर किसानों, मजदूरों तथा साधारण मनुष्य के जीवन दो समानान्तर रेखाओं पर चल रहे थे और आज तक भी वे परस्पर मिल नहीं पाए हैं। ये दो भारत स्मरणातीत काल से चले आ रहे हैं।

ऐसे लोगों और ऐसे राज्य पर महान सूरजमल का आधिपत्य था; उसमें सदा ही राजनीतिक प्रबन्ध तथा प्रशासनिक परोपकारिता की सहज सूझबूझ दिखाई

पड़ती थीं और अन्त तक उसने अपनी ग्रामीण सादगी बनाए रखी। "मुग़ल साम्राज्य के सर्वांगीण ह्रास के बीच उसने स्वयं को महान बनाया; हिन्दुस्तान में अन्य किसी को ऐसा सौभाग्य प्राप्त नहीं हुआ। उसने ज़मींदारों के काम को ऐसे सराहनीय ढंग से सँभाला कि जिस भी इलाक़े को उसने अपने अधीन किया, उसी का मूल्य बढ़ गया। उसने अपनी आय को बहुत बढ़ा लिया और साथ ही व्यय पर इतना अच्छा नियन्त्रण रखा कि कुछ वर्षों के पश्चात, अपने क़िलों और महलों के निर्माण पर बड़ी-बड़ी धनराशियाँ ख़र्च करने के बाद भी वह अपने राज्य से होनेवाली वार्षिक आय का कम-से-कम आधा तो बचा ही लिया करता था।"[1]

सभी वृत्तान्तों के अनुसार महाराजा सूरजमल ने विपुल सम्पत्ति संचित की थी, परन्तु किसी को भी यह मालूम नहीं कि मरते समय वह कितना-कुछ छोड़ गया। वैंदेल लिखता है—"वह अपने उत्तराधिकारियों के लिए कितना ख़ज़ाना और सम्पत्ति छोड़ गया, इस विषय में भिन्न-भिन्न मत हैं। कुछ लोग नौ करोड़ कहते हैं; कुछ लोग इससे कम बताते हैं। मैंने उसकी वार्षिक आय और व्यय के विषय में उन लोगों से पूछताछ की है, जो इसका प्रबन्ध सँभालते रहे थे। जो कुछ मैं अधिक विश्वसनीय रूप से जान पाया हूँ, वह केवल यह है कि उसके कुल ख़र्चे पैंसठ लाख रुपए प्रति वर्ष से अधिक नहीं थे और न साठ लाख रुपए से कम; और अपने राज्यकाल के अन्तिम पाँच या छह वर्षों में उसकी वार्षिक आय 175 लाख रुपए से कम नहीं थी।"[2] सर जदुनाथ सरकार का कथन है कि "पूरे आगरा सूबे की आय दो करोड़ रुपए से कम थी और जाट-राजाओं के अधिकार में इस राज्य-क्षेत्र का तीन-चौथाई से अधिक भाग नहीं था। यद्यपि सूरजमल ने भरसक चेष्टा की थी कि इस क्षेत्र से मुग़ल सम्राटों को जितनी आय होती थी उससे दुगनी उसे हो, फिर भी सब परिस्थितियों को देखते हुए, उसकी कुल सम्पत्ति, उत्तराधिकार में प्राप्त और स्वयं अर्जित, दोनों मिलाकर, 10 करोड़ रुपए से अधिक नहीं हो सकती थी।"[3]

ये सब अनुमान-ही-अनुमान हैं। राजस्व के अभिलेख बचे ही नहीं हैं। यदि वे बचे होते, तो भी उनसे ठीक-ठीक आँकड़े प्राप्त न हो पाते। बहुत-सी सम्पत्ति—नक़दी और अद्‌भुत मुग़ल रत्नाभूषण—तो शासक के निजी कोष में रहती थी और कुछ रानियों के पास थी। असन्दिग्ध रूप से कुछ तो ऐसी थी, जिसका कभी पता ही नहीं चला; और भरतपुर के गुप्त तहख़ानों में अनेक दुर्लभ वस्तुओं

1. वैंदेल, 'और्म की पांडुलिपि'।
2. वही
3. जदुनाथ सरकार, 'फ़ाल ऑफ़ द मुग़ल ऐम्पायर', खंड दो, पृ. 326

और दिल्ली एवं आगरा की लूट का बढ़िया-बढ़िया माल भरा होने की किंवदन्ती अभी तक चली आ रही है। अपनी सम्पत्ति के विषय में, स्पष्टवादिता के एक विरले अवसर पर सूरजमल ने पानीपत की तीसरी लड़ाई के समय कहा था—"मेरे पास डेढ़ करोड़ की आमदनी का इलाक़ा है और मेरे ख़जाने में पाँच-छह करोड़ रुपए हैं।"

इसके अतिरिक्त, वह अपने पीछे 15,000 सुप्रशिक्षित तथा सुसज्जित घुड़सवार सेना, 25,000 पैदल सेना, भिन्न-भिन्न प्रकार की 300 तोपें, 5,000 घोड़े, 100 हाथी, बहुत-सा गोला-बारूद और सोने के थाल, चाँदी के बरतन और बहुमूल्य पोशाकें भी छोड़ गया।

महाराज सूरजमल की महान और अद्वितीय उपलब्धि यह थी कि उसने परस्पर लड़नेवाले जाट-गुटों को मिलकार एक कर दिया, और वह भी किया भारतीय इतिहास की सबसे अस्थिर और डाँवाडोल शताब्दी में। राजनीतिक कौशल, संगठन-प्रतिभा और नेतृत्व के गुणों की दृष्टि से केवल शिवाजी और महाराजा रणजीतसिंह ही उससे बढ़कर थे और उन्हीं की भाँति वह भी एक निराला चमत्कार था। इन तीनों की ही मृत्यु पचास से साठ वर्ष के बीच की आयु में हुई। यदि जीवन के दस वर्ष और मिल जाते, तो उनमें से प्रत्येक, असन्दिग्ध रूप से, अधिक स्थायी राज्य छोड़कर गया होता। उनका स्थान अपेक्षाकृत छोटे आदमियों ने लिया। वे उन राजनीतिक तथा सैनिक तूफ़ानों का उत्तर ढूँढ़ने में समर्थ नहीं थे, जिनमें कि यह देश फँस गया था; न वे अंग्रेज़ों को हराने के लिए परस्पर संगठित ही हो सके, और उस समय फैली गड़बड़ी और फूट का लाभ उठाकर अंग्रेज़ों ने आश्चर्यजनक सरलता से अपना 'राज' स्थापित कर लिया। भारत में एक विदेशी शक्ति ने आकर व्यवस्था फिर से स्थापित की, परन्तु यह हमारे इतिहास में ऐसा पहला ही अवसर नहीं था। हमें आशा और प्रार्थना करनी चाहिए कि यह ऐसा अन्तिम ही अवसर रहे।

अन्त में हमें महाराजा सूरजमल का धन्यवाद करना चाहिए कि उन्होंने साहस, सम्मान और निष्ठा के उपेक्षित गुणों के समर्थन में अठारहवीं शताब्दी के भारत के काले बादलों को फाड़ दिया। अपने समय में एक वही ऐसा राजा था जिसने एक अन्यथा अयोग्य युग में ढुलमुलपन, अशक्तता और आत्मसमर्पण के शक्ति हरनेवाले ज्वारों को रोका। यह अपने-आप में एक बड़ी उपलब्धि है।

टिप्पणियाँ

औौर्म की पांडुलिपि (O.V. 216, सं. 2)

यह पांडुलिपि रौबर्ट औौर्म (1728-1801) की अन्य सब पांडुलिपियों, पुस्तकों और छपी पुस्तिकाओं की भाँति लन्दन की इंडिया ऑफ़िस लाइब्रेरी में है। जाटों के विषय में वैंदेल के प्रबन्ध के कई अनुवाद प्रकाशित हुए हैं। मैंने इनमें से अनेक का उपयोग किया है।

रौबर्ट औौर्म का जन्म सन् 1728 में हुआ था। सन् 1754 और 1758 के बीच औौर्म, मद्रास परिषद का सदस्य था। सन् 1760 में उसकी पुस्तक 'ए हिस्ट्री ऑफ़ द मिलिटरी ट्रैंज़ैक्शंस ऑफ़ द ब्रिटिश नेशन इन इन्दोस्तान फ्रॉम द ईअर 1745' (सन् 1745 के बाद भारत में ब्रिटिश राष्ट्र के सैनिक कार्यकलापों का इतिहास) प्रकाशित हुई। सन् 1770 में उसका ग्रन्थ 'हिस्टोरिकल फ्रैग्मैंट्स ऑफ़ द मुग़ल ऐम्पायर' (मुग़ल साम्राज्य के ऐतिहासिक खंड) प्रकाशित हुआ। उसकी डॉ. सैमुअल जॉन्सन से भी मित्रता थी। किसी समय वह क्लाइव का घनिष्ठ मित्र था, परन्तु बाद में दोनों में कलह हो गया। औौर्म की मृत्यु 13 जनवरी, 1801 को ग्रेट ईलिंग में हुई। उसके सारे कागज़-पत्र ईस्ट इंडिया कम्पनी के पास रह गए।

फ़ादर फ्रांस्वा ग्ज़ावियेे वैंदेल

वह भारत में सन् 1751 से 1803 तक रहा। सन् 1764-1768 के बीच लगभग चार साल उसने राजा जवाहरसिंह के पास भरतपुर, डीग और आंगरा में बिताए। 'कैलेंडर ऑफ़ पर्शियन कौरेस्पौंडेंस' (फ़ारसी पत्र-व्यवहार का चिट्ठा) में उसका अनेक बार उल्लेख हुआ है। ईस्ट इंडिया कम्पनी के अधिकारियों ने अनेक अवसरों पर उसका एक प्रकार के एजेंट के रूप में उपयोग किया था।

यह एक रहस्य ही है कि उसने राजा जवाहरसिंह की सेवा में क्यों रहना चाहा ? कानूनगो का विचार है कि वह जवाहरसिंह के दरबार में रखा गया एक 'जासूस' था, "क्योंकि वह समरू से भागकर जवाहरसिंह के राजदरबार पहुँच जाने के कुछ ही समय बाद वहाँ गया था, इससे हमें सन्देह होता है कि उसे अंग्रेज़ों से पैसा मिलता था और उसका असली उद्देश्य यह था कि वह उस शक्तिशाली तथा महत्त्वाकांक्षी जाट-राजा की, जो उत्तर भारत में अब्दाली और मराठों के बीच सन्तुलन बनाए हुए था, किन्हीं भी शत्रुतापूर्ण योजनाओं की सूचना बंगाल सरकार को देता रहे।"

परिशिष्ट-1

महाराजा सूरजमल के भाइयों के नाम (वर्णानुक्रमानुसार)

1. अखयसिंह
2. उदयसिंह
3. खुशालसिंह
4. खेमकरणसिंह
5. गुमानसिंह
6. जोधसिंह
7. दलेलसिंह
8. दूलेहसिंह
9. देवीसिंह
10. प्रतापसिंह
11. प्रेमसिंह
12. बलरामसिंह
13. भवानीसिंह
14. मानसिंह
15. मेधसिंह
16. रामकिशनसिंह
17. रामबलसिंह
18. लालसिंह
19. विजयसिंह
20. वीरनारायणसिंह
21. समतसिंह
22. सभासिंह
23. सुखरामसिंह
24. सुल्तानसिंह
25. हिम्मतसिंह

परिशिष्ट-2—वंशावलियाँ

भरतपुर का राजघराना

खानचन्द

- जूझासिंह
- ब्रज
  - गजसिंह, बुधसिंह
  - अतिरामसिंह, **भावसिंह**
  - ठाकुर **चूड़ामनसिंह**, कुशलसिंह
- भज्जासिंह

भावसिंह

- ठाकुर बदनसिंह (1723-56)
  - सूरजमल समेत 26 पुत्र
- रूपसिंह

ठाकुर **चूड़ामनसिंह**

1. जुलकरणसिंह
2. मोखमसिंह
3. थानसिंह
4. बख़्तावरसिंह
5. चाँदसिंह
6. कीरतसिंह
7. सुजानसिंह
8. देवीसिंह
9. किरनसिंह

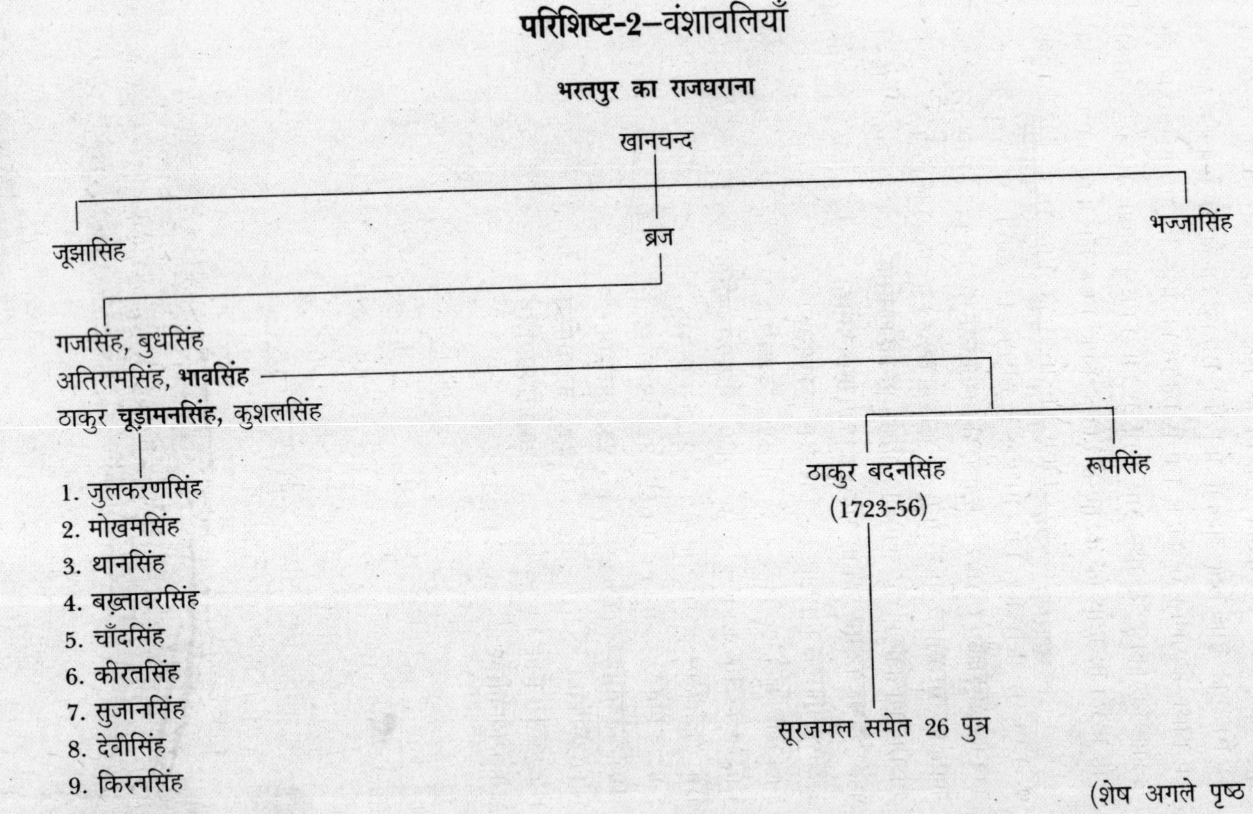

(शेष अगले पृष्ठ पर)

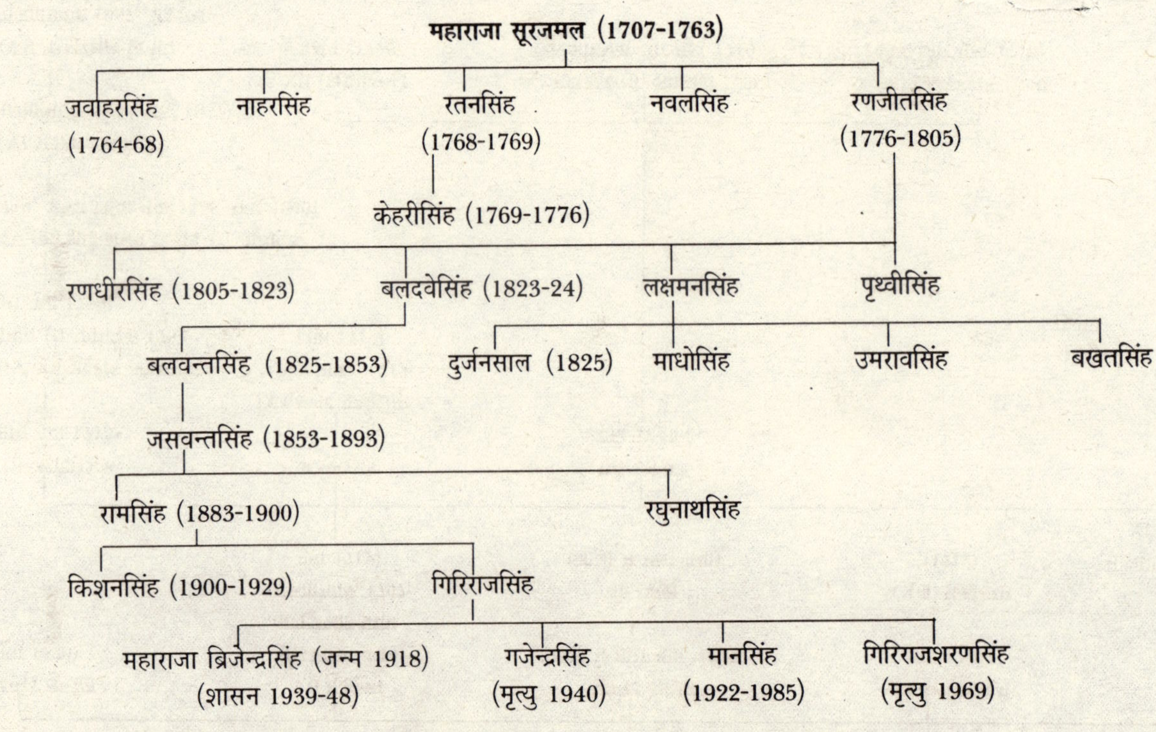
महाराजा सूरजमल (1707-1763)
जवाहरसिंह (1764-68)
नाहरसिंह
रतनसिंह (1768-1769)
नवलसिंह
रणजीतसिंह (1776-1805)
केहरीसिंह (1769-1776)
रणधीरसिंह (1805-1823)
बलदवेसिंह (1823-24)
लक्षमनसिंह
पृथ्वीसिंह
बलवन्तसिंह (1825-1853)
दुर्जनसाल (1825)
माधोसिंह
उमरावसिंह
बखतसिंह
जसवन्तसिंह (1853-1893)
रामसिंह (1883-1900)
रघुनाथसिंह
किशनसिंह (1900-1929)
गिरिराजसिंह
महाराजा ब्रिजेन्द्रसिंह (जन्म 1918)
(शासन 1939-48)
गजेन्द्रसिंह
(मृत्यु 1940)
मानसिंह
(1922-1985)
गिरिराजशरणसिंह
(मृत्यु 1969)

उत्तरकालीन मुग़ल

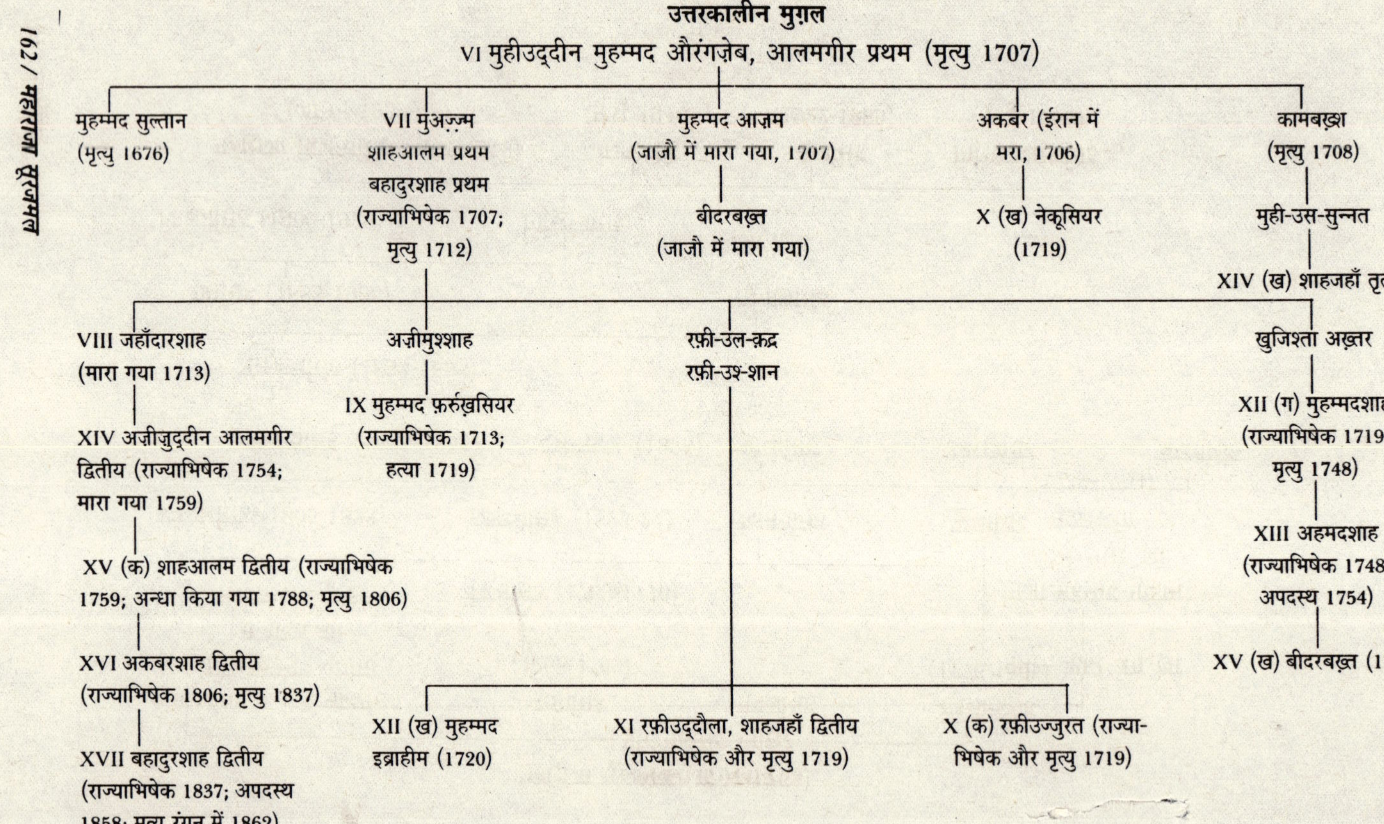
VI मुहीउद्दीन मुहम्मद औरंगज़ेब, आलमगीर प्रथम (मृत्यु 1707)
मुहम्मद सुल्तान (मृत्यु 1676)
VII मुअज़्ज़म शाहआलम प्रथम बहादुरशाह प्रथम (राज्याभिषेक 1707; मृत्यु 1712)
मुहम्मद आज़म (जाजौ में मारा गया, 1707)
अकबर (ईरान में मरा, 1706)
कामबख़्श (मृत्यु 1708)
बीदरबख़्त (जाजौ में मारा गया)
X (ख) नेकूसियर (1719)
मुही-उस-सुन्नत
XIV (ख) शाहजहाँ तृतीय
VIII जहाँदारशाह (मारा गया 1713)
अज़ीमुश्शाह
रफ़ी-उल-क़द्र रफ़ी-उश़-शान
खुजिश्ता अख़्तर
IX मुहम्मद फ़र्रुख़सियर (राज्याभिषेक 1713; हत्या 1719)
XII (ग) मुहम्मदशाह (राज्याभिषेक 1719; मृत्यु 1748)
XIV अज़ीज़ुद्दीन आलमगीर द्वितीय (राज्याभिषेक 1754; मारा गया 1759)
XIII अहमदशाह (राज्याभिषेक 1748; अपदस्थ 1754)
XV (क) शाहआलम द्वितीय (राज्याभिषेक 1759; अन्धा किया गया 1788; मृत्यु 1806)
XV (ख) बीदरबख़्त (1788)
XVI अकबरशाह द्वितीय (राज्याभिषेक 1806; मृत्यु 1837)
XII (ख) मुहम्मद इब्राहीम (1720)
XI रफ़ीउद्दौला, शाहजहाँ द्वितीय (राज्याभिषेक और मृत्यु 1719)
X (क) रफ़ीउज्जुरत (राज्याभिषेक और मृत्यु 1719)
XVII बहादुरशाह द्वितीय (राज्याभिषेक 1837; अपदस्थ 1858; मृत्यु रंगून में 1862)

अवध के नवाब

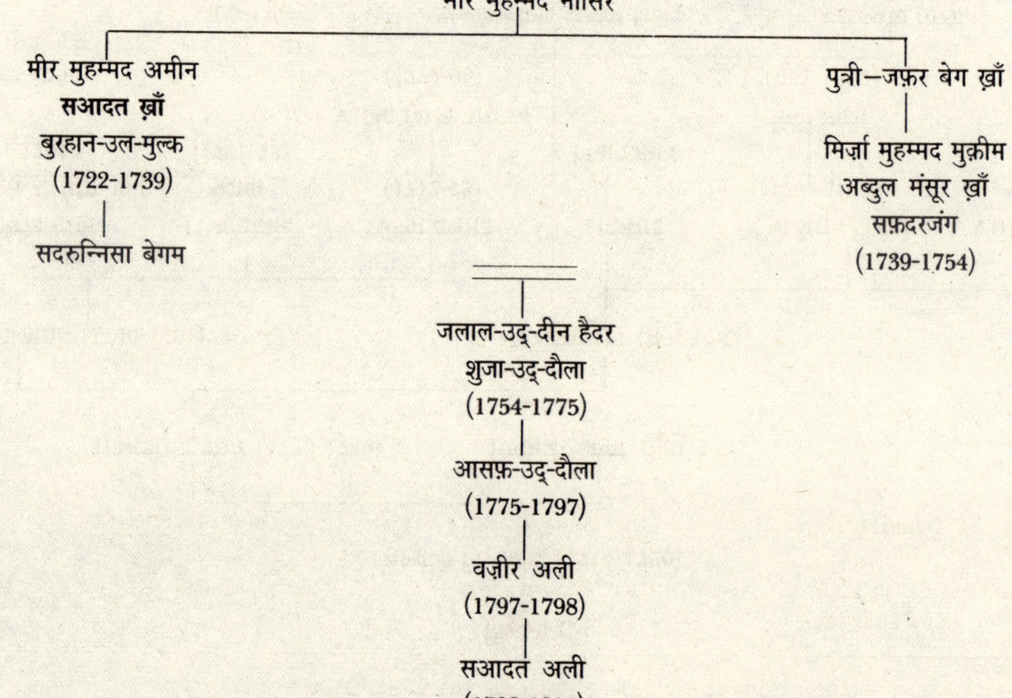

मीर मुहम्मद नासिर
मीर मुहम्मद अमीन
सआदत ख़ाँ
बुरहान-उल-मुल्क
(1722-1739)
सदरुन्निसा बेगम
पुत्री—जफ़र बेग ख़ाँ
मिर्ज़ा मुहम्मद मुक़ीम
अब्दुल मंसूर ख़ाँ
सफ़दरजंग
(1739-1754)
जलाल-उद्-दीन हैदर
शुजा-उद्-दौला
(1754-1775)
आसफ़-उद्-दौला
(1775-1797)
वज़ीर अली
(1797-1798)
सआदत अली
(1798-1814)

पेशवा

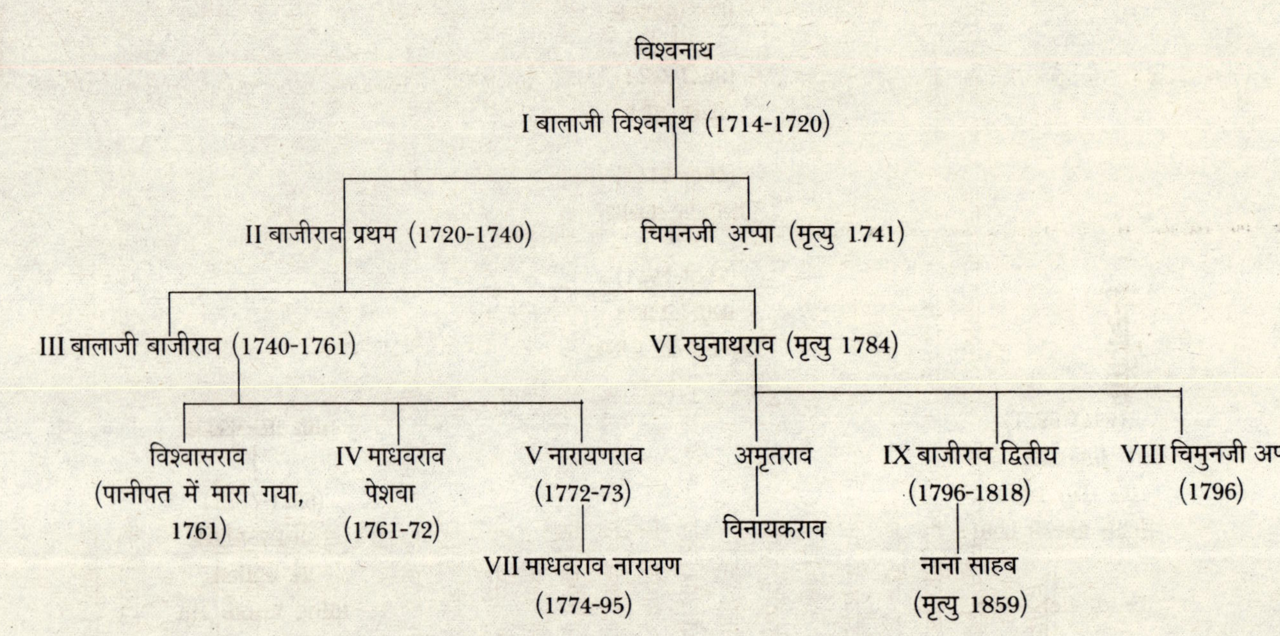
विश्वनाथ
I बालाजी विश्वनाथ (1714-1720)
II बाजीराव प्रथम (1720-1740)
चिमनजी अप्पा (मृत्यु 1741)
III बालाजी बाजीराव (1740-1761)
VI रघुनाथराव (मृत्यु 1784)
विश्वासराव (पानीपत में मारा गया, 1761)
IV माधवराव पेशवा (1761-72)
V नारायणराव (1772-73)
अमृतराव
IX बाजीराव द्वितीय (1796-1818)
VIII चिमुनजी अप्पा (1796)
VII माधवराव नारायण (1774-95)
विनायकराव
नाना साहब (मृत्यु 1859)

परिशिष्ट-3

'सुजान-चरित्र'

इसका लेखक सूदन, बदनसिंह और सूरजमल का राजकवि था। वह मथुरा का रहनेवाला था और उसके पिता का नाम बसन्त था। उसने अपने विषय में और अधिक कुछ नहीं लिखा है।

इस काव्य में महाराजा सूरजमल के सन् 1754 तक के पहले सात संग्रामों का आँखों देखा विवरण है। सूदन ने लड़ाई में भाग लेनेवाले लोगों के नामों, उनकी पृष्ठभूमि, उनके वस्त्रों, घोड़ों, हाथियों और शिविर-जीवन का उल्लेख करते हुए इन सातों युद्धों का विस्तारपूर्वक बड़ा सजीव वर्णन किया है। ब्रज-मंडल के पेड़-पौधों और जीव-जन्तुओं के काव्यमय वर्णन इस ग्रन्थ के वैभव हैं। स्पष्टतः वह अपने नायक पर मुग्ध है, फिर भी वह अपने स्वामी के शत्रुओं की वीरता की प्रशंसा करते हिचकता नहीं। यह काव्य अठारहवीं शताब्दी की ब्रजभाषा में लिखा गया है, जो पूर्वी राजस्थान तथा पश्चिमी उत्तर प्रदेश की मीठी और रसीली बोली है। कई जगह यह काव्य अस्पष्ट और यहाँ तक कि ऊबा देनेवाला है, परन्तु इससे उसका ऐतिहासिक तथा काव्यात्मक महत्त्व कम नहीं होता। यदि यह काव्य न होता, तो राजा बदनसिंह तथा महाराजा सूरजमल के जीवन तथा काल के विषय में हमारा ज्ञान उससे भी अल्प रहता, जितना कि अब है।

सूदन का कथन है कि अपने प्रत्येक संग्राम से पहले सूरजमल अपने पिता से आशीर्वाद लेने जाता था और लौटने पर सदैव युद्ध का हाल उन्हें सुनाता था।

सूदन ने प्रामाणिक संवाद लिखे हैं और उनके लिए हिन्दी तथा ब्रज भाषा के अतिरिक्त पंजाबी, अरबी, फ़ारसी और दक्खिनी उर्दू समेत अनेक भाषाओं का प्रयोग किया है।

जाटों द्वारा दिल्ली की लूट और उसके लिए पहले बनाई गई योजना का उसका वर्णन बिलकुल यथार्थ है, परन्तु उसने उस लूट के मूल्य के विषय में कोई

निर्णय नहीं दिया।

उसने इस बात की पुष्टि की है कि राजा बदनसिंह की दृष्टि क्रमशः क्षीण होती गई थी और अपने जीवन के अन्तिम बीस वर्षों में बदनसिंह केवल राज्य करता था और शासन सूरजमल करता था।

'सुजान-चरित्र' से हमें यह भी पता चलता है कि अपने विजय-अभियान शुरू करने से पहले सूरजमल ने डीग, कुम्हेर, भरतपुर और वैर के क़िलों का निर्माण पूरा कर लिया था।

रूपराम कटारिया (सन् 1710-1780)

यह अत्यन्त बुद्धिमान, सुसंस्कृत तथा निष्ठावान कटारा ब्राह्मण सूरजमल का मित्र, पंडित एवं मार्गदर्शक था। वही उसकी कठिन समस्याओं को हल करनेवाला तथा वित्त-विशारद भी था। रूपराम का जन्म सन् 1710 के आसपास बरसाना में हुआ था। वे चार भाई थे। उनका पारिवारिक पेशा पुरोहिताई था और उनका सम्बन्ध भरतपुर, जयपुर, ग्वालियर, करौली तथा जोधपुर के राज-परिवारों से था। इस प्रकार रूपराम का सम्पर्क अनेक राजघरानों के बड़े-बड़े लोगों से था और उसका सदुपयोग उसने अपने मुख्य मालिक सूरजमल की सेवा के लिए किया।

वह राजा बदनसिंह का ढूँढ़ा हुआ रत्न था। बदनसिंह को वह बरसाना की तीर्थ-यात्रा में दिखा था। बदनसिंह मनुष्यों का चतुर और पक्का पारखी था; उसने रूपराम के गुणों को तुरन्त भाँप लिया और वह उसे अपना वित्तीय सलाहकार और पुरोहित बनाकर डीग ले आया। उसके बाद रूपराम ने कभी उससे मुँह नहीं मोड़ा। एफ़.एस. ग्राउज़ ने अपनी पुस्तक 'मथुरा : ए डिस्ट्रिक्ट मैमोयर' में रूपराम कटारिया का कई बार उल्लेख किया है। उसने उनका नाम 'कटारा' दिया है, परन्तु इसमें सन्देह नहीं कि यह व्यक्ति वही है। ग्राउज़ हमारे ज्ञान में कोई नई वृद्धि तो नहीं करता, परन्तु जो कुछ हमें मालूम है उसकी पुष्टि अवश्य करता है। "कटारा ब्राह्मण रूपराम, जिसने गत (18वीं) शताब्दी के शुरू के भाग में एक पंडित के रूप में बड़ी ख्याति प्राप्त की थी, भरतपुर, सिन्धिया और होलकर राजघरानों का पुरोहित बन गया। उन राजाओं ने उसे बड़ी-बड़ी दक्षिणाएँ दीं, जिनसे वह बहुत धनी हो गया। ऐसा प्रतीत होता है कि उसने वह सारा धन बरसाना और अपनी जन्म-भूमि ब्रज की सीमा में पड़नेवाले अन्य तीर्थ-स्थानों की साज-सँवार में लगा दिया।"

सूरजमल की मृत्यु के पश्चात रूपराम ने जवाहरसिंह की और उसके बाद महाराजा रणजीतसिंह की सेवा की। रणजीतसिंह ने भरतपुर पर सन् 1776 से 1805 तक शासन किया। रूपराम की मृत्यु सन् 1780 के आसपास हुई, परन्तु निश्चय ही यह तिथि पक्की तरह प्रामाणिक नहीं है।

परिशिष्ट-4

'सियर' में दिया गया महाराजा सूरजमल की मृत्यु का विवरण (पृष्ठ 27-33)

हम यह चर्चा कर चुके हैं कि रूहेला सरदार नजीबुद्दौला को अब्दाली शाह ने अमीर-उल-उमरा अर्थात राजाओं का राजा बना दिया था और उसे युवक राजकुमार जवाँबख्त का संरक्षक नियुक्त किया था। जवाँबख़्त को दरबारियों के एक गुट ने वही नाम और उपाधि देकर राजसिंहासन पर बिठा दिया था, जो उसके पिता की थी; यह पिता उस समय बंगाल में लड़ाई में जूझ रहा था। नजीबुद्दौला युवक राजकुमार के नाम पर दिल्ली पर पूरे निरंकुश अधिकार के साथ शासन कर रहा था। यह मानना पड़ेगा कि एक अफ़ग़ान या रुहेले के तौर पर, उसमें न बुद्धि की कमी थी, न शिष्टाचार की। वह इस प्रकार की उच्च पदोन्नति का सचमुच पात्र था। उसमें किसी सेना का अध्यक्ष बनने के लिए अपेक्षित सब अर्हताएँ थीं। शारीरिक शक्ति के साथ-साथ उसका आचरण भी अच्छा था। उसका बिलकुल निकट का पड़ोसी था राजा सूरजमल, जो जाट-जाति की आँख और दमकती ज्योति था। इस राजा ने अपने शिष्ट आचरण और भद्र स्वभाव के कारण और साथ ही अपनी विजयों और शासन-काल के उत्कृष्ट ज्ञान के कारण बड़ा यश प्राप्त किया था। ये ऐसी योग्यताएँ थीं, जिनमें उसके जोड़ का कोई हिन्दू राजा न उस समय था और न उसके बाद अब तक हुआ। उसने अपने राज्य में चार क़िलों का निर्माण या मरम्मत कराई थी; ये क़िले ऐसे[1] थे कि कोई भी भारतीय शक्ति घेरा डालकर उन्हें जीतने का दम नहीं भर सकती थी। उसने उन क़िलों में इतना सारा गोला-बारूद, खाद्य-सामग्री तथा अन्य आवश्यक वस्तुएँ जमा कर रखी थीं कि रक्षक सेना को कई वर्षों तक बाहर से कोई सामान मँगाने की आवश्यकता नं पड़े। यदि हम उनकी क़िलेबन्दियों का वर्णन करने लगें, या उनके

1. कुम्हेर और डीग के क़िले, जिनके बारे में आश्चर्यजनक बातें कही जाती हैं, उसके दो सुदृढ़ गढ़ थे; एक और था, बल्लभगढ़। डीग के क़िले का परकोटा और खाई भी इतनी विशाल थी कि देखकर यूरोपीय इंजीनियर भी दंग रह जाते।

रक्षा के साधनों को गिनाने लगें, तो हम देखेंगे कि हमने एक पुस्तक ही लिख डाली है और एक पूरा पोथा लिखने बैठ गए हैं। एक शब्द में कहें तो, यदि हम भारत के कुछ-एक क़िलों को अपवाद मान लें (और वे भी भवन-निर्माण-कला की अपेक्षा प्रकृति के अधिक ऋणी हैं), तो उसके समय में ऐसा कोई क़िला नहीं था, जो उसके उन चार गढ़ों की तुलना में, वह भी विशेष रूप से उनमें एकत्रित सामग्री की मात्रा और क़िस्म की अच्छाई की दृष्टि से, कहीं टिक सके। उसके अस्तबलों में बारह हज़ार घोड़े थे और इतने ही चुने हुए घुड़सवार सैनिक थे। इन घुड़सवारों को उसने स्वयं इस प्रकार का अभ्यास कराया था कि वे घोड़े की पीठ पर बैठे-बैठे निशाने पर गोली दागते थे और उसके बाद चक्राकार घूम जाते थे, जिससे आड़ लेकर बन्दूक दुबारा भर सकें। ये आदमी निरन्तर और दैनिक अभ्यास द्वारा इतने फुर्तीले और इतने ख़तरनाक निशानेबाज़ बन गए थे और साथ ही अपनी चक्राकार गति में इतने निपुण हो गए थे कि उस समय भारत में ऐसा कोई भी सैनिक नहीं था, जो रणभूमि में उनका मुक़ाबला करने का दम भरे। यह भी सम्भव नहीं समझा जाता था कि कोई भी भारतीय राजा इस प्रकार के राजा से युद्ध छेड़े और लाभ की ज़रा भी आशा रखे। अनेक बार मराठों ने और अनेक बार अब्दालियों ने उसके राज्य-क्षेत्र पर चढ़ाई की। ऐसा होने पर वह अपने लोगों को साथ लेकर अपने क़िलों में शरण लेने से कभी न चूकता था और इन आक्रमणकारियों को धता बताता था; उसने इनमें से किसी को भी युद्ध-कर नहीं दिया। जब वह अब्दुल मंसूर ख़ाँ की सहायता के लिए गया, उससे पहले ही वह अफ़गानों और रूहेलों के साथ हुई अनेक मुठभेड़ों में अपनी ऐसी ही विविध प्रकार की सैनिक प्रतिभा द्वारा अपने चरित्र को भली भाँति पुष्ट कर चुका था। वह निरन्तर किसी-न-किसी को पराजित करता रहता था और स्वयं सदा विजयी होकर लौटता था। हालत यहाँ तक थी कि इतने बड़े वज़ीर ने भी उससे सहायता की याचना करना उचित समझा और वह सहायता सदा लाभकारी रही। परन्तु सूरजमल भी वैसा ही महत्त्वाकांक्षी था और कभी शान्त नहीं बैठता था। क्योंकि उसकी ज़मींदारी और इलाक़े शाहजहानाबाद के बिलकुल निकट तक फैले हुए थे, इसलिए वह हमेशा अपने पड़ोसियों को खदेड़ता और उनकी ज़मीनों पर क़ब्ज़ा करता रहता था। इस प्रकार के आचरण से नजीबुद्दौला और उसके बीच निरन्तर झगड़े अवश्यंभावी थे। मामला यहाँ तक बढ़ चुका था कि वे एक-दूसरे को वैसी ही बुरी नज़र से देखने लगे थे, जैसे कि पहला मौक़ा मिलते ही लड़ पड़ने को उतारू दो पुरुष एक-दूसरे की ओर देखते हैं। यहाँ तक कि, कहा जा सकता है कि नजीबुद्दौला उसकी शक्ति और स्वभाव से बेचैन था और वह अपनी इस बेचैनी को छिपाता था।

कारण यह है कि उस समय भारत में ऐसा कोई राजा या सेनापति नहीं था जो सूरजमल से लड़ने का जोखिम उठाना पसन्द करता। यह बात असन्दिग्ध रूप से तब प्रमाणित हो गई जब उसने मुहम्मद ख़ाँ बंगश और अफ़ग़ानों के विरुद्ध लड़ाइयों में अब्दुल मंसूर ख़ाँ की स्वयं जाकर सहायता की; और बाद में इस तथ्य से कि मराठों के साथ हुई लड़ाइयों में सदा उसका पलड़ा भारी रहा, जिससे न केवल वज़ीर इमाद-उल-मुल्क की और जुल्फ़िार जंग की, अपितु स्वयं अब्दालियों की दृष्टि में भी उसकी प्रतिष्ठा बहुत बढ़ गई। सच्चाई यहाँ तक है कि अफ़ग़ानों के विरुद्ध अब्दुल मंसूर ख़ाँ की सफलताओं का श्रेय बहुत हद तक इस जाट-राजा की सहायता को ही दिया जाता है। फिर भी क्योंकि उसके जीवन के गिनती के दिन ही शेष रह गए थे और उसका अन्तिम क्षण आ चुका था, इसलिए ये सारी क़िलेबन्दियाँ, ये सब बढ़िया सैनिक और उसका यह सारा दुर्धर्ष चरित्र किसी काम न आए और वह एक मामूली-सी झड़प में मारा गया।

कुछ समय से फ़िरोहनगर (फ़र्रुख़नगर) ज़िले में बलोचियों की एक बस्ती बसी हुई थी। मुहम्मदशाह के राज्य-काल में उनमें एक असाधारण पुरुष का आविर्भाव हुआ। यह था चंचर ख़ाँ। उसका सौभाग्य था कि वह चरित्रवान था और उसकी पहुँच इतनी थी कि उसने 'गर्द' अर्थात राजधानी और उसके चारों ओर के मंडलों की फ़ौजदारी प्राप्त कर ली थी। उसे कई बार पानीपत और कुछ अन्य ज़िलों की कमान सौंपी गई थी और वहाँ उसने उस पूरे इलाक़े में, जो उपद्रवी और अराजक लोगों से भरा था, शान्ति और व्यवस्था स्थापित करके उसे अपने वश में करने के उपाय खोज निकाले थे। उसके इस व्यवहार की वज़ीर ने बहुत प्रशंसा की थी और उसने उसे उसके अपने पद और अपने विजित प्रदेशों पर क़ब्ज़ा बनाए रखने की अनुमति दे दी। उसका एक उच्च-पदस्थ कर्मचारी था बहादुर ख़ाँ। अपने स्वामी के जीवन-काल में उसने अपने चरित्र को इतना उन्नत किया था कि वह वज़ीर इमाद-उल-मुल्क को इतना पसन्द आ गया कि उसने उसे सहारनपुर की फ़ौजदारी दिलवा दी। जब हिन्दुस्तान के सम्राट अहमदशाह और उसके तत्कालीन वज़ीर अब्दुल मंसूर ख़ाँ के बीच युद्ध छिड़ गया, तब बहादुर ख़ाँ को इमाद-उल-मुल्क ने अपनी सहायता के लिए बुलाया था। इस अभियान में उसने अपने संरक्षक की इतनी अच्छी तरह सहायता की कि उसे उच्चतम सम्मान का पात्र माना गया और उसे सात हज़ार घुड़सवारों का मनसब और माही अर्थात मछली का निशान दिया गया। परन्तु जब सन्धि हो गई और इमाद-उल-मुल्क और अब्दुल मंसूर ख़ाँ में समझौता हो गया, तब यह बलोच, जो बड़ा चरित्रवान और अत्यन्त प्रतिष्ठित व्यक्ति था, राजधानी से बारह कोस दूर एक जगह पर जा बसा। वहाँ

उसने एक क़िला बनवाया और एक शहर बसाया, जिसका नाम उसने अपने ही नाम पर बहादुरपुर रखा। वह अपने परिवार समेत वहीं निवास करने लगा। कालान्तर में यही शहर बहादुरगढ़ कहलाने लगा। इसके कुछ ही समय बाद उसके स्वामी चंचर ख़ाँ की मृत्यु हो गई और उसके पुत्रों तथा सेनाध्यक्षों में फूट पड़ गई। इस अवसर का लाभ उठाकर सूरजमल ने बलोच बस्ती पर धावा बोल दिया और रेवाड़ी तथा फ़िरोहनगर का मालिक बन बैठा और इनका क़ब्ज़ा अपने पास रखा। वह बहादुरगढ़ पर भी अपना स्वामित्व जमाना चाहता था। तब इस बलोच बहादुर ख़ाँ ने, यह समझकर कि वह इस प्रकार के आक्रमणकारी की टक्कर का नहीं है, नजीबुद्दौला से सहायता की प्रार्थना की और ज़ोरदार शब्दों में कहा कि उसका इस प्रकार अपने संरक्षण की उपेक्षा करना बहुत अनुचित है। इस निवदेन का कोई प्रभाव न हुआ। जाट-राजा को नजीबुद्दौला के इस सावधानी-भरे व्यवहार से लगा कि वह युद्ध से डर रहा है; इसलिए वह और भी दबंग हो गया और उसने शाहजहानाबाद के चारों ओर के मंडल की फ़ौजदारी, जिसे 'गर्द' अर्थात मंडल की फ़ौजदारी कहा जाता था, और चरवर (सरवर) की फ़ौजदारी की माँग की। नजीबुद्दौला नहीं चाहता था कि मामला बिलकुल टूट ही जाए, अतः उसने याक़ूब ख़ाँ नामक एक प्रभावशाली व्यक्ति को सूरजमल के पास भेजा। याक़ूब ख़ाँ अब्दाली शाह के वज़ीर का भाई था और किसी समय महाराज्यपाल के रूप में दिल्ली पर हुकूमत कर चुका था। इस दूत से कहा गया था कि वह नरम शब्दों का प्रयोग करके मामले को शान्त करने का प्रयत्न करे, जिससे अशान्ति और युद्ध के बीज नष्ट हो जाएँ। यह दूत अपने साथ एक सहयोगी के रूप में राजा दिलेरसिंह खत्री को और भेंट के रूप में अत्यन्त सुन्दर मुल्तानी छींट[1] के दो थान ले गया था। जैन्टू (तेलुगुभाषी) लोगों के प्रिय, पीले और गुलाबी रंगों में बहुत चटकीले रँगे हुए थे। यह भेंट सूरजमल को बहुत पसन्द आई और उसने आदेश

---

1. जो यूरोपीय लोग यही विश्वास नहीं कर पाते कि भारत में ऐसे सादे लाल सूती रूमाल होते हैं, जिनकी क़ीमत पाँच या छह क्राउन तक और मलमल के थानों की क़ीमत सौ और दो सौ क्राउन तक होती है, उनको यह विश्वास कभी न कराया जा सकेगा कि मुल्तानी छींट, अर्थात छींटदार सूती कपड़ा, बहुत ही पतली और सुन्दर रँगी हुई होती है। उसका बना एक चोग़ा या एक जामा चार सौ क्राउन का पड़ता है। वह इतनी बढ़िया और पतली होती है कि उसके दो थान सदा बाँस के एक चोंगे में, अर्थात बाँस की दो गाँठों के बीच के हिस्से के अन्दर की ख़ाली जगह में, रखकर लाए जाते हैं। पगड़ी और कमरबन्द एक अलग चोंगे में लाए जाते हैं। और हमने ऐसी कई पोशाकें देखी हैं, जिनकी क़ीमत आठ सौ रुपए या इससे अधिक थी। पोशाक में जामे के लिए दस-दस गज़ के दो थानों के साथ-साथ पगड़ी और कमरबन्द भी सम्मिलित हैं। इन दिनों शाल के बने जामे की क़ीमत इससे बहुत अधिक नहीं होगी। चोंगा लगभग एक फुट लम्बा, बेलनाकार बाँस का टुकड़ा होता है, जिसका व्यास लगभग दो या तीन इंच होता है।

दिया कि उसके लिए इस छींट का जामा अर्थात अँगरखा तुरन्त तैयार किया जाए। क्योंकि इस घटना से बातचीत में विघ्न पड़ गया था, अतः याक़ूब ख़ाँ उठा खड़ा हुआ और विदा माँगते हुए उसने कहा—"महाराज, आशा है कि आप अभी कोई फ़ैसला न करेंगे, क्योंकि मैं कल फिर आऊँगा।" सूरजमल ने उत्तर दिया कि यदि आप केवल शान्ति कराने ही आए थे, तो अच्छा यह होता कि आप आते ही नहीं। उसने यह भी कहा—"आप बिलकुल न आएँ।" बातचीत यहाँ समाप्त हो गई। याक़ूब ख़ाँ करीमुल्ला के साथ वापस लौट आया। करीमुल्ला एक विश्वासपात्र सेवक था, जिसे नजीबुद्दौला ने याक़ूब ख़ाँ को दिया था। नजीबुद्दौला के पास लौटकर याक़ूब ख़ाँ उसे समझाने लगा कि किस प्रकार सुन्दर शब्दों और धैर्य द्वारा मामले को शान्ति से निपटाया जा सकता है। "हुजूर," करीमुल्ला ने बीच में टोककर कहा—"अगर आपकी छाती में स्वाभिमान की ज़रा-सी भी चिनगारी बाक़ी है, तो आपको तुरन्त लड़ाई छेड़नी होगी; इसके सिवाय कोई इलाज नहीं है और कोई दूसरा पक्ष भी नहीं है। और इस सारे 'दौत्य-कर्म' का परिणाम बस यह है।" नजीबुद्दौला उसकी ओर मुड़ा और बोला—"ठीक है। आशा है कि मैं इस काफ़िर को ठीक कर दूँगा।" इतना कहने के बाद उसने अपने पुत्रों, अफ़ज़ल ख़ाँ, सुल्तान ख़ाँ और ज़बीता ख़ाँ को बुलवाया और उनसे कहा कि वे कल सवेरे राजघाट पर यमुना को पार करने को तैयार रहें। उसके कुछ सेनाध्यक्ष भी उस समय वहाँ उपस्थित थे; उनको भी उसने अपने-अपने सैनिकों के साथ आने का आदेश दिया। ये सेनाध्यक्ष थे—सादत ख़ाँ, सादिक ख़ाँ, मलखान और मुहम्मद ख़ाँ बंगश; इनके अलावा कुछ एक और भी थे। नजीबुद्दौला ने कहा—"तुम्हें कल सवेरे-सवेरे जमुना को पार करके इस घमंडी काफ़िर से लड़ना है।" और उन्होंने तदनुसार तैयारी कर ली। परन्तु क्योंकि दूरी बहुत थोड़ी थी, इसलिए सूरजमल उनकी काट कर गया। अपनी सेना का नेतृत्व करते हुए वह छोटी-सी नदी हिंडन को पहले ही पार कर चुका था और यमुना के दाँते के सामने हिंडन के किनारों पर अपने मोर्चे जमाना शुरू कर रहा था। उसकी इस चाल से मात खाकर नजीबुद्दौला गंज अर्थात शाहदरा मंडी की ओर बढ़ा और उस पर उसने क़ब्ज़ा कर लिया; परन्तु उसे छोड़कर वह आगे बढ़ गया, जिससे वह उसकी सेना के पृष्ठ भाग को सुरक्षित रखने के लिए एक अच्छी चौकी के रूप में काम आए। इसके बाद उसने अपने ज्येष्ठ पुत्र अफ़ज़ल ख़ाँ को आदेश दिया कि वह सेना के अग्रभाग का नेतृत्व करते हुए शत्रु पर हमला करे; और लड़ाई शुरू हो गई। सूरजमल ने अपनी बाक़ी सेना से अलग दस हज़ार घुड़सवार ऐसे रखे थे, जिन्हें उसकी अपनी विशेष पद्धति से प्रशिक्षित किया गया था। वह यह निश्चय करना चाहता था कि उसे सबसे पहले शत्रु के

किस दल पर धावा बोलना चाहिए; इसलिए वह बाक़ी सेना को छोड़कर थोड़े-से मित्रों के साथ, जिनमें उसके मुंशी अर्थात सचिव याह्या ख़ाँ का पुत्र करीमुल्ला ख़ाँ भी था, आगे बढ़कर दोनों सेनाओं के बीच पहुँच गया। वह रणक्षेत्र की जाँच करने के लिए और अपनी पसन्द का स्थान चुनने के लिए घोड़े पर सवार होकर इधर-उधर आ-जा रहा था। इसके बाद वह विचार करने के लिए ज़रा-सा रुका। जब वह इस प्रकार खड़ा था, तभी उसके पास से अफ़ज़ल ख़ाँ के कुछ सैनिक गुज़रे, जो सूरजमल की हरावल के सेनाध्यक्ष मनसाराम जाट से पराजित होकर एक के पीछे एक उड़े जा रहे थे। सूरजमल के साथ जो थोड़े-से लोग थे, उन्होंने कहा कि सूरजमल का इतने थोड़े-से मित्रों के साथ शत्रु के इतना निकट रहना उचित नहीं। करीमुल्ला ख़ाँ और सैफ़ुल्ला ख़ाँ ने विनयपूर्वक उससे वापस लौटने के लिए आग्रह किया। उन्होंने जो कुछ कहा, उस पर उसने कोई ध्यान न दिया और ऐसा लगा कि उसका ध्यान केवल शत्रु की गतिविधियों के विचार पर ही केन्द्रित है। उन दोनों ने एक बार फिर आग्रह किया; उसने कोई उत्तर न दिया, परन्तु एक और घोड़ा मँगवाया; वह उस पर चढ़ा और वहीं खड़ा रहा। जब वह घोड़े पर चढ़ रहा था, तभी ऐसा हुआ कि सैयद मुहम्मद ख़ाँ बलोच, जिसे लोग 'सैयदु' नाम से अधिक जानते थे, अपने चालीस या पचास सैनिकों के साथ बिलकुल पास से तीव्रगति से जा रहा था। इन सैनिकों में से एक ने मुड़कर देखा और सूरजमल की शक्ल-सूरत को पहचान लिया। वह सैयदु की ओर बढ़ा और चिल्लाया कि वहाँ जो वह एक अकेला आदमी कुछ थोड़े-से आदमियों के साथ खड़ा दीख रहा है, वह सूरजमल के सिवाय कोई नहीं है। "मैं उसे भली-भाँति पहचानता हूँ," उस आदमी ने कहा—"क्या हम ऐसा मौक़ा हाथ से निकल जाने देंगे ? यदि हमने यह मौक़ा खो दिया, तो वह फिर न मिलेगा।" इन शब्दों को सुनते ही सैयदु वापस लौटा और सूरजमल पर टूट पड़ा। उसके एक सैनिक ने सूरजमल को लक्ष्य करके उस पर तलवार से वार किया और उसकी एक बाँह को काट दिया। वह बाँह धीरे-धीरे निर्जीव होती गई और वस्तुतः उलझ गई। जब वह बाँह गिर रही थी, तभी दो और आदमी एक साथ उस पर झपटे और उन्होंने उसे शीघ्र ही मार डाला, साथ ही मिर्ज़ा सैफ़ुल्ला, राजा अमर सिंह और अन्य दो-तीन आदमियों को भी मार दिया। बाक़ी जो थोड़े-से लोग बचे उन्होंने अपने घोड़ों को एड़ लगाई और अपनी सेना की ओर भाग लिए। परन्तु सैयदु के एक सैनिक ने उस कटी हुई बाँह को उठा लिया और उसे अपने बरछे पर झंडे की तरह टाँगकर उसे नजीबुद्दौला के पास ले गया। नजीबुद्दौला को यह विश्वास ही नहीं हुआ कि वह बाँह सूरजमल की है और वह पूरे दो दिन तक इस विषय में सन्देह करता रहा। परन्तु जाट-सेना

में यह बात सन्देह से परे हो चुकी थी और वह सेना अपना दुर्धर्ष रूप बनाए हुए ही पीछे हट गई थी। दूसरे दिन याक़ूब ख़ाँ नजीबुद्दौला से मिलने आया; तब नजीबुद्दौला ने उसे वह बाँह दिखाई। याक़ूब ख़ाँ ने तुरन्त न केवल उसकी क्षत-विक्षत दशा से, बल्कि उस पर पहनी हुई कमीज़ की बाँह से पहचानकर कहा कि यह सूरजमल की ही है; कमीज़ की बाँह ठीक उसी मुल्तानी छींट की थी जिसे सूरजमल ने उसके सामने ही पहना था। इसके बाद सूरजमल की मृत्यु का पक्का निश्चय हो गया और ख़बर सब ओर फैल गई। यह मृत्यु एक और भी असाधारण घटना थी, क्योंकि सदा यह देखा गया था कि सूरजमल अपने सभी संग्रामों में अपने-आपको कभी भी अनावश्यक ख़तरे में नहीं डालता था, अपितु अपने-आपको किसी प्रमुख स्थान पर सुरक्षित रखता था और वहाँ से वह आदेश भेजता रहता था। बहुधा वह अभिमानपूर्वक कहा करता था कि लड़ाइयाँ कला तथा संचालन द्वारा अधिक जीती जाती हैं, साहस तथा अग्रगामिता से कम। परन्तु इस समय, शायद इसलिए कि भाग्य ने उसे आ घेरा था, ऐसा लगता है कि वह इस सावधानी को भूल गया था और वह उस ख़तरनाक जगह पर लगभग अकेला खड़ा रहा, जहाँ अन्त में वह काट डाला गया; और जहाँ अपनी मृत्यु द्वारा उसने नजीबुद्दौला को वह विजय दिलवा दी, जिसकी आशा किसी ने भी नहीं की थी।

परिशिष्ट-5

भरतपुर का राजवंश

1.	ठाकुर बदनसिंह	1723-1756
2.	महाराजा सूरजमल	1707-1763
3.	महाराजा जवाहरसिंह	1764-1768
4.	महाराजा रतनसिंह	1768-1769
5.	महाराजा केहरीसिंह	1769-1776
6.	महाराजा रणजीतसिंह	1776-1805
7.	महाराजा रणधीरसिंह	1805-1823
8.	महाराजा बलदेवसिंह	1823-1824
9.	महाराजा बलवन्तसिंह	1826-1853
10.	महाराजा जसवन्तसिंह	1853-1893
11.	महाराजा रामसिंह	1893-1900
12.	महाराजा कृष्णसिंह	1900-1929
13.	महाराजा ब्रिजेन्द्रसिंह	1939-1948

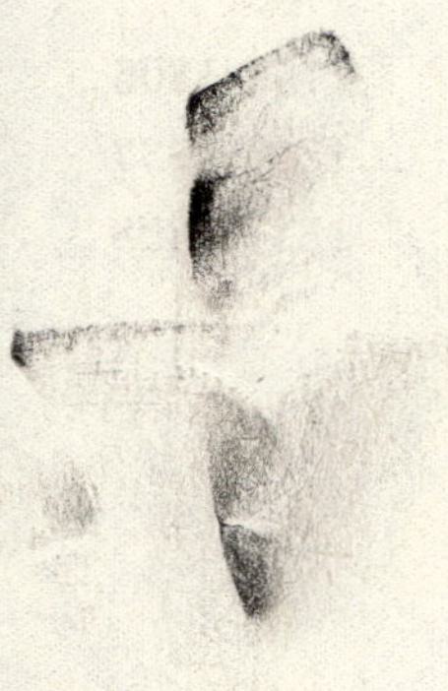

परिशिष्ट-6

भारत के मुग़ल सम्राट

1.	ज़हीरुद्दीन बाबर	1526-1530
2.	नासिरुद्दीन हुमायूँ	1530-1538
	और	1555-1556
3.	जलालुद्दीन अकबर	1556-1605
4.	नूरुद्दीन जहाँगीर	1605-1627
5.	शिहाबुद्दीन शाहजहाँ	1627-1658
6.	मुहीयुद्दीन औरंगज़ेब	1658-1707
7.	शाहआलम बहादुरशाह	1707-1712
8.	अज़ीमुश्शान	1712
9.	मुइज़्ज़ुद्दीन जहाँदारशाह	1712
10.	मुइउद्दीन फ़र्रुख़सियर	1713-1719
11.	रफ़ी-उज-ज़ुरत	1719
12.	शाहजहाँ द्वितीय (रफ़ीउद्दौला)	1719
13.	नासिरुद्दीन मुहम्मदशाह	1719-1748
14.	मुजाहिदुद्दीन अहमदशाह	1748-1754
15.	अज़ीज़ुद्दीन, आलमगीर द्वितीय	1754-1759
16.	शाहजहाँ तृतीय	1759
17.	जलालुद्दीन, शाहआलम द्वितीय	1759-1806
18.	अकबरशाह द्वितीय	1806-1837
19.	बहादुरशाह द्वितीय	1837-1858

सन्दर्भ ग्रन्थ-सूची

हिन्दी

1. सुजान-चरित्र; सूदन, वाराणसी, 1925
2. जाट इतिहास; ठाकुर देशराज; आगरा, 1934
3. यदुवंश; ठाकुर गंगासिंह; भरतपुर, 1967
4. वंशभास्कर; सूरजमल मिश्रान; जोधपुर।
5. जाटों का नवीन इतिहास, खंड 1; उपेन्द्रनाथ शर्मा; जयपुर, 1977
6. महाराजा जवाहरसिंह; मनोहरसिंह राणावत; जोधपुर, 1973
7. आऊ का टीला (उपन्यास); नाथनसिंह; भरतपुर, 1974

मराठी

1. सिलैक्शंस फ्रॉम द पेशवाज़ दफ़्तर; जी.एस. सरदेसाई द्वारा सम्पादित।
2. मराठी रियासत, खंड 2, 3 और 4; जी.एस. सरदेसाई।
3. भाऊ साहिब ची बाकर; काशीनाथ साने द्वारा सम्पादित।

अंग्रेज़ी

1. अतहर अली : द मुग़ल नोबिलिटी अंडर औरंगज़ेब; एशिया पब्लिशिंग हाउस; मुम्बई, 1968
2. अर्वाइन विलियम : लेटर मुग़ल्स; लन्दन, 1922
3. एडवर्ड्स, माइकेल; किंग ऑफ़ द वर्ल्ड, शाह आलम; सैक्कर ऐंड वारबर्ग; 1970
4. कनिंघम, जे.डी. : हिस्ट्री ऑफ़ द सिख्स; ऑक्सफ़ोर्ड, 1918
5. कानूनगो, के.आर, : हिस्ट्री ऑफ़ द जाट्स; कलकत्ता, 1925
6. कीन, एच.सी. : फ़ाल ऑफ़ द मुग़ल ऐम्पायर; लन्दन, 1887

7. कैम्ब्रिज हिस्ट्री ऑफ़ इंडिया, खंड IV
8. खुशवन्तसिंह : ए हिस्ट्री ऑफ़ द सिख्स, 2 खंड; प्रिंसटन, 1966
9. खुशवन्तसिंह : महाराजा रणजीतसिंह; ऐलन ऐंड अनविन, 1962
10. गंडासिंह : अहमदशाह अब्दाली; एशिया पब्लिशिंग हाउस; बम्बई।
11. ग्राउज़, एफ़.सी. : मथुरा : ए डिस्ट्रिक्ट मेमॉयर; लन्दन, 1882
12. ग्रांट डफ़, जेम्स : हिस्ट्री ऑफ़ द मराठाज़; बम्बई, 1878
13. चौधरी, नीरद सी. : क्लाइव ऑफ़ इंडिया; बैरी ऐंड जैन्किंस; लन्दन, 1975
14. चौधरी, नीरद सी. : द कॉन्टिनैंट ऑफ़ सर्स; ऑक्सफ़ोर्ड यूनिवर्सिटी प्रेस; न्यूयार्क, 1966
15. जोशी, एम.सी. : डीग; आर्कियोलॉजिकल सर्वे ऑफ इंडिया, 1968
16. ज्वालासहाय : हिस्ट्री ऑफ़ भरतपुर; लाहौर, 1902
17. टॉड, जेम्स : ऐनल्स एंड ऐंटिक्विटीज़ ऑफ़ राजस्थान; रूटलैज, कैगन ऐंड पाल; लन्दन, 1950
18. टिक्कीवाल, एच.सी. : जयपुर ऐंड द लेटर मुग़ल्स; जयपुर, 1974
19. थामसन, ई.जे. : द मेकिंग ऑफ़ द इंडियन प्रिंसेज़; ऑक्सफ़ोर्ड, 1943
20. थौर्न, विलियम : मेमॉयर्स ऑफ़ द वार इन इंडिया : लन्दन, 1818
21. देवनिश, जे.ए. : द भवंस ऐंड गार्डन पैलेसिज़ ऑफ़ डीग; इलाहाबाद, 1903
22. नेहरू, जवाहरलाल : द डिस्कवरी ऑफ़ इंडिया; मैरिडियन; लन्दन, 1956
23. पाणिक्कर, के.एम. : ए सर्वे ऑफ़ इंडियन हिस्ट्री; एशिया पब्लिशिंग हाउस; बम्बई, 1947
24. पांडे, राम : भरतपुर अप टु 1826; जयपुर, 1970
25. प्रौडिन, माइकेल : द बिल्डर्स ऑफ़ मुग़ल ऐम्पायर; ऐलन ऐंड अनविन, 1963
26. फ़र्ग्युसन, जे. : हिस्ट्री ऑफ़ इंडियन ऐंड ईस्टर्न आर्किटैक्चर; जॉन मरे।
27. बर्निये, फ्रांस्वा : ट्रैवल्स इन द मुग़ल ऐम्पायर; कौंस्टेबल, लन्दन।
28. मजूमदार, रामचौधरी ऐंड दत्त : ऐन एडवांस हिस्ट्री ऑफ़ इंडिया; मैकमिलन, 1965
29. मनुच्ची, एन. : स्लोरिया दो मोगोर; इंडिया टैक्स्ट सीरीज, 1907
30. मेसन, फ़िलिप : ए मैटर ऑफ़ ऑनर; जोनाथन केप; लन्दन, 1974
31. लौफ़ोर्ड, जे.पी. : ब्रिटेन्स आर्मी इन इंडिया; ऐलन ऐंड अनविन, 1978
32. वैंदेल, एफ़, एक्स. : ऐन एकाउंट ऑफ़ द जाट किंगडम (मूल फ्रांसीसी भाषा में); औौर्म मैन्युस्क्रिप्ट, इंडिया ऑफ़िस लाइब्रेरी, लन्दन।

33. सतीशचन्द्र : पार्टीज़ ऐंड पॉलिटिक्स ऐट द मुग़ल कोर्ट, 1707-1740; पीपुल्स पब्लिशिंग हाउस, नई दिल्ली, 1979
34. सरकार, जदुनाथ : फ़ाल ऑफ़ द मुग़ल ऐम्पायर, 4 खंड; औरियेंट लौंगमैन, 1934
35. सरकार, जदुनाथ : हिस्ट्री ऑफ़ औरंगज़ेब, 5 खंड; ओरियेंट लौंगमैन, 1912
36. सरदेसाई, जी.एस. : ए न्यू हिस्ट्री ऑफ़ द मराठाज़; 1946
37. सहाय, ज्वाला सेन, एस.एन. : ऐडमिनिस्ट्रेटिव सिस्टम ऑफ़ द मराठन; कलकत्ता, 1925
38. स्पीयर, टी.जी.पी. : ऑक्सफ़ोर्ड हिस्ट्री ऑफ़ इंडिया; ऑक्सफ़ोर्ड, 1965
39. स्पीयर, टी.जी.पी. : ट्विलाइट ऑफ़ द मुग़ल्स; कैम्ब्रिज, 1951
40. स्लीमैन, डब्लू., एच. : रैंबल्स ऐंड रिकलैक्शंस; लन्दन, 1884
41. हैवल, ई.बी. : इंडियन आर्किटैक्चर, जॉन मरे, 1924

फ़ारसी

1. औरंगज़ेबनामा; मुंशी देवीप्रसाद।
2. बयान-ए-वाक़ा; अब्दुल करीम कश्मीरी।
3. चार गुलज़ार-ए-सुजाइ; हरचरणदास।
4. इमाद-उस-सादात; सैयद गुलाम अली नक़वी।
5. सियर-उल-मुतख़्ख़रीन; गुलाम हुसैन तबतबाइ।
6. तारीख़-ए-अहमदशाही; लेखक ज्ञात नहीं।
7. हालात-ए-अहमदशाह अब्दाली; समीन (इर्वाइन का अनुवाद, इंडियन ऐंटिक्विटी, खंड 36; 62 पृष्ठ)
8. वाक़ा-ए-शाह आलम सानी।
9. द इबरतनामा; ख़ैरुद्दीन, इलाहाबाद।
10. कैलेंडर्स ऑफ़ पर्शियन कौरेस्पौंडैंस; इंपीरियल रिकॉर्ड्स डिपार्टमेंट, कलकत्ता द्वारा प्रकाशित।
11. मुज़फ़्फ़रनामा; करमअली।

फ्रांसीसी

1. जियोग्राफ़ी द ल'इन्दूस्तान; जोसैफ़ तियैफैन्ना ले।

2. मेंम्वार द ल' ओरिजिन, आक्रोस्सेमाँ, ए ऐतात प्रेज़ाँ द प्विस्साँ दे जाट्स दाँ ल'इन्दूस्तान; लेखक वेंदेल।

1. गज़ेटियर्स ऑफ़ इंडिया।
2. गज़ेटियर्स ऑफ़ इंडिया; भरतपुर तथा राजस्थान।
3. इंडियन ऐंटिक्वैरी, खंड 36

●●●